dtv

Sechs Kurzbiografien von Menschen, die sich zum Widerstand gegen das NS-Regime entschlossen und aktiv wurden: die Studentin Sophie Scholl, der Diplomat Adam von Trott zu Solz, der Völkerrechtsexperte Helmuth James von Moltke, der Theologe Dietrich Bonhoeffer, der Gefängnispfarrer Harald Poelchau und der englische Bischof von Chichester, George Bell. Wenn auch ihre Motivation, ihr Denken und ihre Vorgehensweise individuell verschieden waren, so hatten sie doch eines gemeinsam: eine christliche Grundorientierung, die als verbindendes Element die Lebensbeschreibungen durchzieht. Anschaulich und zum Teil auf der Grundlage persönlicher Kenntnis schildert Ferdinand Schlingensiepen den Weg der Protagonisten und lässt deutlich werden, wie sie zu Vorbildern für uns heute werden konnten.

Ferdinand Schlingensiepen, geboren 1929, ist Theologe und Publizist. Er hat Harald Poelchau, Freya von Moltke und Bischof George Bell noch persönlich kennengelernt; Adam von Trott zu Solz war seiner Familie bekannt. Veröffentlichungen u. a.: ›Dietrich Bonhoeffer‹ (dtv 34609).

Ferdinand Schlingensiepen

Vom Gehorsam zur Freiheit

Biografien aus dem Widerstand

Deutscher Taschenbuch Verlag

Eine ausführlichere Version des Kapitels über
Dietrich Bonhoeffer finden Sie unter http://www.dtv.de/buecher/
vom_gehorsam_zur_freiheit_34810.html
oder hier:

**Ausführliche Informationen über
unsere Autoren und Bücher
finden Sie auf unserer Website
www.dtv.de**

MIX
Papier aus verantwortungsvollen Quellen
FSC® C019821
FSC
www.fsc.org

Originalausgabe 2014

Umschlagkonzept: Balk & Brumshagen
Umschlaggestaltung: Sophia Götschl unter Verwendung eines Fotos von
picture alliance/dpa/ap/Süddeutsche Zeitung Photo
Satz: Greiner & Reichel, Köln
Gesetzt aus der Minion 10,2/12,5˙ und der Formata
Druck und Bindung: Druckerei C.H.Beck, Nördlingen
Gedruckt auf säurefreiem, chlorfrei gebleichtem Papier
Printed in Germany · ISBN 978-3-423-34810-2

Für Frau Dr. Denise von Quistorp und
Frau Friederike Commichau als Ausdruck meines Dankes
für die Zusammenarbeit mit der
Evangelischen Gemeindeakademie in Hamburg-Blankenese

Inhalt

Vorwort

Dieses Buch geht auf eine Vortragsreihe zurück, zu der mich die Evangelische Gemeindeakademie in Hamburg-Blankenese nach der Vorstellung meiner Bonhoeffer-Biografie im Frühjahr 2006 eingeladen hatte. Mir war bewusst, was für ein faszinierendes Thema mir mit der Reihe »Christliche Biografien aus dem Widerstand gegen Hitler« aufgegeben war.

Die Eltern von Adam von Trott zu Solz und die Eltern meiner Mutter waren eng befreundet. So habe ich schon in meiner Jugend Geschichten über Adam von Trott gehört, in dem einige Historiker heute die faszinierendste Gestalt unter den Widerständlern sehen.

Harald Poelchau, dem Gefängnispfarrer, der die Briefe der Moltkes unter Lebensgefahr hin- und hergetragen hat, bin ich selber in Berlin noch begegnet und ebenso dem englischen Bischof George Bell in London. Bell wurde im Foreign Office als »unser kleiner deutscher Bischof« verspottet. Er war in England, wegen seiner Haltung zum deutschen Widerstand, lange eine umstrittene Figur. In einem humorvollen Gedicht über sein Leben kommt das besonders schön zum Ausdruck. Er schreibt, wie sehr er das Nazisystem gehasst habe und fährt fort: »But nobody liked me when I found / a better Germany underground.« (Aber niemand liebte mich nach meinem Fund / eines besseren Deutschlands im Untergrund.) Er war damit für sein Land so außergewöhnlich, wie Harald Poelchau es für das Deutschland der Jahre 1933–1945 gewesen ist. Beide haben für die Menschen im Widerstand gegen Hitler eine ganz ungewöhnliche Rolle gespielt. Bell hat von außen auf den Kampf gegen Hitler und den Nationalsozialismus in Deutschland geblickt und auf ihn einzuwirken versucht. Poelchau hat als Gefängnispfarrer auf eine sehr eigene Weise von 1933 an Widerstand geleistet, wobei die Hilfe für das Ehepaar Moltke und andere Widerständler – und nicht zuletzt für deren verhaftete Frauen – nach dem 20. Juli 1944 zu seinen letzten wichtigen Aktionen vor dem Kriegsende gehört hat. Seine größte Leistung, an der seine Frau Dorothee ebenso beteiligt war wie er, bleibt die Rettung einer großen Schar von Berliner Juden.

1957 hat eine erste Begegnung mit Freya von Moltke bei mir ein Interesse am deutschen Widerstand geweckt, das über Bonhoeffer hinausging. Weil der Vortragsreihe eine Bonhoeffer-Lesung vorausgegangen war, fehlte für dieses Buch ein Vortrag über sein Leben und seinen Widerstand. Ich habe darum einen Aufsatz über ihn geschrieben und ans Ende dieses Buches gestellt. Bonhoeffer unterscheidet sich von den anderen hier geschilderten Menschen, selbst von Bell, dadurch, dass er als Pfarrer und insbesondere als theologischer Lehrer die Aufgabe hatte, über seine Gedanken und Erkenntnisse zu reden und sie, soweit das möglich war, in Predigten, Artikeln, Aufsätzen und Büchern zu veröffentlichen. Seine für den Widerstand wichtigen Gedanken fielen allerdings in die Zeit, in der man ihm ein Rede- und Schreibverbot erteilt hatte. Dass seine Manuskripte aus dieser Zeit, die zum großen Teil vergraben waren, erhalten geblieben sind, gleicht einem Wunder. Es hätte nicht viel gefehlt, und wir hätten über den Bonhoeffer, den heute so viele Menschen als vorbildlich empfinden, kaum etwas erfahren. Der Aufsatz berichtet in einem zweiten Teil darüber, wie der Nachlass gerettet worden ist.

Das Verhältnis von Gehorsam und Freiheit hat bei allen in diesem Buch gewürdigten Menschen eine wichtige Rolle gespielt; aber bei Bonhoeffer kann man eine theologische Entwicklung nachzeichnen. Darum ist im Titel des Aufsatzes von Bonhoeffers »Weg vom unbedingten Gehorsam in den Spielraum der Freiheit« die Rede, wobei »Spielraum der Freiheit« ein Begriff aus den Gefängnisbriefen Bonhoeffers ist. Ich bin bei Lesungen und Vorträgen immer wieder einmal auf die Meinung gestoßen, wenn Bonhoeffer sich nicht dem Widerstand angeschlossen hätte, wäre er »noch größer«, was immer darunter zu verstehen sein mag. In einigen Rezensionen zu meiner Biografie tauchte dieser Gedanke auch auf. Bonhoeffers Äußerungen über die »freie Tat« begründen nicht nur seinen Schritt in den militärischen Widerstand, sondern öffnen unseren Blick für die ethische Haltung aller christlichen Widerständler, die damals für den gewaltsamen Umsturz waren. Wenn wir entscheiden wollen, ob sie für uns heute Vorbilder sein können, dann müssen wir zuallererst Zugang zu ihrer Gedankenwelt finden.

Wie es üblich ist, habe ich in allen Zitaten die Schreibweise der Urheber beibehalten, mich selbst aber an die neue deutsche Rechtschreibung gehalten. Eine Liste der Werke, die ich bei der Erarbeitung gelesen oder zu Rate gezogen habe, findet der Leser im Anhang. Ansonsten ist der Charakter von Vortragstexten, bei denen man ja keine Anmerkungen macht, weitgehend beibehalten worden.

Ich bedanke mich ausdrücklich bei den Autorinnen und Autoren, die mir die Menschen, über die ich geredet und geschrieben habe, mit ihren Biografien, mit Artikeln und mit der Veröffentlichung von Briefbänden so lebendig vor Augen gestellt haben. Dass ich über Sophie Scholl reden sollte, war der ausdrückliche Wunsch der Leiterin der Akademie, Frau Dr. Denise von Quistorp. Als ich die Scholl-Biografie von Barbara Beuys gelesen hatte, wusste ich einmal mehr, welch faszinierendes Thema mir damit aufgetragen war.

Die fünf Vorträge, die ich für dieses Buch nur leicht überarbeitet habe, basieren ganz überwiegend auf den Forschungen anderer, wobei Benigna von Krusenstjern mich mit ihrer großen Arbeit über Adam von Trott ähnlich angeregt hat wie Barbara Beuys. Die Moltke-Biografie meines Freundes Günter Brakelmann war noch nicht erschienen, als ich eine erste Fassung meines Vortrags über Moltke bei der Jahrestagung der Bonhoeffer-Gesellschaft in Eisenach hielt; und vor allem gab es den Band ›Abschiedsbriefe Gefängnis Tegel‹ mit dem letzten Briefwechsel von Helmuth James und Freya von Moltke noch nicht. Darum habe ich das Kapitel im vorliegenden Buch um einen Anhang ergänzt.

Bei den Freunden von der Gemeindeakademie in Hamburg-Blankenese, denen ich dieses Buch gewidmet habe, bedanke ich mich dafür, dass sie mich Jahr für Jahr wieder eingeladen haben.

Ein herzlicher Dank gilt auch dem Deutschen Taschenbuch Verlag in München, der dieses Buch in sein Programm übernommen hat und meiner Lektorin, Brigitte Hellmann, die mich beraten und mir sehr geholfen hat, das Buch rechtzeitig fertigzustellen. Uns alle verbindet der Wunsch, dass die Erinnerung an den deutschen Widerstand gegen Hitler und den Nationalsozialismus als eines der wichtigsten Kapitel unserer Geschichte wachgehalten wird; denn – wie Odo Marquard es gesagt hat – Zukunft braucht Herkunft. »Wir müssen wissen, wo wir herkommen und wo unsere Wurzeln sind.«

Düsseldorf-Kaiserswerth
im Oktober 2013
Ferdinand Schlingensiepen

Einleitung

Ein Begriff, der in diesem Buch eine herausgehobene Rolle spielt, bedarf einer besonderen Erläuterung. Es ist der Begriff »Gehorsam«, der heute fast zum »Unwort« geworden ist. Wer nur ein wenig über dieses Wort nachdenkt, entdeckt, dass es in unserer Sprache aus dem Rahmen fällt. Um das zu zeigen, genügen wenige Beispiele. Gehorsame Kinder nannte man früher »folgsam«. Aber bei »folgen« ist, wie bei achten, schweigen und vielen anderen Verben, das daraus gebildete Substantiv weiblich. Wir kennen die Worte »folgen, folgsam« und »die Folgsamkeit« oder »achten, achtsam« und »die Achtsamkeit«. Das gilt auch, wenn Adjektiv und Substantiv eine Vorsilbe bekommen wie bei »reden, beredsam«, »die Beredsamkeit«. Dass »der Gehorsam« von hören oder horchen abgeleitet ist, ist unüberhörbar. Warum dann aber »hören«, »gehorsam« und *der* »Gehorsam«, nicht aber »hören«, »hörsam« und *die* »Hörsamkeit«? (Man mache sich nur klar, wie unsinnig das Wort »der Folgsam« klingen würde. Warum klingt »der Gehorsam« in unseren Ohren anders?)

In meinem ältesten Brockhaus landet man bereits im zweiten Satz des Artikels über den Gehorsam beim Militär. In späteren Ausgaben rückt in dem Eintrag über dieses Stichwort die früher so angesehene Institution immer weiter nach hinten. In der neuesten Brockhaus Enzyklopädie, 21. Auflage, heißt es: »Gehorsam ist das Befolgen von Geboten oder Verboten durch entsprechende Handlungen oder Unterlassungen. Zu unterscheiden ist zwischen freiwilligem (›bedingtem‹) Gehorsam, der Autorität voraussetzt, und erzwungenem (›unbedingtem‹) Gehorsam, dessen Voraussetzung Macht ist.« Als freiwillige Form des Gehorsams wird dann auch das Einfügen in religiöse oder gesellschaftliche Ordnungen erwähnt.

Ich habe, als ich über den Gehorsamsbegriff Bonhoeffers arbeitete, viele Menschen aus unterschiedlichen Bereichen gefragt, was sie unter Gehorsam verstünden. In Erinnerung geblieben ist mir die Antwort einer jungen Frau, die ich am Telefon gefragt hatte: »Was fällt Ihnen zu Gehorsam ein?« Wie aus der Pistole geschossen sagte sie: »Kadaver«. Ich weiß nicht, ob meine Gesprächspartnerin je etwas von dem berühmt-berüchtigten Oxymoron Polancos gehört hat, der als Schüler des Ignatius von Loyola von den Jesuiten »Kadavergehorsam gegenüber dem Papst« gefordert hat. Was die junge Dame von Gehorsam hielt, war mir nach dem »Pistolenschuss« klar. Auch ein zweites Beispiel ist mir unvergesslich: Ein Psychiater, mit dem ich befreundet bin, sagte: »Gehorsam ist sehr wichtig bei der Erziehung – von Hunden.« Er fürchte aber, das Wort sei dabei, innerhalb der nächsten beiden Jahrzehnte erneut eine verhängnisvolle Wirkung in Deutschland zu entfalten.

Warum also »Gehorsam« und nicht »Hörsamkeit«? Grimms Wörterbuch stellt dazu fest, dass es die Entwicklung zu Hörsamkeit in einigen Gegenden Deutschlands gegeben hat, bis Martin Luther das Maskulinum »der Gehorsam« in seine Bibelübersetzung aufgenommen und damit durchgesetzt habe. Als ich dann aber eine Bibelkonkordanz zu Rate zog, entdeckte ich, dass »Gehorsam« in beiden Testamenten viel seltener vorkommt, als ich gedacht hatte. Wo man Gehorsam oder Ungehorsam erwartet, ist dreimal so häufig davon die Rede, dass »Gottes Stimme gehört« oder »nicht gehört« worden sei. Hörsamkeit war also der Sache nach auch für den Bibelübersetzer Luther wichtiger als Gehorsam. Man könnte diese Überlegungen noch beliebig weiterführen, für uns mögen die hier genannten Beispiele genügen, um Dietrich Bonhoeffers Ausführungen zum Thema Gehorsam mit kritischem Blick lesen zu können.

Es gibt einen faszinierenden Essay von ihm mit dem Titel ›Nach zehn Jahren‹, in dem er an der Wende zum Jahr 1943 auf die Zeit seit der »Machtergreifung« Hitlers am 30. Januar 1933 zurückblickt. In einem Abschnitt beschreibt er eine Eigenschaft, die die sechs in diesem Buch geschilderten Menschen ausgezeichnet hat. Diesen Abschnitt hat er mit »Zivilcourage?« überschrieben. Es lohnt sich, den ganzen Essay zu lesen, der seit 1951 das erste Kapitel von Bonhoeffers Buch ›Widerstand und Ergebung‹ bildet, das seine Briefe aus dem Gefängnis enthält. Im Blick auf die Menschen, von denen dieses Buch erzählt, kann man sagen, dass sie Vorbilder für Zivilcourage waren. Bonhoeffer schreibt: »Wir haben in diesen Jahren viel Tapferkeit und persönliche Aufopferung, aber fast nirgends Zivilcourage gefunden, auch bei uns selbst nicht.« Die Antwort, der Grund dafür sei Feigheit, hält er für »eine zu naive Psychologie«. Die Hintergründe seien ganz andere. Die Deutschen hätten in einer langen Geschichte »die Notwendigkeit und die Kraft des Gehorsams« lernen müssen. In der Unterordnung aller persönlichen Wünsche und Gedanken »unter den uns gewordenen Auftrag« hätten sie Sinn und Größe ihres Lebens gesehen. Es sei »ein Stück berechtigten Mißtrauens gegen das eigene Herz gewesen, lieber dem Befehl von oben als dem eigenen Gutdünken zu folgen«. Seine Freiheit habe der Deutsche darin gewahrt, dass er sich vom Eigenwillen zu befreien gesucht habe im Dienst am Ganzen. Beruf und Freiheit galten ihm als zwei Seiten derselben Sache. »Aber er hatte damit die Welt verkannt; er hatte nicht damit gerechnet, daß seine Bereitschaft zur Unterordnung, zum Lebenseinsatz für den Auftrag mißbraucht werden könnte zum Bösen. Geschah dies, wurde die Ausübung des Berufes selbst fragwürdig, dann mußten alle sittlichen Grundbegriffe des Deutschen ins Wanken geraten.« So habe sich herausgestellt, dass eine entscheidende Grunderkenntnis dem Deutschen noch fehlte: »die von der Notwendigkeit der freien verantwortlichen Tat auch gegen Beruf und Auftrag. An ihre Stelle trat einerseits verantwortungslose Skrupellosigkeit, andererseits selbstquälerische Skrupelhaftigkeit, die nie zur Tat führte«. Zivilcourage könne nur aus der freien Verantwortlichkeit freier Menschen erwachsen. »Die Deutschen fangen erst heute an zu entdecken, was freie Verantwortung heißt. Sie beruht auf einem Gott, der das freie Glaubenswagnis verantwortlicher Tat fordert, und der dem, der darüber zum Sünder wird, Vergebung und Trost zuspricht.« Bonhoeffer spricht hier nicht zuletzt von sich selbst; denn als theologischer Lehrer, der in einem Seminar mit angehenden Pfarrern zusammenlebte, hat er versucht, mit dieser Gemeinschaft einen konsequenten Gehorsam in der Nachfolge Jesu zu praktizieren. Berühmt geworden ist sein Buch mit dem Titel ›Nachfolge‹, das er 1937 noch veröffentlichen konnte. Es war die Zeit, in der überall von »Führer und Gefolgschaft« die Rede war. Den Gehorsam Hitler gegenüber konfrontiert Bonhoeffer damit schon im Titel seines Buches mit dem Gehorsam, den der Christ Jesus Christus schuldet.

Dass man über der freien Tat »zum Sünder werden« kann, bedeutet im Zusammenhang des Essays ›Nach zehn Jahren‹, dass durch das geplante Attentat auf Hitler das Gebot »Du sollst nicht töten«, gebrochen werden würde. Im Übrigen wird an dem Text über die Zivilcourage deutlich, wie wichtig es ist, dass Sophie Scholl in diesem Buch ihren Platz hat. Bonhoeffer hat von der »freien Verantwortlichkeit des freien Mannes« gesprochen, und das, obwohl er weibliche Beispiele für Zivilcourage in der eigenen Familie vor Augen hatte. Bereits die 91-jährige Mutter seines Vaters war beim Boykott jüdischer Geschäfte 1933 durch die Kette der SA-Leute vor dem Berliner »KaDeWe« gegangen, um unter Protest dort einzukaufen, weil für sie diese Aktion der NSDAP ein schweres Unrecht war.

Zivilcourage verbindet die Menschen dieses Buches, die sich im Übrigen alle deutlich voneinander unterscheiden. Sophie Scholl (1920–1943) war 1933 noch ein Kind. Sie tritt nach dem Beispiel ihrer älteren Geschwister Inge und Hans Scholl in die HJ ein, bejaht deren Begriff von Befehlen und Gehorchen und verlangt als BDM-Führerin Gehorsam von den Mädchen ihrer Gruppe. Dass sie sich durch Akte von Zivilcourage daraus gelöst hat und zu freier verantwortlicher Tat gekommen ist, hat sie zu Recht zum bewunderten Vorbild gerade auch junger Menschen gemacht.

Adam von Trott zu Solz (1909–1944), Helmuth James von Moltke (1907–1945) und Dietrich Bonhoeffer (1906–1945) waren, als Hitler an die Macht kam, erwachsene Männer und wie ihre Familien schon vorher Gegner des Nationalsozialismus. Gehorsam zeigt sich bei Trott und Bonhoeffer im Verhältnis zu ihren Vätern während der Kindheit und Jugend. Und wo sie später von deren Vorbild abweichen, bleiben sie den Vätern in einem lebenslangen Respekt verbunden. Helmuth James von Moltke hatte ein problematisches Verhältnis zu seinem Vater, der dem 22-jährigen Sohn den Kampf um die Erhaltung des Gutes Kreisau aufgebürdet hatte; aber er hat diesen Kampf zusammen mit seiner Mutter geführt, ihn als eine jahrelange Gehorsamsübung empfunden und sich darin bewährt. Akte von Zivilcourage finden sich bei allen dreien längst, ehe sie sich dem Widerstand anschlossen.

Bonhoeffer entwickelt 1933, wie bereits angedeutet, eine »Theologie des Gehorsams«, der gegenüber sich von 1939 an Freiheitsgedanken durchzusetzen beginnen, ohne dass er den Gehorsamsgedanken gänzlich aufgibt. Ich denke, dass es die Leser interessieren wird, von seiner Entwicklung her und von den zahlreichen Äußerungen über Gehorsam und Freiheit, die es bei ihm gibt, auf die übrigen Lebensbeschreibungen zu blicken.

Harald Poelchau (1903–1972) ist das Martyrium erspart geblieben, obwohl er an Zivilcourage die meisten Deutschen seiner Zeit bei Weitem übertroffen und sich in große Gefahr begeben hat. Als 15-jähriger Junge hat der Sohn eines schlesischen Dorfpfarrers durch eigenes Nachdenken sozialistische Ideen entwickelt. Sie sind durch seine Mitgliedschaft in Gruppen der Jugendbewegung und durch sein Studium bei dem christlichen Sozialisten Paul Tillich lebensbestimmend für ihn geworden. Diesen Maximen ist er gehorsam gewesen, und sie waren es, die ihn von 1933 an als Beamten der Justizverwaltung zu einem aktiven Gegner der Regierung gemacht haben.

George Bell (1883–1958) war eine Generation älter als Trott, Moltke, Bonhoeffer und Poelchau. Er war Engländer, stammte also aus einem Land, in dem Zivilcourage zu den Erziehungszielen gehört. Freilich hat er sie dann in einer Weise gezeigt – nicht zuletzt in seinem flammenden Protest gegen die Flächenbombardierung deutscher Städte –, die ihm im eigenen Land schwere Kritik eingetragen hat. Churchill muss ihn geradezu gehasst haben.

An Bonhoeffers Text über die Zivilcourage fällt auf, dass er christliche Gedanken erst ganz zum Schluss und ziemlich vorsichtig äußert. Die Tatsache, dass das Reden über Gott und den Glauben sein Beruf war, drängt er hier, wie später im Gefängnis, niemandem auf.

Bei Sophie Scholl ist es das Vorbild der Eltern, das sie aus dem Gefüge der Hitlerjugend ausbrechen lässt. Der Vater war ein Agnostiker, der Hitler schon lange vor der Machtergreifung verachtet und dann gehasst hat. Die Mutter war eine tief fromme Christin. Sophie vereinigt in sich den Intellekt des Vaters und die Frömmigkeit der Mutter. Beides zusammen macht sie zu einer Widerständlerin, die mit ihrem Bruder Hans Flugblätter gegen die Verbrechen des nationalsozialistischen Deutschland verteilt. Übrigens hat Helmuth von

Moltke diese Texte nach Schweden geschmuggelt und dem Widerstandsakt der Scholls damit eine große Breitenwirkung verschafft; denn die englische Luftwaffe hat sie nach dem Tod der Geschwister 1943 tausendfach als Flugblätter über Deutschland abgeworfen.

Bei Adam von Trott scheint die Verbindung von Widerstand und christlichem Glauben in wenigen Szenen auf. Aber in den Briefen an seine Mutter wird deutlich, dass er ein bewusster Christ war und dass sein Widerstand als frei verantwortete Tat ihr Fundament im christlichen Glauben hatte. Poelchau und Bell waren, wie Bonhoeffer, Männer der Kirche, die zutiefst davon überzeugt waren, dass Glauben und Leben übereinstimmen müssen.

So zeigen die Kapitel dieses Buches Christen im Widerstand gegen Hitler, und es wäre nicht schwer, ihnen weitere Beispiele an die Seite zu stellen, so etwa Peter Graf Yorck von Wartenburg, Hans Bernd von Haeften, Hans von Dohnanyi oder Hans Oster. Und aus den Papieren des »Kreisauer Kreises« wissen wir, dass auch die Sozialdemokraten Carlo Mierendorff und Theodor Haubach hier zu nennen wären. Bei den meisten von ihnen haben sich aber nicht annähernd so viele Zeugnisse und Quellen auffinden lassen, wie bei den in diesem Buch beschriebenen Menschen.

Es geht hier also nicht um Vollständigkeit, obwohl eine Geschichte des Widerstandes aus christlichem Glauben einmal geschrieben werden sollte. Wichtig war es mir, Menschen zu zeigen, die Vorbilder sind, weil sie sich damals die Frage gestellt haben: Wofür stehe ich ein? Wofür bin ich *im Ernstfall* bereit zu sterben? Die Frage dieser Vorbilder an uns Heutige lautet: Wofür lebt ihr? Und ich denke, diese Frage werden sie auch den künftigen Generationen weiter stellen.

Sophie Scholl
oder Widerstand aus reinem Herzen

I

Am 27. Januar 1943 besuchte die Kindergärtnerin Liesl Scholl ihre Schwester Sophie, die in München Biologie und Philosophie studierte. Sie hatte eine Flasche süßen Sekt mitgebracht, und die beiden lasen sich, wie sie das gern taten, Gedichte vor. Sophie las an diesem Abend Eduard Mörikes Gedicht »Denk es, o Seele«.

Ein Tännlein grünet wo,
Wer weiß, im Walde.
Ein Rosenstrauch, wer sagt,
In welchem Garten?
Sie sind erlesen schon, denk es, o Seele,
Auf deinem Grab zu wurzeln und zu wachsen.

Zwei schwarze Rösslein weiden
Auf der Wiese,
Sie kehren heim zur Stadt
In muntern Sprüngen.
Sie werden schrittweis gehen
Mit deiner Leiche,
Vielleicht, vielleicht noch eh
An ihren Hufen
Das Eisen los wird,
Das ich blitzen sehe.

Es ist eines der großen Gedichte Mörikes; aber warum liest Sophie es an diesem Abend? Zwei Tage vorher war sie mit Hunderten von Briefen, die schon adressiert und frankiert waren, nach Ulm gefahren. Ihr Bruder Hans und sie hatten das fünfte Flugblatt der »Weißen Rose« in die Umschläge gesteckt. Das Ortsporto von acht Pfennig bedeutete eine erhebliche Einsparung, und viel Geld hatten sie für ihre Aktion nicht. In Ulm hatte ein Freund die Briefe übernommen, um sie in mehrere Briefkästen zu werfen. Sie war sofort nach München zurückgekehrt. Es war eine gefährliche Fahrt gewesen, denn in den Zügen konnte man kontrolliert werden, und die Entdeckung der Flugblätter hätte den sicheren Tod bedeutet. Denn da hieß es:

> »Hitler kann den Krieg nicht gewinnen, nur noch verlängern! Seine und seiner Helfer Schuld hat jedes Maß unendlich überschritten. Die gerechte Strafe rückt näher und näher.
> Was aber tut das deutsche Volk? Es sieht nicht und es hört nicht. Blindlings folgt es seinen Führern ins Verderben. [...]
> Deutsche! Wollt ihr und eure Kinder dasselbe Schicksal erleiden, das den Juden widerfahren ist? Wollt ihr mit dem gleichen Maße gemessen werden wie eure Verführer? Sollen wir auf ewig das von aller Welt gehasste und verstoßene Volk sein? Nein! Darum trennt euch von dem nationalsozialistischen Untermenschentum! Beweist durch die Tat, dass ihr anders denkt.«

Als Sophie ihrer Schwester das Mörike-Gedicht vorlas, lagen noch 27 Tage vor ihr; dann starb sie mit ihrem Bruder Hans und dem gemeinsamen Freund Christoph Propst im Münchner Gefängnis Stadelheim unter dem Fallbeil.

Am 9. Mai 2012 wäre sie 90 Jahre alt geworden. Wie Hildegard Hamm-Brücher, die mit ihr damals im selben Chor gesungen hat, könnte sie noch leben. Aber als weise alte Frau, die sie sicher geworden wäre, können wir uns Sophie Scholl nicht vorstellen. »Die Toten bleiben jung«, wie es in einem Buchtitel von Anna Seghers heißt.

Bleiben wir noch einen Augenblick bei Mörike, den die junge Widerständlerin früh für sich entdeckt hatte. Im November 1939 hatte sie ihrem Freund Fritz Hartnagel einen Band mit Mörike-Gedichten geschickt. Es sei keine leichte Lektüre, schrieb sie dem vier Jahre älteren Berufsoffizier, »aber es ist vielleicht gut, wenn man sich ab und zu die Geduld nimmt, etwas anderes zu lesen. [...] Man muß sich dann zusammennehmen und in eine andere Welt steigen, die einen wahrscheinlich gar nicht interessiert. Ich glaube, man geht nachher doch etwas anders weg davon.« Fritz Hartnagel, von dem noch ausführlich die Rede sein wird, hat nach 1945 gesagt: »Sie war die Tonangebende von uns beiden.« Man spürt das bereits in dem Brief der 18-jährigen Sofie, die gegen Ende ihres Lebens die Schreibweise ihres Vornamens in Sophie verändert hat.

Der amerikanische Philosoph Alasdair McIntyre hat gesagt, keiner von uns sei je mehr als der Co-Autor seiner eigenen Lebensgeschichte. Wir kommen auf eine Bühne, die wir weder entworfen noch gebaut haben und übernehmen den Part in einem Stück, das wir nicht selbst schreiben konnten. Es dauert lange, bis wir Eigenes dazu beitragen.

Dietrich Bonhoeffer, Helmuth James von Moltke und Adam von Trott zu Solz waren am Tag der »Machtergreifung« Hitlers 27, 26 und 24 Jahre alt. Durch ihre Familien waren sie dazu prädestiniert, Gegenspieler Hitlers und seiner Gefolgsleute zu werden; und als solche waren sie vom ersten Tage an aktiv. Sophie Scholl, die Monate vor ihnen – aber aus dem gleichen Grund wie sie – umgebracht worden ist, war am 30. Januar 1933, als Adolf Hitler Reichskanzler wurde, zehn Jahre alt, also noch ein Kind. Das Tempo, in dem sie dann ein unabhängiger, eigenständig denkender Mensch, eine konsequente Gegnerin des Nationalsozialismus und damit die entscheidende Co-Autorin ihrer Lebensgeschichte geworden ist, hat etwas Atemberaubendes. Und doch hat sie, trotz der Hitlerjahre, in denen sie herangewachsen ist, eine glückliche und erfüllte Jugendzeit gehabt. Das hatte sie ihren Eltern und Geschwistern zu verdanken; und dabei vor allem der Art, wie die Eltern mit Spannungen und Konflikten umgingen.

Die Scholls waren eine Familie, in der man sich heftig streiten konnte, aber auch bei den größten Auseinandersetzungen gab es ein noch viel größeres Gefühl der Zusammengehörigkeit. Die Ehe der Eltern war dafür das entscheidende Vorbild. Die Mutter, Lina Scholl geborene Müller, stammte aus einem tief frommen schwäbischen Elternhaus und war in Schwäbisch Hall in die evangelische Schwesternschaft der Diakonissen eingetreten. Zu einem solchen

Entschluss gehörte die Absicht, dem Mutterhaus lebenslang anzugehören. Aber als Schwester Lina während des Ersten Weltkrieges wie viele Diakonissen in einem Lazarett eingesetzt worden war, hatte sie den zehn Jahre jüngeren Sanitäter Robert Scholl kennengelernt, der heftig um sie warb und den sie heiratete, obwohl er als Agnostiker nicht an einen persönlichen Gott glaubte. Das brachte von Anfang an eine gewisse Spannung in die Ehe, in der kurz hintereinander sechs Kinder geboren wurden. Aber diese Spannung war nicht störend, sondern fruchtbar, denn sie war mit einer ungewöhnlichen Toleranz verbunden. Der Vater hat in die christliche Erziehung seiner Kinder ganz bewusst nie eingegriffen, weil er tiefen Respekt vor der Frömmigkeit seiner Frau hatte. Die war 1916 aus dem Mutterhaus Schwäbisch Hall ausgeschieden und hatte Robert Scholl an dem Tag geheiratet, an dem dessen Mutter beerdigt wurde. Sie übernahm den Haushalt des Schwiegervaters, während ihr Mann zu einem Ausbildungskurs nach Tübingen abkommandiert wurde, aus dem er dann aber als Unteroffizier ausscheiden durfte, um in Ingersheim am Neckar für den Schultheiß, wie in Württemberg die Bürgermeister genannt wurden, einzuspringen. Dort wurden 1917 Inge und 1918 Hans Scholl geboren. 1919 wurde der Vater zum Schultheiß in Forchtenberg, einer Kleinstadt im nördlichen Württemberg, gewählt, und dort kamen rasch hintereinander die Kinder Elisabeth (1920), Sophie (1921) und Werner (1922) zur Welt. 1925 folgte ein sechstes Kind Thilde, das neun Monate später wie andere Kinder aus dem Ort an einer Masernepidemie starb. Die Mutter ließ auf dem Grabstein ein Wort aus Jeremia 31 einmeißeln: »Ich habe dich je und je geliebt, darum habe ich dich zu mir gezogen aus lauter Güte.« Ihr christlicher Glaube hat den schwersten Erschütterungen ein Leben lang standgehalten. Nur zwei ihrer Kinder haben den Zweiten Weltkrieg überlebt. Ihr jüngster Sohn Werner war, als Hans und Sophie in München umgebracht wurden, auf Heimaturlaub, musste dann aber an die russische Front zurückkehren und ist dort verschollen.

Forchtenberg am Kocher, weit entfernt von jeder größeren Stadt, war damals ziemlich heruntergekommen, und die 850 Einwohner waren untereinander zerstritten. Als Erstes erlebte der neue Schultheiß, dass seine Wahl angefochten wurde, aber die Gegner unterlagen. Scholl machte sich an die Arbeit, setzte den Anschluss des abgelegenen Ortes an die Eisenbahn durch, sorgte für bessere Straßen und Wege und überredete einen idealistischen Arzt, sich in Forchtenberg niederzulassen.

Robert Scholl war ein durch und durch politischer Mensch. 1914 hatte er sich bewusst nicht freiwillig gemeldet, weil er den Krieg verabscheute. Den Friedensplan des amerikanischen Präsidenten Wilson mit dem Vorschlag eines Völkerbundes hat er in einem Brief an seine Frau als zukunftsweisend bezeichnet und den Krieg hielt er bereits 1917 für verloren. Den verbrecherischen Charakter Hitlers und der NSDAP hatte er schon lange vor 1933 erkannt, während der von ihm nach Forchtenberg geholte Arzt in die Partei eintrat. Dass Robert Scholl ihn trotzdem weiter als Freund behandelte, war typisch für ihn. Es musste nicht jeder so denken wie er. Auch seine Kinder durften eine andere Meinung haben; nur mussten sie bereit sein, darüber zu diskutieren.

Für die Kinder war Forchtenberg ein Paradies. Sophie kam dort in den Kindergarten (den zweitältesten in Württemberg. Ein früherer Pfarrer hatte ihn gegründet). Sie ist in Forchtenberg eingeschult worden, und die vier Jahre ältere Schwester Inge hat ihr im Kocher, dem kleinen Fluss, an dem Forchtenberg liegt, das Schwimmen beigebracht. Die Mutter hatte vor dem Städtchen einen großen Garten, in dem die Kinder ihr halfen.

Für jüngere Kinder großer Familien ist es nicht untypisch, wenn sie in der Schule und auch sonst am Wohnort kaum Freunde finden. Das Leben mit den älteren Geschwistern ist, wenn die sich für die Kleinen interessieren, ungleich spannender. Zudem galt Sophie schon früh bei Außenstehenden als scheu und verschlossen. Aber weil sie ihre Ferien häufig bei einer Schwester ihrer Mutter in Backnang verbrachte, fand sie in deren Haus eine Freundin, die zwei Jahre jüngere Lisa Remppis, die lebenslang ihre engste Vertraute blieb. Fünf Tage vor ihrem Tod hat Sophie Scholl in ihrem Münchner Studentenzimmer das ›Forellenquintett‹ von Schubert aufgelegt und dieser Freundin einen ihrer vielen Briefe geschrieben, ohne zu wissen, dass es der letzte sein würde. Musizieren und Musik hören zählten zu ihren Leidenschaften. Sie sang mit Begeisterung und spielte Klavier, Gitarre, Akkordeon, Orgel und Flöte, und wie viele ihrer Briefe spiegelt auch der letzte Brief an Lisa Remppis Sophies leidenschaftliche Liebe zur Natur wider.

Aber damit habe ich weit vorgegriffen. Die idyllische Zeit in Forchtenberg kam 1931 an ihr Ende. Der Vater hatte sich um das Bürgermeisteramt in einer größeren Stadt beworben, hatte die Wahl verloren und wurde trotz seiner Verdienste um Forchtenberg dort nicht wiedergewählt. Die Familie zog nach Ludwigsburg, musste sich sehr einschränken und kam trotzdem kaum zurecht. Aber dann bewarb Robert Scholl sich bei einem Steuerberater in Ulm als Mitarbeiter und konnte, als der später nach Stuttgart zog, genügend Geld aufnehmen, um das Steuerbüro zu erwerben. Klug und zuverlässig wie er war, gewann er viele Klienten, und es passt zu seinem Charakter, dass er jüdischen Mitbürgern nach Kräften geholfen und ihnen nach 1938 dringend zur Ausreise geraten hat.

Von den Gegensätzen in der Familie war bereits die Rede. Inge, die Älteste, die schwärmerisch veranlagt war, schrieb schon vor 1933 in ihr Tagebuch: »Mit Leib und Seele gehöre ich Hitler; natürlich nach Gott«; und am 6. Mai 1933 heißt es: »Heute war Hans zum ersten Mal in der HJ. Das Braunhemd steht ihm gut. Mutter hat mir jetzt die Erlaubnis zum BDM gegeben.« Lina Scholl teilte die Begeisterung so wenig wie ihr Mann, denn Hitlers Gebete am Ende seiner ersten Reden als Reichskanzler durchschaute sie mit ihrem schlichten Glauben als Phrasen, mit denen das Volk getäuscht werden sollte. Sie sah das viel klarer als die evangelischen Pfarrer in Ulm, die sich, wie ein Großteil der Bischöfe und Pfarrer, damals von Hitler blenden ließen. Die älteste Tochter war verzweifelt über die ablehnende Haltung der Eltern. Im Tagebuch heißt es: »Mutter sagte, ›Ob wohl Hitler auch noch ein Opfer bringen muß?‹ Ich sagte: ›Hitler hat schon so viele Opfer gebracht. Hat er nicht sein ganzes Leben aufs Spiel gesetzt?‹ Da zuckte sie ganz geringschätzig die Schultern. Und das tut mir weh. [...] Ich war nachher so betäubt. Ich hatte gar keine Freude am Leben mehr. [...] Die Kluft zwischen uns beiden wird immer größer. Ich glaub' manchmal, sie will mich auch nicht immer verstehen.«

Hans, der über den Christlichen Verein junger Männer (CVJM) in die Hitlerjugend gekommen war, und Inge stiegen rasch in Führungspositionen auf; Sophie tat es ihnen nach, sobald sie das richtige Alter erreicht hatte. Auch sie wurde, wie die ein Jahr ältere Liesl, sehr bald Jungmädelführerin. Alle vier galten damals in Ulm als gewissenhafte und strenge Vorgesetzte. Werner blieb als Einziger einfaches Mitglied im Jungvolk und später in der HJ. In die trat er nur ein, weil es inzwischen für alle Jugendlichen gesetzlich vorgeschrieben war.

II

Das Engagement in der Hitlerjugend, das die Eltern Scholl nicht billigten, das sie aber toleriert haben, war bei den Kindern das erste Anzeichen dafür, dass sie »Co-Autoren ihrer Lebensgeschichten« werden und über ihr Leben selbst bestimmen wollten. Aber was es hieß, aufrichtig und ehrlich zu sein, und was Freiheit für das menschliche Leben bedeutet, hatten sie in ihrem Elternhaus erlebt. Das gehörte bereits zu ihrem Wesen. In den Briefen der Schollkinder steht manchmal das Wort »Allen ...« Man versteht das nur, wenn man weiß, dass es sich auf ein Gedicht von Goethe bezieht:

»Allen Gewalten zum Trotz sich erhalten.
Feiger Gedanken bängliches Schwanken
macht dich nicht frei.
Nimmer sich beugen, kräftig sich zeigen,
rufet die Arme der Götter herbei.«

Es gab eine Reihe von Fällen, in denen fanatisierte Jugendliche die eigenen Eltern angezeigt haben. Der Präsident des Volksgerichtshofes, Roland Freisler, der Hans und Sophie Scholl 1943 in München zum Tode verurteilte, hat ein Jahr später junge Menschen zu schweren Strafen verurteilt, weil sie ihre Eltern nicht denunziert hatten. Die Schollkinder wären fassungslos gewesen, wenn sie gehört hätten, dass es so etwas gab. Ihre Bindung zu den Eltern war fest und unzerstörbar. Sie durften ihren eigenen Weg suchen und finden. Die richtige Unterscheidung zwischen Recht und Unrecht trauten die Eltern ihnen zu.

Barbara Beuys hat sich in ihrer großartigen Biografie Sophie Scholls ausführlich mit den Karrieren der Schollkinder in der Hitlerjugend beschäftigt. Dass die Biografin lange nach der Hitlerzeit geboren ist, kann man, wenn man wie ich aus der Zeit vor 1933 stammt, an mehreren Stellen herausfühlen. Das klingt dann so, als würde sie, wenn sie von den HJ-Karrieren der Geschwister Scholl berichtet, am liebsten dazusetzen: Wie konnten sie nur? An manchen Stellen sagt sie sogar: »Wir wünschten uns, es wäre anders.« Aber warum? Dass am Anfang dieses Weges bei Sophie und ihren Geschwistern die Begeisterung für Hitler und die Jugendorganisation, die sich nach ihm nannte, gestanden hat, macht diesen Anfang typisch für die Altersgruppe, zu der sie im damaligen Deutschland gehörten. Die Abkehr davon war ganz und gar untypisch und zeigt, was für Menschen sie waren. Dass sie den Führer als Verführer, ja als Verbrecher durchschaut haben, war eine moralische und eine intellektuelle Leistung, die sie aus ihrer Generation weit heraushebt. Und was Hans und Sophie Scholl dann zu politischen Märtyrern gemacht hat, zeugt von einem Mut, den damals nur wenige aufgebracht haben. Die Tat selbst war politisch, die Quelle für den Mut, sie auszuführen, war bei beiden Geschwistern der christliche Glaube. Im 13. Kapitel des Hebräerbriefes gibt es den Vers: »Es ist ein köstlich Ding, dass das Herz fest werde, welches geschieht durch Gnade.« Den Weg, auf dem Sophie Scholls Herz fest geworden ist, kann man in den vielen Briefen von ihr, die erhalten geblieben sind, beinahe Schritt für Schritt verfolgen.

Aber sehen wir uns zunächst die HJ-Karrieren an. Am 30. April 1933 schreibt Inge in ihr Tagebuch: »Hans hat eine feine Radierung von Hitler. Sie hängt im Kinderzimmer. Vater hat sie am Anfang jeden Tag, wenn er vom Geschäft kam, abgehängt und in eine Schublade getan. Hans hat sie aber jedes Mal wieder an ihren Platz getan, bis Vater schließlich nachgegeben hat.« Wie kam es zu diesem hartnäckigen Widerstand gegen die Autorität des Vaters, oder anders gefragt: Was hat die HJ so attraktiv gemacht, dass die Kinder Scholl sich gegen Eltern aufgelehnt haben, die nun wirklich alles andere als autoritär waren?

Die Hitlerjugend hat damals eine so große Anziehung ausüben können, weil Baldur von Schirach, der Reichsjugendführer, die Parole ausgab, unter dem Führer Adolf Hitler würden die vielen zerstrittenen Gruppen und Grüppchen, die es vor 1933 gab, zu einer einigen deutschen Jugend zusammenwachsen. Inge lobt das in ihrem Tagebuch. Die HJ war vor 1933 eine sehr kleine Gruppierung. In Berlin gab es 1000 Mitglieder, während allein die evangelischen Schülerbibelkreise dort zweieinhalb Mal so groß waren, um von den vielen anderen christlichen und sonstigen Gruppen gar nicht zu reden. Schirach und seine Führungsmannschaft hatten keine eigenen Ideen. Darum übernahmen sie nicht nur die Arbeitsweise der bündischen Jugend, sondern auch den größten Teil ihrer Führungskräfte; und die waren überrascht und erfreut, dass das »neue Deutschland Adolf Hitlers« sie brauchte und ihnen die Mitarbeit anbot. Dass dabei auch List, Betrug und Gewalt angewendet worden sind, wäre ein eigenes, spannendes Thema. Alles, was in der Jugendarbeit der Kirchen, der Parteien, Gewerkschaften und freien Gruppierungen entwickelt worden war: Heimabende mit Liedern, Lesungen und Spielen, Fahrten, Geländeübungen, sportliche Wettbewerbe und kulturelle Veranstaltungen und vor allem eine sorgfältige Schulung der Leiter, gab es jetzt auch bei der HJ, die mit der Zeit so tat, als hätte sie das alles selbst erfunden.

Inge und Hans Scholl stiegen rasch in höhere Führungsämter auf. Hans wurde »Fähnleinführer«, war also für 150 bis 200 Ulmer Jungen verantwortlich; und Inge kam noch eine Stufe höher und war als »Ringführerin« nicht nur für mehr als 800 »Jungmädel« zuständig, sondern auch für die Schulung der über 100 Führerinnen innerhalb ihres Ringes. Als »geübte ältere Schwester« hat sie ihren Ring klar und gewissenhaft geführt und dadurch viele junge Mädchen in Ulm beeindruckt und geprägt.

Von Hans heißt es, er sei »zackig, eingebildet und fanatisch« gewesen. Großen Eindruck machten seine »Mutproben«, so zum Beispiel wenn er auf einen hohen Baum kletterte und sich dann von Ast zu Ast herunterfallen ließ, bis er unten ankam und fragte: »Wer macht's nach?« Gleichzeitig erinnerten sich die Jungen aus seinem Fähnlein später an einen ganz anderen Hans Scholl, der bei Heimabenden literarische Entdeckungen vorlas. An einem solchen Abend trug er bei Kerzenschein den ›Kornett‹ von Rilke vor und hinterließ damit einen tiefen Eindruck. Die Geschwister Scholl entwickelten damals ein Faible für Rilke.

Hans und Inge haben sich 1933 anstecken lassen von der Aufbruchstimmung in Deutschland und sie waren genau die Richtigen, andere zu begeistern; nicht zuletzt ihre jüngeren Schwestern Liesl und Sophie, die dann auch sehr rasch Jungmädelführerinnen geworden sind. Den ›Kornett‹ hat auch Sophie später ihrer Jungschargruppe vorgelesen. Dabei gab es außer Kerzenlicht noch Lieder, die sie mit der Gitarre begleitete. Hans Scholl nahm 1935 als Fahnenträger am Sternmarsch der Hitlerjugend zum Nürnberger Reichsparteitag teil. Er soll aber müde und enttäuscht von dort zurückgekommen sein. Für das, was ihn an der Hitlerjugend angezogen hatte, war dort kein Platz gewesen. Nur marschieren, Reden anhören und jubeln war ihm zu wenig. Hier deutet sich schon früh ein Konflikt an.

Werner, der Jüngste unter den Geschwistern, hat auf eine Führungsposition in der HJ offensichtlich keinen Wert gelegt. Das dürfte mit Otl Aicher zusammenhängen, einem Klassenkameraden, den Werner nach Hause mitbrachte und der innerhalb weniger Jahre einen entscheidenden Einfluss auf die Geschwister Scholl ausgeübt hat. Zunächst aber war er bei den Scholls ein stiller Zuhörer. Aus der Reserve locken ließ er sich erst, als die Geschwister mit der Hitlerjugend gebrochen hatten.

Max von Neubeck war in der HJ als »Stammführer« der Vorgesetzte von Hans Scholl. Er kam aus der bündischen Jugend, folgte den Ideen der Reichsleitung in Berlin aber sehr viel bereitwilliger als Hans. Zwischen den beiden kam es immer wieder zum Streit; im Frühjahr 1936 wurde eine Auseinandersetzung so heftig, dass Hans Scholl Neubeck ohrfeigte. Es dauerte dann nicht mehr lange, bis Hans seinen Rang als Fähnleinführer verlor. Er blieb zwar in der HJ, und die Vorgesetzten machten keine große Affäre daraus – Hans Scholl hätte sonst nicht studieren dürfen –, aber die Sache war damit nicht abgetan, denn Hans dachte gar nicht daran, klein beizugeben. Er sammelte privat einen Kreis von zehn Jungen um sich, darunter seinen Bruder Werner, mit denen er auf Fahrt ging, zeltete und manchmal auch verbotene Bücher las. Nach dem Abitur kam er im Mai 1937 zum Reichsarbeitsdienst und ein halbes Jahr später zum Militär. Inge wurde um die gleiche Zeit Lehrling im Steuerbüro ihres Vaters, und Liesl verließ die Schule, um sich im Fröbelseminar in Ulm-Söflingen als Kindergärtnerin ausbilden zu lassen. Es war für die Eltern ein neuer Lebensabschnitt.

Nur Sophie war noch im BDM aktiv, als am 10. November 1937 die Gestapo bei den Scholls erschien, die Wohnung durchsuchte, Inge, Sophie und Werner mitnahm und im Gefängnis ablieferte. Sophie wurde sofort nach Hause geschickt; ihre Verhaftung war ein Irrtum gewesen. Bald stellte sich heraus, dass in Ulm noch weitere Jugendliche verhaftet worden waren und dass die Gestapo von den Scholls vor allem Hans im Visier hatte. Der aber konnte als Soldat nicht einfach verhaftet werden. Die Wehrmacht gab die Genehmigung zur Untersuchung vor einem Zivilgericht erst einen Monat später; und dann stellte sich heraus: Das Ganze gehörte zu einem Schlag der HJ gegen »bündische Umtriebe« in ganz Deutschland. Die willigen Helfer des Jahres 1933 wurden nicht mehr gebraucht. Jetzt ging man gerichtlich gegen alle vor, die noch den alten Idealen anhingen, statt das unausgesprochene alleinige Ziel zu verfolgen, auf das es Hitler und seinen Gefolgsleuten ankam: die HJ geistig und körperlich auf den kommenden Krieg vorzubereiten.

Hans Scholl hatte Glück: Nach der energischen Intervention seines Vorgesetzten Rittmeister Scupin wurde er zum Jahreswechsel 1937/38 aus der Untersuchungshaft entlassen, bekam bis zum 6. Januar Urlaub und konnte dann wieder seinen Militärdienst aufnehmen, während er auf den Prozess wartete.

Der BDM war von dem allen nicht betroffen. Darum war Inge Scholl schon nach Hause geschickt worden, ehe Hans ins Gefängnis kam. Auch Werner hatte man entlassen. Inge ging weiter zu BDM-Veranstaltungen, obwohl sie ihr Amt als Ringführerin nach dem Eintritt in die Berufsarbeit niedergelegt hatte und gar nicht mehr teilzunehmen brauchte. Sie war ein Mensch starker Gefühle, und die Aufgabe im BDM war ihr eine Herzenssache gewesen. Statt Konflikte durchzukämpfen, bemühte sie sich lieber um Harmonie. Da war ihre jüngste Schwester, die sie noch »Sofielein« nannte, als die ihr intellektuell bereits hoch überlegen war, ganz anders. Sophie schreibt an ihre Freundin Lisa Remppis: »Inge sieht alles kindlich, manchmal schwärmerisch und reagiert viel zu sehr mit ihrer ganzen Seele und einem Aufwand an Gefühlen auf alles. Dafür hat sie aber auch kein so ekelhaftes Teufelchen wie ich, das die Wirkung auf andere beobachtet.«

Weil Sophie für uns im Mittelpunkt steht, müssen wir auf ihre Karriere in der Hitlerjugend auch noch einen Blick werfen. Als Dreizehnjährige hat sie an Hitlers Geburtstag, dem 20. April 1934, ihr Gelöbnis gesprochen: »Jungmädel wollen wir sein. Klare Augen wollen wir haben und tätige Hände. Stark und stolz wollen wir werden: Zu gerade, um Streber und Duckmäuser zu sein, zu aufrichtig, um etwas scheinen zu wollen, zu gläubig, um zu zagen und zu zweifeln, zu ehrlich, um zu schmeicheln, zu trotzig, um feige zu sein.« Erst die Vierzehn- oder Fünfzehnjährigen mussten dem Führer Adolf Hitler lebenslange Treue schwören. Nach der Feier zog die Gruppe der Jungmädel ab und sang dabei:

»Unsre Fahne flattert uns voran,
in die Zukunft ziehn wir Mann für Mann.
Wir marschieren für Hitler durch Nacht und durch Not
mit der Fahne der Jugend für Freiheit und Brot.
Unsre Fahne flattert uns voran.
Unsre Fahne ist die neue Zeit
Und die Fahne führt uns in die Ewigkeit.
Ja, die Fahne ist mehr als der Tod.«

Ich zitiere diesen Liedtext so ausführlich wegen der religiösen Vokabeln. Es war die Zeit, in der Joseph Goebbels »ganz Deutschland ein Gotteshaus« genannt hat, »mit dem Führer, der als der Fürsprecher des Volkes vor den Allmächtigen« trete.

Es dauerte nicht lange, bis Sophie Jungmädelführerin wurde, und sie nahm ihre Pflichten so ernst, dass ihre Leistungen in der Schule darunter litten. Sie hätte wohl mühelos in allen Fächern ein »Sehr gut« erreichen können, und die Lehrer wussten das. Aber eine Eins bekam sie nur in Religion und in Physik. In den anderen Fächern war sie anfangs noch »gut«, sank dann aber, ihrer aufreibenden BDM-Arbeit wegen, auf »befriedigend« ab.

Susanne Hirzel, eine Ulmer Pfarrerstochter, war von der Ringführerin Inge Scholl so beeindruckt, dass sie ebenfalls Jungmädelführerin und eine enge Freundin von Sophie geworden war. Sie hat kurz nach dem Krieg, als es den Mythos von der »Weißen Rose« noch nicht gab, ihre Freundin charakterisiert: »Wir lernten uns mit 14 Jahren im Jungmädelbund kennen. Sie war wie ein feuriger wilder Junge, trug die dunkelbraunen, glatten Haare im Herrenschnitt und hatte mit Vorliebe eine blaue Freischarbluse oder eine Winterbluse ihres Bruders an. Sie war keck, mit heller, klarer Stimme, kühn in unseren wilden Spielen und von einer göttlichen Schlamperei.« Eine penible schwäbische Hausfrau wäre sie mit Sicherheit nicht geworden. Ein anderes Urteil können wir gleich anfügen: Eva Amann, damals Jungmädel, erinnerte sich ebenfalls kurz nach dem Krieg: »Sophie war 15, und ich war 12. Sie war damals sehr begeistert, sehr fanatisch für den Nationalsozialismus. Sie war romantisch, idealistisch und kommunistisch.« Bei dem letzten Wort stutzt man etwas; aber es ist schnell erklärt: Wenn Sophie mit ihren Jungmädeln einen Ausflug machte, wurde zu Anfang alles Geld eingesammelt und auch der Proviant. Es sollten nicht die einen Herrlichkeiten von zu Hause genießen und die anderen bei trocken Brot zuschauen. Aus der Gemeinschaftskasse wurde Sprudel für alle gekauft, und vor dem Essen wurden die Augen verbunden und jede durfte sich aus dem Haufen des mitgebrachten Proviants etwas herausfischen. Sophie wusste, dass sie sich um die Meinung der Eltern, falls die protestiert hätten, nicht zu kümmern brauchte. Sie war die Jugendführerin und nahm ihre Befehlsgewalt ernst. Als ein Metzgerehepaar die Tochter Helene nicht zum Dienst schickte, weil sie im Laden mithelfen sollte, erklärte Sophie, das ginge so nicht, der Dienst sei Pflicht. In der nächsten Woche, als Helene wieder nicht erschien, ließ Sophie sie durch die Polizei holen. Helene hatte vermutlich gar nichts dagegen. Die Unternehmungen mit Sophie müssen sehr vergnüglich gewesen sein. »Schneidig, humorvoll, gescheit, unternehmungslustig und ziemlich übermütig« sei sie gewesen, erzählt Susanne Hirzel; das sind Eigenschaften, mit denen man Jüngere bis heute begeistern kann.

Am Palmsonntag 1937 erschienen Sophie und Werner Scholl als Einzige in der HJ-Uniform zur Konfirmation. Hitler hatte nach der Olympiade 1936 sein religiöses Getue abgelegt. Ein christliches Deutschland war nie sein Ideal gewesen, und seine Stellung war inzwischen so gefestigt, dass er nicht mehr so tun musste, als ob. Den

Scholls war dieser Umschwung nicht verborgen geblieben. Die beiden Geschwister, die in Uniform kamen, wollten zeigen: Wir sind zwar in der HJ, aber wir gehören bewusst auch zur evangelischen Kirche. Wie lange ließ sich das durchhalten?

Fünf Monate später schrieb Sophie in ihr Tagebuch: »Von der HJ habe ich mich ohne mein Wollen ganz gelöst. Ich habe nichts mehr zu geben, nichts mehr zu nehmen.« Es ist das zweite Indiz dafür, dass sich um diese Zeit in ihrem Denken etwas verändert haben muss. Noch nahm sie weiter am Dienst teil; aber es ging ihr wie ihrem Bruder Hans, dem sie in vielem so ähnlich war: Ihr gefiel der Stil der Vorgesetzten nicht. Und sie war nicht der Mensch, der so etwas in sich hineinfrisst. Schon gar nicht, nachdem es im Dezember 1937 zur Verhaftung von Hans gekommen war. Darum verwundert es nicht, dass im Frühjahr 1938 eine Gauführerin aus Stuttgart angereist kam, um klare Verhältnisse zu schaffen. Sophie, Susanne Hirzel und andere Jungmädelführerinnen wurden in die Ulmer Geschäftsstelle der HJ bestellt, wo man ihnen erklärte, sie seien als Führerinnen »wegen Untreue und unbotmäßiger Äußerungen« abgesetzt. In der Familie Scholl erzählte man, Sophie habe bei einem Abend der HJ-Führerinnen gesagt, man müsse bei Literaturabenden auch Heinrich Heine lesen, sonst verstünde man die deutsche Literatur nicht, und das habe sie vor der Gauführerin noch eigens verteidigt.

Die Ausgestoßenen blieben Mitglieder des BDM, weil sie sonst zum Abitur nicht zugelassen worden wären; und diese Möglichkeit wollte man ihnen wohl doch nicht nehmen. Susanne Hirzel hat nie wieder an einer BDM-Veranstaltung teilgenommen, während Sophie Scholl weiter »zum Dienst« gegangen ist. Ihre Biografin Barbara Beuys wundert sich darüber, ich überhaupt nicht. Pfarrerskinder wie Susanne Hirzel oder ich hatten eine gewisse Narrenfreiheit während des »Dritten Reiches«. Eine Familie aber, in der ein Sohn HJ-Führer gewesen und dann ins Gefängnis gekommen war, musste deutlich vorsichtiger sein. Das galt auch, wenn der Fall wie bei Hans Scholl glimpflich ausging. Er wurde zwar Anfang Juni 1938 zu einem Monat Gefängnis verurteilt, die Strafe wurde aber gleich wieder aufgehoben, weil er unter die Amnestie fiel, die Hitler nach seinem triumphalen Einmarsch in Österreich im März 1938 verkündet hatte.

Die erhalten gebliebenen Briefe und Tagebücher zeigen, dass Robert und Hans Scholl zu einem tiefen Einverständnis gekommen waren, als der Vater den Sohn im Gefängnis besucht hatte. Das wirkte sich auf die ganze Familie aus. Die Kinder hatten lange gemeint, im Nationalsozialismus das Fundament gefunden zu haben, auf dem sie ihr Leben aufbauen könnten. Das sollte keinen Bruch mit den Eltern bedeuten, aber es sollte das Resultat eigener Entscheidungen sein. Um noch einmal mit dem amerikanischen Philosophen Alasdair McIntyre zu reden: Ihre Selbständigkeit als Co-Autoren ihrer Lebensgeschichten war ihnen wichtig; aber dann mussten sie entdecken, dass sie verführt worden waren. Ihr Idealismus war ihnen vergangen. Wichtig ist in einer solchen Situation, was an die Stelle der zerplatzten Illusionen tritt.

III

In Sophie Scholls Briefen heißt es einmal: »In Beziehung zu einem neuen Menschen zu treten, ist doch ein großes und wichtiges Ereignis, eine Kriegserklärung und eine Liebeserklärung zugleich.« Das war nicht auf Werners Klassenkameraden Otl Aicher gemünzt; aber ich denke, sie hat es auch bei ihm so empfunden. Von Oktober 1939 an kam er regelmäßig zu den Scholls. »Ich bin froh, dass Werner mehr mit ihm verkehrt als mit den anderen Tanzstundenherren seiner Klasse«, heißt es in Sophies Tagebuch. »Otl ist Werner ziemlich überlegen, außerordentlich eigenartig und schweigsam (eine sympathische Eigenschaft). Er kommt oft zu uns.«

Otl Aicher kam aus Ulm-Söflingen, das jahrhundertelang rein katholisch gewesen war. Zu den überzeugten Katholiken dort gehörte die Handwerkerfamilie Aicher, deren Sohn sich eng an den katholischen Stadtpfarrer Weiß angeschlossen hatte; und weil der Pfarrer von der Partei verfolgt wurde, war Otl bereits in jungen Jahren ein Gegner der Nazis geworden. Aus dem Bücherregal seines Mentors hatte er, in einem Alter, in dem andere Jungen Karl May lesen, die Werke der Kirchenlehrer Augustinus und Thomas von Aquin entliehen und verschlungen; und als Pfarrer Weiß ihn einmal zu einer Tagung nach Paderborn mitgenommen hatte, wo der streitbare Pfarrer seine Mitbrüder zum Widerstand aufgerufen hatte, war für Otl Aicher deren Begeisterung der Beweis dafür, dass die katholische Kirche ein Felsen ist, auf dem man auch in schwierigsten Zeiten stehen kann. Dass die kirchlichen Oberen die Aktionen, die Pfarrer Weiß vorgeschlagen hatte, verboten, fanden weder der Pfarrer noch sein jugendlicher Anhänger gut; Otl war durch die Reise endgültig zu einem politisch engagierten Katholiken geworden. Kritik am Episkopat gehörte dazu.

Dass Hans Scholl im Gefängnis gesessen hatte und die Gestapo bei den Scholls Haussuchung durchgeführt hatte, sprach in Otl Aichers Augen für die Familie; aber dass Sophie ihn schweigsam nennt, hatte damit zu tun, dass er doch noch genauer wissen wollte, wes Geistes Kind die Scholls wirklich waren. An einen väterlichen Freund in München, den katholischen Kirchenkritiker, Begründer und Chefredakteur der Zeitschrift ›Hochland‹ Carl Muth, hat er später, als die Geschwister Scholl dort ein und aus gingen, geschrieben: »Ich hab lange um diese Leute gerungen und zwar anfänglich fast gegen einen Widerwillen, und Inge hat mir erst neulich zugestanden, sie vermutete früher hinter meinem Kommen immer den Versuch, sie zur Konversion zu treiben.« Inge Scholl wäre das damals wie ein Verrat an ihrer Mutter, die so tief in der evangelischen Kirche verwurzelt war, vorgekommen. Später ist sie, mit der ganzen Begeisterung, deren sie fähig war, katholisch geworden. Otl Aicher und sie haben nach dem Krieg geheiratet. Der neue Freund der Familie hat aber nicht nur auf Inge, sondern auch auf die übrigen Geschwister einen so starken Einfluss ausgeübt, dass ein Soldat, an den Sophie Scholl einen Brief geschrieben hatte, ihr antwortete: »Ich kann aus Ihren Seiten erkennen, dass Sie katholisch sind. Ich bin auch ein Erzkatholik.« Ich halte Sophie für eine an der katholischen Kirche interessierte typische Protestantin. Davon wird später noch die Rede sein.

Otl Aicher war nicht weniger sportlich als die Scholls, mit denen man herrliche Ausflüge und Skiferien machen konnte. Die originellen Geschwister haben auch ihn tief beeindruckt. Es ging in der Familie so anders zu als in seinem Elternhaus, aber er wehrte sich gegen den Sog, der davon ausging. Er wollte von »Schönheit« nichts wissen, wo es doch allein um die Wahrheit gehen durfte. Christ konnte für ihn nur sein, wer in die einzig wahre Kirche »zurückkehrte«. Die Scholls lasen Romane. Otl lehnte das ab. Was schön war, war darum noch lange nicht wahr. An einen gemeinsamen Freund, den er bei den Scholls kennengelernt hatte, schrieb er – und das ist sehr bezeichnend für ihn –: »Inge hat mir neulich gesagt, dass sie sehr viel Rilke liest. Kannst Du erahnen, wie weh mir das tut, weil sie ihn teilnehmend liest. Man muß *über* Rilke stehen, um ihn lesen zu dürfen.« Gefühle erklärte er rundheraus für falsch. Klares Denken und ein starker Wille, darauf kam es ihm an. In der Biografie von Barbara Beuys heißt es, er sei »voller Gefühl gegen Gefühle« gewesen. Als er ins Haus der Scholls kam, war er 15 Jahre alt und ganz und gar ungewöhnlich. Zum Beispiel hat er täglich darum gebetet, dass Gott seine neuen Freunde zum katholischen Glauben führen möge. Er hat den Münchner Gelehrten Carl Muth bewogen, das mit ihm zu tun; und der hat nicht nur Gott angerufen, sondern den heiligen Thomas Morus um seine Mitwirkung gebeten. Mich fasziniert dabei, dass Otl Aicher gleichzeitig eine jahrelange Geduld aufbrachte und den Geschwistern die Konversion nicht etwa nahelegte. Die Geschwister Scholl fanden ihn zwar einseitig, aber es dauerte nicht lange, da lasen auch sie Augustinus und Thomas von Aquin, dazu die Franzosen Blaise Pascal und Jacques Maritain; und als Aicher Theodor Haeckers Buch über Kierkegaard entdeckt hatte, lasen sie auch den. Haecker war ein Freund von Carl Muth. Er war zum Katholizismus konvertiert und vertrat wie Muth einen Reformkatholizismus, dem auch Aichers Mentor, der Stadtpfarrer Weiß in Söflingen zuneigte. Sie waren nicht nur den katholischen Bischöfen gegenüber distanziert, sondern fanden, der Vatikan halte zu starr an alten Formen fest. Sie verbanden eine tiefe persönliche Frömmigkeit mit einem politisch wachen Katholizismus, und Otl Aicher war in dem allen ihr begabter Schüler. Evangelische Theologen, die sie hätten so beeindrucken können, haben die jungen Scholls nie kennengelernt.

IV

Von Sophie Scholls Führungsrolle bei den »Jungmädeln« war schon die Rede, und einige Charakterzüge haben sich dort bereits deutlich gezeigt. Sie war energisch, wusste, was sie wollte und gab bei Konflikten nicht einfach klein bei. Sie konnte andere mitreißen. Aber wir müssen dieses Bild ergänzen. Es gibt bei ihr auch ganz andere Züge. Und damit kommt der eingangs schon erwähnte Fritz Hartnagel ins Bild. Sophie hatte sich als Sechzehnjärige in den vier Jahre älteren Offiziersanwärter verliebt. Unbekannt war er den Scholls nicht, denn Werner hatte vor 1933 zu der von ihm geleiteten Gruppe der bündischen Jugend gehört. Was zuerst wie eine Jugendschwärmerei aussah, wurde eine Liebesbeziehung, in der es heftige Krisen gegeben hat, die aber zugleich bis zu Sophies Tod immer tiefer und belastbarer geworden ist. Dabei spielte eine Rolle, dass Fritz Hartnagel ein Familienleben und eine geistige Atmosphäre, wie er sie bei den Scholls fand, nicht kannte. Weil die ihn aber schon bald schätzten, wurden *sie* seine Familie. Vater Hartnagel, der mit Wagenschmiere und Schuhcreme handelte, hatte ein Auto angeschafft, aber gleich am ersten oder zweiten Tag einen Unfall damit gebaut. Da er sich danach nie wieder ans Steuer setzte, hatte Fritz einen Wagen zur Verfügung, wann immer er wollte. Das dürfte nicht wenig zu seiner Popularität bei den Scholl-Geschwistern beigetragen haben.

Während der Lektüre der Biografie von Barbara Beuys habe ich mehrfach gedacht: »Der arme Fritz!« Sophies Freundin Lisa Rempiss muss das schon beim Miterleben gedacht haben, denn sie schreibt nach einem gemeinsamen Treffen: »Du warst übrigens wahnsinnig blöd zu Fritz. Wenn ich jetzt Fritz wär', würd ich dich nehmen und an einen Baum schmeißen oder den Berg hinunter. Aber der gute sanfte Fritz ist selber schuld. Leider gefällt ihm das.«

Seit ich den Briefwechsel der Liebenden las, in dem der Herausgeber, ein Sohn von Fritz Hartnagel, die Briefe an keiner Stelle – etwa durch Auslassungen – korrigiert hat, habe ich einen tiefen Respekt vor den beiden.

Bei Sophie ging es anfangs um die Schwärmerei für einen vier Jahre älteren Tanzpartner, der dazu noch Offiziersanwärter war. Daraus geworden ist eine Liebe in schwierigster Zeit, und man sollte sich zuerst die äußeren Umstände während der Kriegszeit vor Augen führen. Fritz Hartnagel war 1940 Nachrichtenoffizier bei der Luftwaffe und beim Überfall auf Holland und Belgien dabei. 1941 kam er nach Jugoslawien und gleich darauf zum ersten Mal nach Russland. Als Spezialist war er mit Arbeit überhäuft. Sophie und ihm blieb nur der briefliche Kontakt; aber selbst für den hatte er häufig keine Zeit. Plötzlich wurde er dann aus Russland abgezogen, um in Weimar eine Nachrichtentruppe für Nordafrika aufzubauen. Nach Afrika ist er nie gekommen; stattdessen haben sich die beiden vom Herbst 1941 bis zum Frühjahr 1942 regelmäßig gesehen, weil er fast jedes Wochenende mit dem Zug nach Süddeutschland fuhr, um Sophie zu treffen. Im März 1942 musste er in Frankreich eine Truppe für Russland zusammenstellen, mit der er in den Kessel von Stalingrad geriet. Er erlitt dort Erfrierungen an Händen und Füßen, wurde mit einem der letzten Flugzeuge ausgeflogen und kam in ein Lazarett bei Smolensk.

Sophies Leben während dieser Zeit sah naturgemäß ganz anders aus. Sie machte 1940 Abitur und besuchte dann das Fröbelseminar in Ulm-Söflingen in der Hoffnung, so dem Reichsarbeitsdienst (RAD) zu entgehen. Das misslang. Sechs Monate im RAD-Lager Schloss Krauchenwies – unter einer fanatischen Führerin – haben Sophie Scholl endgültig zur Gegnerin der Nationalsozialisten gemacht. Als sie hoffte, endlich studieren zu können, musste sie in Blumberg, an der Schweizer Grenze, sechs Monate lang allein einen Kinderhort führen. Erst im Mai 1942 konnte sie mit dem Studium der Philosophie und der Biologie in München beginnen, musste aber in den Semesterferien gleich wieder Fabrikdienst leisten.

Was waren Sophie und Fritz für ein Paar? Es gab große Gemeinsamkeiten. Beide konnten zupacken, beide waren sportlich und naturverbunden. Beide waren redliche Menschen mit der Fähigkeit zur Selbstkritik. Aber es gab auch Unterschiede. Sophie hatte einen ungewöhnlich starken Willen; Fritz Hartnagel wurde rasch unsicher. Die Anregungen, die sie von zu Hause mitbekommen hatte und immer weiter bekam, fehlten bei ihm ebenso wie ihr Training im Denken und die christliche Erziehung durch eine geliebte Mutter.

Er war Offizier in Hitlers Armee, und sie war von Anfang an gegen den Krieg. Er war anlehnungsbedürftig. Einmal schreibt er, im Offizierskasino sei über die Frauen gesprochen worden, die »immer anlehnungsbedürftig« seien. Er habe gesagt, dass das jeder Mensch sei; »ich würde dieses Bedürfnis auch empfinden, worauf mir entgegnet wurde: ›Dann sind Sie eben kein Mann.‹« Als ich das las, dachte ich: Was für ein sympathischer Offizier; aber genau dieser Frage wegen kam es zu der ersten von mehreren Krisen, die die beiden Liebenden durchstehen mussten.

Die ersten 13 Briefe in der Sammlung stammen alle von Sophie. Vielleicht hat sie seine Antworten nicht aufgehoben. Sie lädt ihn ein, sie will etwas mit ihm erleben, wieso kommt er nicht gesprungen? Noch 1940 kann sie plötzlich schreiben: »Sag ein einzig Mal: Sophie vor Pflicht!« Nach einiger Zeit geht er auf ihr Werben ein, und es kommt zu einem regelmäßigen Briefwechsel. Sie macht mit ihren Geschwistern eine Fahrt nach Norddeutschland und begeistert sich für die Landschaft und das Meer. Sie schreibt ihm: »Wir genossen alles unsagbar, besonders die Nordsee bis zum Brechreiz.« Dem folgt die urkomische Schilderung einer Kutterfahrt bei Sturm. Die Menschen im Norden lagen ihr allerdings gar nicht. Süddeutscher als Sophie konnte man schwerlich sein. Aber mit Fritz fährt sie gleich noch einmal an die Nordsee. Worpswede hat ihr tiefen Eindruck gemacht.

Ihre Briefe sprühen manchmal vor Witz und Übermut. Aus dem Fröbelseminar, das auch Susanne Hirzel besuchte, schreibt sie: »Susanne ist ein sehr feines Mädel. Ein Glück, dass sie hilft, meine Schulzeit hier erträglich (d. h. lustig) zu machen. Du weißt ja, wie blöd Mädchen sein können. […] Ich bedaure die Leute, die nicht über jede Kleinigkeit lachen können, d. h. nicht an jedem Ding etwas zum Lachen entdecken können.« Aber während eines Praktikums im Schwarzwald ist sie zum ersten Mal unter Menschen, die ihr total fremd sind. »Ich war letzten Endes allein auf mich gestellt – zum ersten Mal in meinem Leben. Wie leicht konnte ich alles ertragen, weil ich meine Eltern und Geschwister, diesen warmen Kreis, immer als schönen Boden wusste, auf dem ich stand. Ich habe mich oft selbst gewundert, woher mir die Heiterkeit kam. […] Und da habe ich immer größere Sehnsucht bekommen nach einem Grund, […] unabhängig von jeglichen Einflüssen. Dann erst könnte man die wahre Heiterkeit besitzen. So aber fühle ich mich manchmal verlassen.« Sie macht ganz neue Erfahrungen und dabei einen großen Schritt nach vorn. Und plötzlich weiß sie, dass sie einen anlehnungsbedürftigen Liebhaber nicht brauchen kann. Sie muss sich noch erheblich weiterentwickeln, und das geht nicht ohne Freiraum. »Nur *ein* Mensch? Das übt einen zu großen Einfluss auf mich aus.« Und etwas brutal erklärt sie: »Das Rücksichtslose ist das Wahre. Mitleid ist Schwäche.« Ihn trifft das tief. Eine Weile lang kann er ihr gar nicht schreiben. »Was mir lange Zeit das größte Glück war, ist nicht ganz schmerzlos zu unterdrücken«, verrät ihr der sanfte und anpassungswillige Fritz nach längerem Schweigen. Aber sein Schweigen gefällt ihr erst recht nicht. Sie will auf seine Freundschaft und seine Briefe auf keinen Fall verzichten, nur weil sie seine Sanftmut mühsam findet. »Wenn Du eine Wut auf mich hast, dann hab sie ruhig, aber schrei sie dem Wind oder auch mir zu, und drück sie nicht so in Dich hinein.«

Ein gemeinsamer Urlaub klärt vieles. Einfühlsam wie er ist, erkennt er, dass sie wirklich Freiraum braucht, und schreibt ihr: »Ich danke Dir für alles, was Du mir in meinem Urlaub gegeben hast, vor allem neuen Mut und Zuversicht. Ich komme mir vor, als hätte ich eine schwere Krankheit überstanden. [...] Ich glaube, wir sind weitergekommen.«

Sie ist hoch erfreut darüber, obwohl sie, »besonders wenn sie etwas abgeschafft ist«, deutlich spürt, dass auch sie ihn braucht. Aber wenn sie bei Kräften ist, klingt es anders: »Soll ich Dir sagen, wie viel ich in der letzten Zeit an Dich denke? Ich bin im Grunde so froh, dass nun jedes Gefühl in mir so ungezwungen ist für Dich, nun, nachdem wir uns freigemacht haben. Und wenn es auch schmerzt, wenn man auch Sehnsucht bekommt nach Wärme und Geborgenheit bei dem anderen, so ist es doch herrlich, seine Freiheit zu fühlen, in einer kalten, aber klaren Luft. Sollte man überhaupt Geborgenheit, Sicherheit bei einem Menschen suchen? Sollte der Gegenstand dieser Sehnsucht nicht ein anderer sein?« Hier kann man zum ersten Mal den Einfluss von Otl Aicher erkennen, der die zwei Jahre ältere Sophie mit philosophischer und theologischer Lektüre versorgt und sie in zwei Nachtgesprächen dafür gewinnt, sich tief darauf einzulassen. Der andere, auf den sich das menschliche Sehnen »in der kalten, aber klaren Luft« richten soll, ist Gott.

Der Arbeitsdienst in Krauchenwies wird für Sophie zum Härtetest, und jetzt wird es Fritz Hartnagel, der Sophie hilft. Sie ist erst ein paar Tage dort. Alle Mädchen sitzen in lustigem Trubel beisammen, als sie »geschwind aufschaut« und auf den Abendhimmel blickt. »Da fiel mir plötzlich ein, dass es Karfreitag war. Der so ferne gleichmütige Himmel machte mich traurig. [...] Ich möchte gerne einmal in die Kirche, nicht die evangelische, wo ich kritisch den Worten des Pfarrers zuhöre. Sondern in die andere, wo ich alles erleide, nur offen sein muss und hinnehmen.« Das ist die nachdenkliche Sophie, die die ungewohnte Umgebung im Arbeitsdienstlager kaum ertragen kann. Nicht nur das Rauchen ist dort streng verboten, sondern auch das Lesen während der Freizeit. Aber Sophie, die schon im Seminar in Söflingen während der Hitlerreden demonstrativ verbotene Bücher gelesen hat, hat sich für Krauchenwies den ›Zauberberg‹ von Thomas Mann besorgt und raucht mit zwei Kameradinnen im Schlosspark. Mit Willkürmaßnahmen darf man ihr schon lange nicht mehr kommen.

Für Sophie werden nun Otl Aichers Vorschläge für eine konsequente theologisch-philosophische Lektüre wichtig. Mögen die anderen spotten, sie liest die ›Bekenntnisse‹ des Kirchenvaters Augustinus. Man muss aber gleich hinzusetzen, dass Sophie mit ihrem starken Willen erfolgreicher als Otl versucht, dem Denken gegenüber allen Gefühlen den Vorrang einzuräumen, und so verarbeitet sie seine katholischen Anregungen ganz protestantisch. Im Leben ihrer Schwester Inge gibt es schon vor der Konversion Schutzengel und Heilige. In Sophies Frömmigkeit gibt es bis zuletzt als Gegenüber nur Jesus Christus und Gott.

Fritz Hartnagel leidet geradezu, wenn er hört, wie es in Krauchenwies zugeht, und möchte ihr helfen, dort wegzukommen. »Du musst fliegen können, wohin Dich Dein Herz zieht, sonst bist Du keine Sofie mehr.« Sie gibt Otl Aichers Lektüreempfehlungen an ihn weiter, und man wundert sich nicht, dass er anfangs alles missversteht. »Da ich nicht weiß, zu wem ich beten soll, bete ich zu Dir«, schreibt er. Sie reagiert zornig: »Warum besinnst Du Dich nicht auf Dich selbst? Such Dir einen höheren Trost als Träume.« Und dann liest man mit Staunen, wie er durch den Briefwechsel mit ihr und die Lektüre, mit der er sich gewissenhaft abmüht, nicht nur zum Christen, sondern zum Beter wird.

Fritz Hartnagel hat nach dem Krieg erklärt: »Wir haben oft diskutiert und waren zunächst keineswegs in allen Fragen einer Meinung. Nur zögernd und widerwillig fand ich mich bereit, ihren Gedanken zu folgen. Es bedeutete einen gewaltigen Sprung für mich, mitten im Krieg zu sagen: Ich bin gegen diesen Krieg. … Aber der Schritt, als Offizier innerlich auf die andere Seite überzuwechseln, forderte seine Zeit.« Er konnte den »gewaltigen Sprung« machen, weil Sophie ihn in ihren intensiven Briefen dazu gebracht hat, weil die mühsame Lektüre, die sie ihm empfahl, sein Denken Schritt für Schritt veränderte und weil das öde und manchmal widerliche Zusammensein mit den anderen Offizieren, bei denen sich zum Beispiel ein Major mit den Judenmorden hinter der Front brüstete, ihn abstieß. Anfangs war Fritz Hartnagel der Meinung gewesen, Russland werde bald kapitulieren müssen; aber plötzlich war ihm klar: Ehe die sich geschlagen geben, müssten die Deutschen bis in die Mongolei vorstoßen.

Krauchenwies hat die beiden Liebenden noch in einer ganz anderen Weise verändert. Fritz Hartnagel hatte in Holland eine kurze Affäre mit einer Frau aus Jugoslawien. Das hatte er Sophie sofort brieflich gebeichtet, und sie war etwas verwundert, als er bei einem Treffen noch einmal darauf zurückkam. Sie schreibt ihm das kurz danach und setzt hinzu, ehe sie ihm das übel nehmen dürfe, müsse sie doch zuerst einmal »den Balken aus dem eigenen Auge ziehen«. (Nach dem Wort Jesu vom »Splitter im Auge des anderen und dem Balken im eigenen Auge«. Sophie Scholl war aufgrund der mütterlichen Erziehung ausgesprochen »bibelfest«.) Nun gehörte es damals zu Otl Aichers Theologie, dass die Liebe zu anderen Menschen zu überwinden und alle Liebesfähigkeit auf Gott zu richten sei. Die willensstarke Sophie hatte dafür viel übrig. Bei Fritz Hartnagel führte das zu erheblichen inneren Kämpfen, obwohl man seinen Briefen anmerkt, dass er sich große Mühe gegeben hat, auch da psychisch und physisch Schritt zu halten.

Bei einem Treffen war es noch vor Krauchenwies zu einer Liebesnacht der beiden gekommen. Er war darüber tief erschrocken und nennt das im nächsten Brief eine »Verfehlung«. Sophie scheint das viel ruhiger genommen zu haben. Als er dann die langen Fahrten von Weimar nach Süddeutschland auf sich nahm, haben die beiden jeweils in Freiburg übernachtet und sich, damit man ihnen ein Zimmer gab, Eheringe gekauft. Von Blumberg aus, wo Sophie anschließend den Kindergarten übernommen hatte, sind sie ins Inselhotel in Konstanz gefahren. Wie er die Liebesbeziehung als eine ihnen von Gott geschenkte Erfahrung verstanden hat, ist anrührend zu lesen.

In München haben sich die beiden 1942, ehe er zum zweiten Mal nach Russland aufbrechen musste, ein letztes Mal gesehen. In einem der Briefe an ihn, als er Stalingrad schon hinter sich hatte, schreibt sie: »Vorgestern habe ich mir einen wunderschönen blühenden Stock gekauft. Er steht vor mir auf dem Schreibtisch ... über und über mit zarten lila Blüten besetzt. Er ist meinen Augen und meinem Herzen eine rechte Freude, und ich wünschte mir nur, dass Du kommst, bevor er verblüht ist.« Am 22. Februar antwortet er: »Wieder hat mich heute ein Gruß erreicht, von dem mir als erstes einige zarte lilarote Blütenblätter in den Schoß fielen.« An dem Tag, als er das schrieb, starb sie in Stadelheim unter dem Fallbeil.

Fritz Hartnagel hat sich nach Sophies Tod, als die Eltern Scholl ins Gefängnis kamen, wie ein Sohn für sie eingesetzt, obwohl ein Vorgesetzter versucht hatte, ihm das zu untersagen. Nach dem Ende des Zweiten Weltkrieges hat er Sophies Schwester Liesl geheiratet und mit ihr fünf Söhne bekommen. Er wurde ein angesehener Richter – einer der ersten, die sich für Wehrdienstverweigerer eingesetzt haben – und ist im Jahr 2001 im Alter von 85 Jahren gestorben.

V

Wir müssen jetzt einen kurzen Blick auf Sophies Bruder Hans werfen, weil Sophies weiteres Schicksal durch den gemeinsamen Weg mit ihm bestimmt worden ist. Er war als Medizinstudent mit seinen Kameraden auf einen Truppenverbandsplatz in Russland geschickt worden, als sein Vater in Ulm ins Gefängnis kam. Robert Scholl hatte Hitler im Gespräch mit seiner Sekretärin eine »Gottesgeißel für Europa« genannt, und die verblendete junge Frau hatte gemeint, sie müsse das anzeigen. Am 4. August 1942 war er in Stuttgart zu vier Monten Gefängnis verurteilt worden. Die Familie hatte mit einem sehr viel härteren Urteil gerechnet, aber vielleicht dachten die Richter daran, dass zwei Söhne des Angeklagten in Russland Soldaten waren; jedenfalls fiel die Strafe für damalige Verhältnisse relativ milde aus. In dieser Situation schrieb Hans Scholl, der die Haft des agnostischen Vaters als eine Chance für ihn sah, an seine Mutter: »Das echte Leid ist wie ein Bad, aus dem der Mensch neu geboren wird. … Wird nicht Christus stündlich neu gekreuzigt? Und werden die Bettler und Kranken nicht heute wie immer von allen Schwellen verstoßen? Dass die Menschen nicht sehen, was sie zu Menschen macht: die Hilflosigkeit, das Elend, die Armut.« Hans Scholl hatte das Leiden der Zivilbevölkerung in Russland kaum noch ertragen können. »Untermenschen« hat man sie damals genannt. Er schreibt nach Hause: »Wir müssen alle durch Leiden neu geboren werden, damit wir damit aufhören, Christus immer von neuem zu kreuzigen. Menschlich macht uns, dass wir erkennen, wie sehr wir alle angewiesen sind auf Gottes Barmherzigkeit.« Für diese Sicht hatte er seine Mitstudenten schon vor dem Einsatz in Russland gewinnen wollen. Und gleich nach der Rückkehr hat er weitergemacht mit seinem Versuch, die Bevölkerung durch Flugblätter über das zu unterrichten, was in Deutschland wirklich geschah; und seine Schwester Sophie, die er eigentlich aus der Sache hatte heraushalten wollen, hat darauf bestanden, ihr Schicksal mit seinem zu verbinden. Die Schilderung, wie die Flugblatt-Aktion in der Münchener Universität zur Verhaftung und dem Prozess der Geschwister Scholl geführt hat, würde den Rahmen dieses Kapitels sprengen.

Uns ging es um den Weg der Sophie Scholl, die sich in ihrem Gestapoverhör bewundernswert geschlagen hat. Als sie merkte, dass sie die gemeinsame Aktion mit ihrem Bruder nicht abstreiten, vielleicht aber ihren Kopf hätte retten können, hat sie das nicht getan, sondern alles darauf konzentriert, die übrigen Freunde nicht in die Sache hineinzuziehen.

Lassen Sie uns jetzt das Augenmerk darauf richten, worauf das enge Verhältnis zu den Eltern und Geschwistern, die Verbindung mit Fritz Hartnagel und die Gespräche mit Otl Aicher sie vorbereitet haben, nämlich auf ihren Tod als Märtyrerin. Ich zitiere noch einmal aus ihren Briefen. Fritz Hartnagel hatte ihr von den Diskussionen unter seinen Offizierskameraden berichtet, die den Sieg des Stärkeren als eine Art Naturgesetz bezeichnet hatten. Und sie hatte ihm geantwortet: »Mein lieber Fritz, ich wollte, ich könnte Dir in dem Streit mit [den Offizierskameraden] zur Seite stehen. [...] Dass sich nicht ihr ganzes Inneres gegen dieses (angebliche) Naturgesetz, den Sieg des Mächtigeren über das Schwache, aufbäumt, scheint mir schrecklich und entweder entartet oder ganz und gar unempfindsam. Schon ein Kind ist mit Grauen erfüllt, wenn es den Sieg eines mächtigen Tieres über ein schwaches und dessen Untergang miterleben muß. [...] Der Anblick eines unschuldigen kleinen Mäuschens in der Falle hat mir immer Tränen in die Nase steigen lassen, und dass ich darüber froh wurde [...], und jetzt noch froh bin trotzdem, kann ich bloß einem Vergessen verdanken, das aber doch keine Lösung ist. Im Römerbrief heißt es: Das ängstliche Harren der Kreatur wartet auf die Offenbarung der Kinder Gottes. Sintemal die Kreatur unterworfen ist der Nichtigkeit ohne ihren Willen, sondern um deß willen, der sie unterworfen hat, auf Hoffnung. Fritz, lies dieses Kapitel unbedingt selbst durch, nach diesem Brief oder jetzt gleich. Und lies den herrlichen Satz zu Beginn: Das Gesetz des Geistes, der da lebendig macht in Christo Jesu hat mich frei gemacht von dem Gesetz der Sünde und des Todes. – Sind jene nicht entsetzlich arm, die das nicht wissen und glauben? Diese ihre Armut [und das Bewusstsein unserer eigenen Schwachheit, denn was wären wir allein gelassen] müsste uns immer wieder geduldig machen ihnen gegenüber, selbst wenn ihr dummer Hochmut uns zornig machen möchte.«

Wenn es im Titel dieses Kapitels heißt, Sophie Scholls Widerstand sei ein Widerstand aus reinem Herzen gewesen – nach dem Wort Jesu »Selig sind die, die reinen Herzens sind« –, dann gehört dieser barmherzige Blick auf die Törichten und Irrenden ebenso dazu wie die Frage: Wo wären *wir* denn, wenn wir so allein gelassen wären? Aber lesen wir weiter: »Frage [deine Kameraden] doch, ob sie der Meinung seien, dass der Mensch dem Tiere ganz gleich gestellt sei, oder ob er darüber hinaus an einer Welt des Geistes teilnehme. [...] und sie werden in ihrem Hochmut das letztere sicher bejahen. Und frage sie weiter [...] ob in dieser Welt nicht andere Gesetze gelten als in der des Fleisches, ob vielleicht ein kranker Erfinder oder, um von der zweifelhaften Technik loszukommen, ob ein kranker Dichter oder Philosoph in jener Welt des Geistes nicht mehr wögen, mehr Kraft hätten als ein gehirnarmer Athlet, ein Hölderlin mehr als ein Schmeling. (Die Nebeneinanderstellung möge Hölderlin verzeihen, sie tut mir selbst weh.) Ja, wir glauben auch an den Sieg der Stärkeren, aber der Stärkeren im Geiste. Und dass dieser Sieg vielleicht in einer anderen als unserer beschränkten Welt … mächtig wird – nein, [mächtig] wird er hier schon – aber [dort] strahlend hell von allen gesehen – das macht ihn nicht weniger erstrebenswert.«

Zu Susanne Hirzel hatte Sophie einmal, als von der Verfolgung der Juden die Rede war, gesagt: »Ich will nicht schuldig werden.« Aber es geht ihr gar nicht so sehr um sie selbst. »Oftmals bin ich unglücklich, dass alles Leid nicht durch mich geht, so wenigstens könnte ich einen Teil meiner Schuld abtragen an denen, die unverdient so viel mehr leiden müssen als ich.«

Angstattacken sind ihr nicht fremd. Schon seit sie 1938 als 17-Jährige in der Schule die Pogromnacht mit den brennenden Synagogen eine Schandtat genannt hat, quält sie das Schicksal der Juden. Sie schreibt an Fritz Hartnagel: »Ich bin Gott noch so ferne, dass ich ihn nicht einmal beim Gebet spüre. Ja, manchmal, wenn ich den Namen Gott ausspreche, will ich in ein Nichts versinken. Das ist nicht etwa schrecklich oder schwindelerregend, es ist gar nicht – und das ist noch viel entsetzlicher. Doch hilft dagegen nur das Gebet, und wenn in mir noch so viele Teufel rasen, ich will mich an das Seil klammern, das Gott mir in Jesus Christus zugeworfen hat, und wenn ich es nicht mehr in meinen erstarrten Händen fühle.« Solche Sätze kannte ich bisher nur aus der Lebensgeschichte Martin Luthers.

Aber es keimen bei Sophie bis kurz vor ihrem Tod plötzlich auch Hoffnungen auf: »Und wenn ich bisher zu müde war zum Pläne machen, weil sie ja doch durch den Krieg alle zu Schanden werden, so schießen sie jetzt empor wie Urwaldblumen zwischen einem langen warmen Regen, so bunt und ungeheuerlich. Doch wollen sie mir alle gar nicht ungeheuerlich vorkommen, sondern alle sehr durchführbar.

[…] Meine Ungeduld möchte Dich am liebsten schon morgen hier sehen.«, schreibt sie 12 Tage vor ihrem Tod.

Eine Woche vorher kommt sie von einem Besuch bei ihren Eltern nach München zurück und schreibt: »Diese Tage tun mir immer so wohl, und wenn es nur deshalb wäre, weil mein Vater sich immer so freut, wenn ich komme, und sich wundert, wenn ich wieder gehe, und weil Mutter um so 1000 Kleinigkeiten besorgt ist. Diese Liebe, die so umsonst ist, ist für mich etwas Wunderbares. Ich empfinde sie als etwas vom Schönsten, was mir beschieden ist.«

Die Eltern durften ihre beiden zum Tode verurteilten Kinder noch einmal sehen, ehe ihnen der evangelische Gefängnispfarrer Karl Alt in Stadelheim das Abendmahl reichte. Lina Scholl schrieb an Fritz Hartnagel: »Sofie und Hans waren so gefaßt und abgeschlossen mit dem Leben, daß man selbst getröstet war. Sofie lehnte leicht und lächelnd an der Heizung und hatte einen Glanz in ihren Augen, den ich sonst nicht kannte.«

Bekannt geworden sind die letzten Worte der beiden. Die Mutter sagte: »Gelt, Sophie, Jesus.« Das muss man aus dem Schwäbischen übersetzen; dann heißt es: Nicht wahr, Jesus gibt dir jetzt diese Kraft. Und Sophie hat »fast befehlend«, wie die Mutter später geschrieben hat, geantwortet: »Ja, aber Du auch.« Für diesen Glauben habe ich Dir zu danken, hieß das wohl. Beide Geschwister seien ruhig und gefasst gestorben, hat Karl Alt berichtet, der bei ihrem Tod anwesend sein musste.

Epilog: Eltern und Freunde erleben das Martyrium von Hans und Sophie

Wollte man in einem Buch wie dem vorliegenden die dramatischen Ereignisse zwischen dem 18. Februar 1943, einem Donnerstag, als Hans und Sophie Scholl bei ihrer Flugblattaktion in der Münchner Universität entdeckt und verhaftet wurden, und dem 22. Februar, als sie mit ihrem Freund Christoph Propst unter dem Fallbeil starben, einbeziehen, dann würde das verbrecherische Justizsystem der Nationalsozialisten, das Morde als legales Staatshandeln kaschierte, zu sehr in den Vordergrund gerückt, während es uns hier um den Weg von Sophie und Hans Scholl und ihren Freunden geht, die durch ihr Handeln zu jugendlichen Vorbildern im Widerstand gegen Hitler geworden sind. Wir blicken darum in diesem Bericht, der das Kapitel ergänzen soll, darauf, wie die engsten Verwandten und Freunde den Märtyrertod der drei Studenten erlebt haben.

Am 18. Februar kam Traute Lafrenz, eine Freundin der Scholls, die mit den Geschwistern über das Wochenende nach Ulm fahren wollte, aus der Vorlesung von Professor Huber, als sie die Geschwister mit einem Koffer erblickte. Das verwirrte sie. Wollten die beiden etwa früher fahren? Sie eilte in die nächste Vorlesung und erfuhr danach, dass es zu heftigen Unruhen in der Universität und zur Verhaftung von Hans und Sophie Scholl gekommen war. Am Freitag fragte sie in Ulm an, wie es ginge, und merkte, dass die Familie noch ahnungslos war. Sie fuhr nach Ulm, brachte es aber nicht über sich, den Eltern Scholl zu sagen, dass ihre Kinder verhaftet worden seien. Am Samstag stand plötzlich Werner Scholl vor der Tür, der in Russland unerwartet einen Fronturlaub bekommen hatte. Während dieser Zeit wurden in München die Geschwister dauernden Verhören unterworfen. Sophie, die zuerst sehr geschickt alles abgestritten hatte, legte, als sie von dem Beweismaterial, das man in der Wohnung in der Franz-Joseph-Straße gefunden hatte, und von dem Geständnis ihres Bruders hörte, ebenfalls ein klares Geständnis ab, stand zu ihrer Tat und versuchte nur, die Mitwisser nicht zu verraten. In einem der Verhörprotokolle heißt es, nachdem sie gefragt worden war, ob sie nicht sähe, dass ihre Tat ein Verbrechen gegenüber der Gemeinschaft und besonders gegenüber der im Osten schwer und hart kämpfenden Truppe sei: »Von meinem Standpunkt muss ich diese Frage verneinen. Ich bin nach wie vor der Meinung, das Beste getan zu haben, was ich gerade jetzt für mein Volk tun konnte. Ich bereue deshalb meine Handlungsweise nicht und will die Folgen, die mir aus meiner Handlungsweise erwachsen, auf mich nehmen.«

In Ulm rang sich Traute Lafrenz an diesem Samstagvormittag schließlich doch dazu durch, der Familie zu erzählen, was mit Hans und Sophie geschehen war. Am Sonntagabend teilte ein anonymer Anrufer der Familie mit, dass der Prozess bereits am kommenden Vormittag stattfinden werde. Die Eltern beschlossen daraufhin, am Montagmorgen mit ihrem Sohn Werner und Traute Lafrenz nach München zu fahren. Dort erwartete sie der Anrufer, Jürgen Wittenstein, der sich als ein Freund von Hans Scholl und Christoph Propst vorstellte. Er drängte zur Eile, denn der Prozess sei bereits im Gange. Aber es gelang den Eltern und Werner, in den Gerichtssaal zu kommen. Roland Freisler, der ein gutes halbes Jahr zuvor Präsident des Reichsgerichtshofes geworden war, benahm sich schon hier so, wie später in den Prozessen nach dem 20. Juli 1944. Er tobte, sprang plötzlich auf, schrie die Gefangenen während ihrer Aussagen an, während die ruhig und gefasst blieben.

Robert Scholl versuchte zu den Verteidigern zu gelangen und mit ihnen zu reden; aber als Freisler die Unruhe bemerkte, wies er die Eltern aus dem Saal, während Werner Scholl unbemerkt blieb. Leo Sandberger, ein Gerichtsreferendar, der zufällig von dem Prozess erfahren hatte, wurde der einzige Augenzeuge, der später über die Vorgänge berichtet hat. Er blieb, als sich das Gericht zur Beratung zurückgezogen hatte, bei den Eltern Scholl und erklärte sich bereit, ihnen zu helfen. So konnten die Scholls ein Gnadengesuch für ihre zum Tode verurteilten Kinder im Vorzimmer des Generalstaatsanwalts abgeben, ehe sie zu dritt zum Gefängnis Stadelheim fuhren. Von dem Abschied, den sie dort von Hans und Sophie nehmen konnten, war bereits die Rede.

Am 24. Februar fuhren die Eltern mit ihrer Tochter Inge erneut nach München. Werner war dort geblieben und Liesl kam von Ingolstadt zum Friedhof im Perlacher Forst, wo Pfarrer Alt die beiden Geschwister beerdigte. Dort liegen heute auch die Eltern, die das Grab damals erworben haben. In der Grabstätte neben ihnen liegt Christoph Probst. Nach dem Prozess kamen alle Mitglieder der Familie in Sippenhaft, bis auf Werner, der an die Front zurückkehren musste und dort verschollen ist.

Zum Schluss soll hier noch von einem Abend in Ulm die Rede sein, weil er besser als alles andere zeigt, wie die Familie Scholl zu der Tat von Hans und Sophie stand. Es war einer der beiden Abende unmittelbar vor dem Prozess; die Familie saß zusammen, als Werner seine Mutter bat, ein Kapitel aus der Bibel zu lesen. Er wusste, dass sie dort lebenslang Trost gesucht und gefunden hatte. In einem Brief, den sie nicht nach Russland zu schicken brauchte, weil er plötzlich vor der Tür gestanden hatte, hieß es: »Lass die Geduld nicht ausgehen, es geht, wie Gott es will. Das ist ein starker Trost und eine gute Zuversicht, wenn's auch manchmal schwarz aussieht. Gott will's machen, / dass die Sachen / gehen, wie es heilsam ist. / Lass die Wellen / höher schwellen, / wenn du nur bei Jesus bist. Von Vater, Inge und Traute soll ich Dich herzlich grüßen. Besonders herzlich grüßt Dich Deine Mutter.«

Auf Werners Bitte hin schlug Lina Scholl nach kurzem Nachdenken eine biblische Geschichte auf, die alles andere als »trostreich« ist. Sie stellt sich stattdessen damit kämpferisch auf die Seite ihrer verhafteten Kinder. Zu finden ist der Text (2. Makkabäer, Kap. 7) in den Apokryphen des Alten Testaments, die nach Luthers berühmtem Satz »gut und nützlich zu lesen, aber der Heiligen Schrift nicht gleich zu achten« sind (siehe zu der Bibelstelle auch S. 182 im Kapitel über Bonhoeffer). Es ist eine Geschichte aus dem jüdischen Widerstand gegen Antiochus IV. (reg. 175–164 v. Chr.), den Herrscher des Seleukidenreiches, das auch Judäa damals unterworfen hatte. Antiochus wollte die Juden zwingen, heidnische Gebräuche anzunehmen. Dagegen erhoben sich die Makkabäer, die mit ihren Anhängern den Glauben der Väter verteidigten.

Lina Scholl las: »Es wurden auch sieben Brüder samt ihrer Mutter gefangen und mit Geißeln und Riemen geschlagen und vom König bedrängt, sie sollten Schweinefleisch essen, was ihnen im Gesetz verboten war. Da sagte der Älteste unter ihnen: Was willst du viel fragen und von uns wissen? Wir wollen eher sterben, als etwas gegen das Gesetz der Väter tun.« Der König gerät in maßlosen Zorn und lässt vor den Augen der Mutter einen Sohn nach dem anderen zu Tode foltern, da sie sich standhaft weigern, ihm nachzugeben. Als die Reihe an den Jüngsten kommt, fordert der König die Mutter auf, ihren Sohn zur Aufgabe des Widerstandes zu überreden. Sie aber spricht dem Sohn Mut zu: »›Ich bitte dich, mein Kind, sieh Himmel und Erde an und alles, was darin ist, und bedenke, dies alles hat Gott aus nichts gemacht, und wir Menschen sind auch so gemacht. Darum fürchte dich nicht vor diesem Henker, sondern nimm den Tod auf dich wie deine Brüder, damit dich Gott zur Zeit des Erbarmens samt deinen Brüdern mir wiedergebe.‹

Während sie noch redete, sprach der Jüngling: ›Auf wen wartet ihr noch? Ich gehorche dem Gebot des Königs nicht, sondern ich höre auf das Gebot des Gesetzes, das unsern Vätern durch Mose gegeben ist. Du kannst dir zwar gegen die Hebräer alles Leid ausdenken, wirst aber der Hand Gottes gewiss nicht entrinnen. Wir leiden ja um unsrer Sünden willen; aber obwohl unser lebendiger Herr eine Zeit lang zornig ist und uns bestraft und züchtigt, so wird er doch seinen Knechten wieder gnädig werden. Du Gottloser, Verruchtester unter allen Menschen, überhebe dich nicht in eitlen Hoffnungen und lege nicht in deiner Wut Hand an die Kinder Gottes. Denn du bist dem Gericht des allmächtigen Gottes, der alle Dinge sieht, noch nicht entronnen. Unsere Brüder, die eine kurze Zeit sich haben martern lassen, die haben jetzt Teil am ewigen Leben nach der Verheißung Gottes; du aber sollst nach dem Urteil Gottes bestraft werden, wie du es mit deinem Hochmut verdient hast. Ich will Leib und Leben um der Gesetze meiner Väter willen dahingeben wie meine Brüder und zu Gott schreien, dass er bald seinem Volk gnädig werde, du aber unter großer Marter und Qual bekennen musst, dass er allein Gott ist. Der Zorn des Allmächtigen aber, der mit Recht über unser ganzes Volk ergangen ist, möge an mir und meinen Brüdern zum Stehen kommen.‹ Als dies der König hörte, wurde er toll und töricht und ließ ihn noch schlimmer martern als die anderen; denn es verdross ihn, dass er so verächtlich von ihnen behandelt wurde. So ist auch dieser, ohne unrein zu sein, gestorben und hat sein ganzes Vertrauen auf den Herrn gestellt. Zuletzt, nach den Söhnen, wurde auch die Mutter hingerichtet.«

Lina Scholl klagt an diesem Abend im Februar 1943 Hitler als einen zweiten Antiochus an, der in Europa den christlichen Glauben der Väter vernichten will. Was den Juden angetan wurde, wussten alle Scholls. Die Wahl ausgerechnet dieser Geschichte zeigt den Widerstandsgeist der Familie und die Standhaftigkeit einer Mutter, die weiß, dass es für ihre Kinder keine Rettung geben wird und auch sie alle einem ungewissen Schicksal entgegengehen.

Adam von Trott zu Solz –
ein Grenzgänger als Vorbild im Glauben

I

Dieses Kapitel hat eine etwas ungewöhnliche Überschrift, und ich mache das Ganze noch etwas ungewöhnlicher, indem ich ein Bibelwort als Motto voranstelle:

»Jesus hat draußen vor dem Tor gelitten. So lasst uns nun zu ihm hinausgehen aus dem Lager und seine Schmach mit ihm tragen; denn wir haben hier keine bleibende Stadt, sondern die zukünftige suchen wir.« (Hebr. 13, 12 ff.)

Die Männer des 20. Juli 1944 sind noch lange nach dem Ende des Zweiten Weltkrieges in der Bundesrepublik als »Verräter« verunglimpft worden. Ihre Witwen blieben unversorgt, und selbst die Kirchen brauchten lange, bis sie die richtige Einstellung zum »20. Juli« fanden. Die in Plötzensee, in Flossenbürg und an vielen anderen Orten Ermordeten haben, als sie »draußen vor dem Tor«, also »außerhalb der Volksgemeinschaft«, gestorben sind, im politischen Zwielicht gestanden, und es hat lange gedauert, bis man angefangen hat, sie Märtyrer zu nennen. Dass Dietrich Bonhoeffer und Helmuth James von Moltke Christen waren und als Christen gestorben sind, hat zwar nie jemand bestritten; aber hatte ihr Widerstand etwas mit dem christlichen Glauben zu tun, oder stand das beides unvermittelt nebeneinander? Haben sie – um es in der Sprache des Hebräerbriefes auszudrücken – »Jesu Schmach mit ihm getragen?« Wir würden heute sagen: Sind sie ihres christlichen Zeugnisses wegen umgebracht worden? Oder haben sie sich an einer politischen Aktion beteiligt, die mit ihrem Glauben nichts zu tun hatte, und sind gescheitert? Um diese Frage soll es hier gehen, und wir wollen sie am Beispiel des jüngsten und wie ich glaube faszinierendsten unter den Verschwörern zu klären versuchen: an Adam von Trott zu Solz, der, als er fünf Monate vor seinem 18. Geburtstag an einer ungeliebten Schule sein Abitur machte, bereits mehr als die Hälfte seines Lebens hinter sich hatte.

Ich habe mich gefragt, ob mein Urteil, Trott sei der faszinierendste unter den Verschwörern, vielleicht allzu subjektiv ist. Meine Großeltern mütterlicherseits waren mit den Trotts eng befreundet, und ich bin mit lustigen Kindergeschichten über Adam und mit der Bewunderung meiner Mutter für seinen Charme und seinen Mut aufgewachsen.

Aber das Urteil »faszinierend« findet sich auch bei einem Kenner des Widerstands wie Eberhard Bethge. Er hat bei der Einweihung des »Adam von Trott Hauses« in Berlin am 12. Dezember 1962 gesagt: »[Trott] ragt eigentümlich aus der Schar der Gefährten heraus. Faszinierend vereint er in sich unversöhnliche Gegensätze, so dass sie miteinander leben. Das hat ihn, obwohl einer der Jüngsten in der Fronde, so stark nach vorn gebracht und ihm Autorität verliehen, welche Antipoden versöhnte und Skeptiker zur Tat befreite. Er war bestimmt, Altes und Neues zu verbinden, links und rechts einander zuzuwenden, Verkrustete aufzuscheuchen und Aufgeregte nüchtern zu machen. Er besaß das Sensorium für die komplexen Realitäten und ihre Verwicklungen; aber das machte ihn nicht zaudern, sondern seine Vorstellungsgabe bewahrte ihn und ratsuchende Freunde vor Urteils- und Tatenlosigkeit.« Dass Trott bei dem allen aus christlicher Verantwortung gehandelt hat, stand für Bethge außer Zweifel.

Nun will ich nicht verschweigen, dass ich ganz sicher bin, Adam von Trott hätte meine Überschrift nicht akzeptabel gefunden. Es gibt aus seiner letzten Lebenszeit den Ausspruch: »Noch bin ich kein Christ; aber ich hoffe einer zu werden.« Und natürlich stellt sich dann die Frage: Kann jemand in dem, was er nach seiner eigenen Meinung noch gar nicht ist, anderen ein Vorbild sein? In den meisten Bereichen, in denen Vorbilder eine Rolle spielen, in Erziehung, Sport, Kunst oder Politik, wird man das verneinen müssen. Wo es aber um das Christsein und den Glauben geht, kann es andere als solche noch unvollkommenen Vorbilder gar nicht geben; denn, wie Martin Luther sagt: »Ein Christ ist man immer nur im Werden und nie im Sein.« Alle diese Vorbilder waren oder sind »Christen im Werden«; und gerade das macht sie hilfreich. Selbst der Apostel Paulus, der sich ja mitunter kräftig rühmen konnte, sagt: »Nicht, dass ich's schon ergriffen hätte, ich jage ihm aber nach.« Bei den Vorbildern im Glauben geht es also ums Werden und nicht ums Gewordensein. Statt als Vorbilder unerreichbar zu bleiben, helfen uns die Glaubensvorbilder beim nächsten Schritt. Bei Bonhoeffer, der vielen Menschen zum Vorbild geworden ist, zeigt sich das besonders deutlich.

Nach dem Attentat auf ihn hat Wolfgang Schäuble in einem Interview mit der ›Süddeutschen Zeitung‹ berichtet, was er erlebt hat, als er wieder zu sich kam und erkennen musste, dass er querschnittsgelähmt war. Der Reporter fragte ihn: »Haben Sie nicht mit Gott gehadert?« Und Schäuble hat geantwortet: »Im Gegenteil. Ich habe da die Erfahrung gemacht, die Bonhoeffer beschrieben hat. Widerstandskraft in der Not bekommt man nicht auf Vorrat. Man kriegt sie, wenn man sie braucht.«

Worin war Trott ein Vorbild? »Als Grenzgänger« heißt es in meiner Kapitelüberschrift. Der Ausdruck stammt von Nancy Lukens, einer amerikanischen Historikerin, die sich seit ihrer Jugend mit Trott beschäftigt und jetzt bei ihrer Abschiedsvorlesung noch einmal zusammengefasst hat, worin für sie die Faszination dieses Mannes liegt, von dem sie sagt, er sei die »komplexeste, interessanteste und am meisten missverstandene Gestalt des deutschen Widerstands«. Das sind gleich drei Superlative. Der Begriff »Grenzgänger« lässt sich auf viele Bereiche in Trotts Leben anwenden, am meisten aber gilt er für seine Rolle im Widerstand. Keiner der Männer, die den Nationalsozialismus von Anfang an kompromisslos bekämpft haben, hat sich so weit in das verbrecherische System des NS-Staates hineingewagt wie Adam von Trott. Und das, obwohl er wusste, was für ihn auf dem Spiel stand und dass er sich allein schon durch seinen Beitritt zur NSDAP schweren Missverständnissen aussetzen würde. Einer von Trotts Mitarbeitern, Franz Josef Furtwängler, hat nach dem Krieg beschrieben, wie man sich den Grenzgänger Trott im Auswärtigen Amt vorzustellen hat. »Das ›Umbiegen‹ von Vorgesetzten und von Gegnern, selbst den gefährlichsten, war seine diplomatische Spezialität. Mit einer fast weiblichen Einfühlungsgabe vermochte er die Gedankengänge des Partners zu ertasten und seine Worte auf dessen Redeweise abzustimmen, ob es sich um ein Schreibmaschinenfräulein, einen kommunistischen Chauffeur, einen General der Armee oder einen Parteibonzen handelte, wobei ihm eine ihn besonders kennzeichnende Trefflichkeit des Ausdrucks zur Charakterisierung von Personen und Situationen zur Verfügung stand. Es war ein künstlerischer Genuss zuzuhören, wenn er einem Staatssekretär, der zugleich ein Nazihäuptling war, einen Entschluss suggerierte, bei dem der andere das Gefühl hatte, sich trotz entgegengesetzter Anregungen zu einer eigenen, ganz originellen Entscheidung durchgerungen zu haben. Nur so war es möglich, dass [Trott] im Dritten Reich jahrelang immer wieder Dienstreisen unternehmen und dabei seine eigenen, auf den Sturz des Regimes gerichteten Ziele verfolgen konnte, ohne einen begründeten Verdacht zu erregen. Und das Schönste war zu wissen, dass dieses Diplomatenhandwerk unter widrigsten Verhältnissen der Wärme und Lauterkeit seines Charakters so wenig anhaben konnte wie Glasscherben dem Diamanten.«

Ich kenne Menschen – und es sind gar nicht so wenige – die solche Verstellungskünste auf höchstem Niveau, denn darum handelt es sich, als völlig unvereinbar mit dem christlichen Glauben und einem Leben in der Nachfolge Jesu bezeichnen würden. Aber wenn Jesus sagt: »Seid klug wie die Schlangen und ohne Falsch wie die Tauben«, was meint er denn damit? Und wenn er zu seinen Jüngern sagt: »Ich sende euch wie Schafe mitten unter die Wölfe«, erscheint dann der Adam von Trott, den Furtwängler beschreibt, nicht plötzlich in einem Licht, das jeden frommen Besserwisser zum Verstummen bringen muss? Jesus schickt seine Schafe den Wölfen doch nicht als Futter.

Grenzgänger sind immer auch Grenzfälle. Wer in einer Zeit wie heute, in der sich niemand zu verstellen braucht, andere Menschen so manipulieren würde, wie Trott es damals tun musste, der dürfte sich nicht ausgerechnet auf ihn berufen. Ob etwas heute ethisch geboten ist, was gestern auf keinen Fall erlaubt war und auch morgen wieder verboten sein kann, gehört zu den Fragen, die niemand leichtfertig behandeln darf. Ich habe 2005 eine Bonhoeffer-Biografie geschrieben. Bei den vielen Vorträgen, zu denen ich nach Bonhoeffers 100. Geburtstag eingeladen worden bin, tauchte in der

Diskussion ein paarmal die Meinung auf, dass Bonhoeffer dem Attentat auf Hitler zugestimmt habe, sei eine schwere Sünde gewesen. Aber vielleicht habe er ja im Gebet vor seiner Hinrichtung Gott um Verzeihung gebeten, und dann würde Gott ihm trotz dieser Sünde ewiges Leben schenken. Bonhoeffer hat sicher vor seiner Hinrichtung gebetet; aber dass er um Vergebung für seine Beteiligung am Umsturzversuch gebeten hat, kann man ausschließen. Er hat diese Tat für unbedingt geboten gehalten. In seiner ›Ethik‹ kann man das nachlesen. Gleich in der ersten Rezension zur englischen Ausgabe meines Buches ist die Meinung aufgetaucht, dass ein Bonhoeffer, der sich aus dem politischen Geschehen damals herausgehalten hätte, der bessere Bonhoeffer gewesen wäre. In den USA spielt dieses Problem jetzt im Internet eine Rolle. Bonhoeffer, Trott und viele andere, um von Stauffenberg gar nicht zu reden, haben nach dieser Auffassung mit dem Attentatsversuch vom 20. Juli 1944 eine schwere Schuld auf sich geladen. Statt auf Gott zu vertrauen, haben sie das Schicksal in die eigenen Hände genommen, und das dürften Christen nicht tun, heißt es.

Es geht also hier um die Frage, ob die Männer, die man damals vor ihrem Tod »aus der Volksgemeinschaft ausgestoßen« hat, mit dem Attentat etwas versucht haben, das mit den Geboten Gottes in Einklang stand. Wenn ja, dann standen sie in der Nachfolge Jesu, der ja auch nicht als ein strahlender Zeuge für die Wahrheit Gottes gestorben ist, sondern als ein Ausgestoßener »draußen vor dem Tor«. Der Hebräerbrief rechnet damit, dass ein solcher Tod auch weiterhin zur Christusnachfolge gehören kann. Ehe wir darüber weiter nachdenken, müssen wir uns mit Trotts Leben und dem, was er gewollt hat, eingehender befassen.

II

Von Adam von Trotts Eltern war schon kurz die Rede. Die Familie des Vaters stammte aus dem Hessischen. In der Mitte des 13. Jahrhunderts wird sie zum ersten Mal erwähnt. Ihr Schloss in Imshausen bei Bebra in Nordhessen, ein Bau aus dem 18. Jahrhundert, war mit den umliegenden Höhen und Wäldern für Adam von Trott der

Inbegriff von Heimat. Dorthin sehnte er sich auf seinen weiten Reisen zurück. Dort suchte er in Gedanken die Menschen, die ihm am nächsten standen: seine Mutter und später seine Frau und die beiden kleinen Töchter. Geboren wurde er am 9. August 1909 in Potsdam als fünftes von acht Kindern. Sein Vater, der Oberpräsident der Provinz Brandenburg, war wenige Tage zuvor zum preußischen Kultusminister ernannt worden. Seine Leistungen in der staatlichen Verwaltung und sein hohes Pflichtbewusstsein haben die Berufsauffassung des Sohnes entscheidend geprägt.

Mit Kleinkindern gaben sich Väter in der damaligen Zeit nicht ab. Darum kümmerten sich die Mütter, die in den kinderreichen Familien der Oberschicht aber auch eher die Oberaufsicht führten, während es für die eigentliche Arbeit Hausangestellte gab. Kinderreichtum war in diesen Familien eher die Regel als die Ausnahme. Bei den Trotts gab es acht Kinder, bei ihren Freunden Michaelis, also der Familie meiner Großeltern, waren es sieben, bei Bonhoeffers waren es ebenfalls acht und bei Moltkes fünf, um nur einige Beispiele zu nennen.

Dass Eleonore von Trott sich aber ihren Ehrenämtern, statt ihren Kindern gewidmet habe, gehört zu den vielen Verzeichnungen, deren sich der erste Biograf Trotts, der Engländer Christopher Sykes, schuldig gemacht hat. Wenn Nancy Lukens sagt, kein anderer Widerständler sei so sehr missverstanden worden wie Adam von Trott, dann gehört Sykes zu den Menschen, die dafür verantwortlich sind. Nachdem Frau von Trott ihre älteste Tochter wegen ärztlicher Fehldiagnosen verloren hatte, hat sie bei Krankheiten ihrer Kinder alles andere stehen und liegen lassen und die Pflege selbst übernommen; und aus den Briefen, die Adam und sie gewechselt haben, kann man sehen, dass sie für ihn jederzeit erreichbar gewesen ist. Bei seinen Geschwistern wird das nicht anders gewesen sein. Ihr Vater war der aus Schlesien stammende deutsche Botschafter von Schweinitz in Wien, der dort in vorgerücktem Alter die Tochter seines amerikanischen Kollegen Jay geheiratet hatte. Anna Jay, Trotts Großmutter, entstammte einer der Gründerfamilien der USA. Ihr berühmtester Vorfahr, John Jay, war von George Washington als der erste oberste Richter der USA eingesetzt worden. Seine Nachkommen haben eine herausragende Rolle bei der Sklavenbefreiung gespielt. Eleonore von Trott war nicht nur tief fromm, sondern sie war wie ihre amerikanischen Vorfahren der Auffassung, dass Christen nach dem Maß ihres Könnens Verantwortung in der Kirche und im Staat übernehmen sollten. Sie selbst hat sich leidenschaftlich für die weibliche Jugend eingesetzt und in nationalen und internationalen Gremien mitgearbeitet.

Familien mit vielen Geschwistern haben ihre besonderen Probleme, und das prägt jeweils auch das Verhältnis der Eltern zu ihren Kindern. Werner, Adams sieben Jahre älterer Bruder, war klug, aber er fühlte sich rasch zurückgesetzt und war hoch empfindsam. Die wenigsten Menschen genügten seinen Ansprüchen; er selbst sich wohl auch nicht. Zum Entsetzen des Vaters trat er eines Tages der KPD bei. Zwischen Adam und ihm entwickelte sich eine Art »Nicht-mit-dir-und-nicht-ohne-dich-Verhältnis«. Nichts, was Adam tat, passte Werner, der so schwierig war, dass die Mutter sich schon früh von Adam beraten ließ, wie sie mit ihrem ältesten Sohn umgehen sollte. Adam und seine drei Jahre ältere Schwester Vera waren dagegen das, was meine Mutter »Ausruhkinder« nannte. Problemkinder haben zu Ausruhkindern meist ein ziemlich kompliziertes Verhältnis.

Als Theobald von Bethmann Hollweg 1917 als Reichskanzler zurücktrat, schied August von Trott aus der preußischen Regierung aus, wurde für einige Jahre noch Oberpräsident in Kassel und zog sich am 1. Juli 1919, nach dem Zusammenbruch des Kaiserreiches, endgültig nach Imshausen zurück. Sein Sohn Adam fand später, das sei für den politisch aktiven Vater zu früh gewesen. Für ihn als Kind und als Jugendlichen war es quälend, dass er fern vom Elternhaus und dem geliebten Imshausen zur Schule gehen musste. Er hat lange gegen Heimweh kämpfen müssen und fand die Menschen, mit denen er zu tun bekam, wenig überzeugend. Das galt bereits von dem Pfarrerehepaar, bei dem er in Kassel untergebracht war, um dort das Gymnasium besuchen zu können. Der elfjährige Adam schickt der Mutter einen Brief: »Eine Frage will ich Dir schreiben, dass Du sie Dir überlegst und sie mir beantwortest. [...] Ich kann die Art des Christentums, die der Herr Pfarrer hat, nicht verstehen, dieses sozusagen Zittern und Beben. Wir sollen mutig sein, nicht immer gleich beten und beten (es klingt mir wie ein

Winseln), sondern es durch Taten gutzumachen suchen. Es steht in der Bibel: ›Uns ist nicht ein knechtischer Geist gegeben, dass wir uns abermal fürchten sollen!‹ Luther [und] Arndt sind solche, die nicht immer in dieser Hinsicht knechtischen Sinn zeigen. Auch kann ich nicht leiden, wenn die Kirche indirekter Zwang ist. Nun bitte versteh' mich nicht falsch, sondern denke Dich in mich hinein. Diese Gedanken beschäftigen mich sehr oft, wenn der Herr Pfarrer betet.«

Hier diskutiert ein Elfjähriger religiöse Fragen, als wäre er ein Erwachsener. Auf seine eigene Religiosität hat die praktische Frömmigkeit der Mutter den entscheidenden Einfluss ausgeübt. Aber man beachte den Takt, mit dem er seine Beobachtungen mitteilt und seine Fragen stellt. Bei Bonhoeffer und Moltke, die auch beide früh entwickelt waren, wäre ein solcher Brief undenkbar. Wer als Elfjähriger so schreibt, hätte, wenn man ihn schon aus dem Haus geben musste, in eins der besten Internate gehört, die es damals in Deutschland gab; aber dafür fehlte den Trotts das Geld. Adam kam in das Alumnat des Klosters Loccum in Hannoversch Münden, von dem aus ansonsten Pfarrerssöhne aus den Landgemeinden Niedersachsens das örtliche Gymnasium besuchten. Die Erzieher waren angehende Pfarrer, die mit Adam ihre Schwierigkeiten hatten wie er mit ihnen. Der Vater schrieb ihm, dass man eine solche Situation tapfer durchstehen müsse, und »durch!« hieß denn auch Adams Motto; aber mehr als ein Muss sind die Schule und das Internat für ihn wohl nicht gewesen, zumal er auf Anweisung des Arztes am Sportunterricht nicht teilnehmen durfte. Sein Herz hatte mit dem raschen Wachstum nicht Schritt gehalten. Er war froh, als er 1927 das Abitur mit der Note gut bestanden hatte und dem ungeliebten Ort den Rücken kehren konnte.

Zur Freude des Vaters entschied er sich für ein Jurastudium, um eines Tages ebenfalls in die staatliche Verwaltung eintreten zu können. Sein erstes Semester verbrachte er in München, wo er neben dem Besuch einiger Vorlesungen wohl vor allem die akademische Freiheit und die Schönheit des Alpenvorlandes genossen hat. Eines Abends hat er dort bei einer politischen Versammlung den Mann erlebt, gegen den er später unter Einsatz seines Lebens gekämpft hat. Er schrieb an seine Eltern: »[Hitler] ist schon ein ganzer Kerl;

aber die Leute, die ihm zuhören, sind ungebildet und unfähig bis dort hinaus.«

Zum Wintersemester wechselte er nach Göttingen. Wie der Vater gehofft hatte, trat er in eine studentische Verbindung ein, lernte Fechten und erwies sich darin als so geschickt, dass er ohne Blessuren davonkam. Einige Kameraden, die er dort fand, wurden Freunde fürs Leben; aber eigentlich passte das Treiben der Korpsstudenten nicht zu ihm; er brauchte seine Zeit fürs Studium, zumal er sich neben der Juristerei für Philosophie und Literatur interessierte. Sein Traum, etwas von der Welt zu sehen, schien unerfüllbar, weil die Eltern dafür kein Geld hatten; aber dann tat Adams Mutter eine Möglichkeit für ihn auf, die sein weiteres Leben bestimmt hat. Bei einer internationalen Tagung in Dassel, an der sie als Delegierte der YWCA (Young Women's Christian Association) teilnahm, lernte sie Vertreter der ökumenischen Bewegung aus Genf kennen, die gern bereit waren, Adam in die Schweiz einzuladen. Er durfte bei dem Amerikaner Tracy Strong, dem Sekretär des YMCA (CVJM) wohnen, und der blieb auch künftig an ihm interessiert. Adam genoss die Zeit in Genf von Anfang bis Ende. Er erlebte in öffentlichen Veranstaltungen George Bernard Shaw mit seinem schlagfertigen Witz, C.H. Andrews, den Mitarbeiter Gandhis, und er gewann Freunde, mit denen er Ausflüge in die Umgebung machen konnte. Die Genfer, auf die er traf, waren entzückt von dem jungen Deutschen; und der Holländer Visser 't Hooft, aus dem einer der bedeutendsten Ökumeniker des 20. Jahrhunderts werden sollte, hat Adam später so beschrieben: »Äußerlich war er der vollkommene Aristokrat, gut aussehend, hoch gewachsen, mit hoher Stirn. Aber im Gespräch spürte man die Demut eines jungen Mannes auf der verzweifelten Suche nach einer festen Grundlage für sein Leben.« Adam habe ihm damals erzählt, dass er mit Religion überfüttert worden sei und sich anstatt von der Bibel jetzt von Dostojewski inspirieren lasse. Die Überfütterung stammte aus der Zeit im Internat. Eine gewisse Distanz zur lutherischen Kirche bleibt bei Trott immer spürbar. Er fand sie zu wenig an der Wirklichkeit interessiert. Zwischen ihm und Visser 't Hooft entwickelte sich damals eine Beziehung, die sich Jahre später, in der Zeit des Widerstandes bewährt hat. Ehe Adam über Zürich nach Hause reiste, überlegten die Gastgeber bereits, wie man diesen jungen Deutschen für die internationale Jugendarbeit gewinnen könnte. Noch im selben Jahr wurde er zu einer großen christlichen Studentenkonferenz in Birmingham eingeladen, an die sich ein Aufenthalt im Mansfield College in Oxford anschloss. Was er in der Schulzeit entbehrt hatte, wurde ihm jetzt umso reichlicher zuteil.

Zu Hause studierte er mit Eifer weiter. Zur wichtigsten Entdeckung während des Studiums wurde für ihn die Philosophie Hegels. Nach 1933 haben sich nationalsozialistische Dozenten die Sporen verdient, indem sie Hegel zum Propheten eines künftigen totalen Staates und zum Vertreter nationalistischer Ideen erklärten. Trott stellte das, was man bei Hegel so deuten konnte, als zeitgebunden und damit überholt dar, während er zeigen konnte, dass man von Hegel her durchaus zu einer Philosophie des internationalen Rechts kommen kann. Er hat als Jurist mit summa cum laude über Hegel promoviert. Was der Biograf Sykes darüber erzählt, spottet jeder Beschreibung; aber Hegel ist wohl den meisten Engländern ein Buch mit sieben Siegeln. Nur darum konnten einige Oxforder, die Trott eigentlich durchaus wohlgesonnen waren, ihn später als kritiklosen Hegelschwärmer und Wirrkopf schildern. Vor dem Doktorexamen hatte Trott einen wichtigen Teil seiner Studienzeit in Berlin zugebracht und dabei Sozialdemokraten und Mitglieder der Arbeiterbewegung kennengelernt. Mit einigen von ihnen schloss er enge Freundschaften, und zum Kummer seines konservativen Vaters gab Adam bei Wahlen seine Stimme der SPD.

Adam von Trott hätte von 1931 an seine Referendarzeit mit den dafür vorgeschriebenen juristischen Stationen durchlaufen können, aber er hatte für seine Zukunft ein juristisches Gebiet ins Auge gefasst, für das man Auslandserfahrungen brauchte, je gründlicher desto besser: das Gebiet des Völkerrechts und der internationalen Beziehungen. Und seit er in England gewesen war, träumte er von einem Studienaufenthalt in Oxford.

Das Glück ist dem Tüchtigen hold. Trott gewann eins der heiß begehrten Rhodes-Stipendien, mit denen Studenten aus anderen Ländern in Oxford zwei bis drei Jahre studieren und einen akademischen Grad erwerben können. Als jemand, der das juristische Studium in Deutschland abgeschlossen hatte, durfte er das Bachelor-Examen in Oxford bereits nach zwei statt nach drei Jahren ablegen. Im Balliol College studierte er von 1931 bis 1933 »Modern Greats«, d. h. Philosophie, Politik und Volkswirtschaft. »Man kann, glaube ich, nicht lange in Oxford leben, ohne ehrgeizig zu werden«, schrieb er dem Vater, und das sei ja »nicht unbedingt ein Fehler«. Trott hatte die Gabe, sich völlig zu konzentrieren; er las schnell und hatte ein gutes Gedächtnis. So blieb ihm neben dem Studium genügend Zeit, Freundschaften zu schließen und an den endlosen Diskussionen, für die Oxford berühmt ist, teilzunehmen. Bei den College-Bällen, die bis heute zum Leben der Universitätsstadt gehören, war Adam als Tänzer hoch begehrt. Wenn je ein Deutscher die Eigenschaften mitbrachte, mit denen man in Oxford Furore macht, dann war es Adam von Trott. In den Colleges für Studentinnen bekam er den Spitznamen »Gott«. Christopher Sykes hat daraus abgeleitet, er sei ein Schürzenjäger gewesen. Natürlich war Adam von Trott umschwärmt und er hat in jenen Jahren Freundschaften mit drei klugen und gut aussehenden Frauen geschlossen, von denen zwei ihn wohl liebend gern geheiratet hätten. Aber wie verantwortungsvoll er damit umgegangen ist, zeigen die Briefe, die er mit diesen Frauen über Jahre gewechselt hat.

Allein über Trotts Zeit in Oxford könnte man natürlich viel mehr berichten. Es gibt keine andere Zeit in seinem Leben, in der er so unbeschwert glücklich gewesen ist wie in den Oxforder Jahren.

Für unsere Fragestellung ist der Blick auf seine Zeit in England wichtig, weil Adam von Trott seine tiefe Überzeugung, der Krieg sei als Mittel der Politik überholt und müsse durch eine Weltfriedensordnung abgelöst werden, in Oxford durch genaue historische, politische und wirtschaftliche Kenntnisse untermauern konnte. Dazu verhalf ihm die Art, wie in der alten Universitätsstadt bis heute studiert wird, wo es neben den Vorlesungen und Seminaren Tutoren gibt, die sich mit den Studierenden zu regelmäßigen Einzelgesprächen treffen; und je eindringlicher die Studierenden fragen, an desto kenntnisreichere Fachleute werden sie gewiesen. Adam von Trott hat auf diese Weise wichtige Freunde und Förderer in Oxford gewonnen. Einige wie David Astor, der Sohn einer der einflussreichsten Adelsfamilien Englands, oder der Labourpolitiker Sir Stafford Cripps und seine Frau haben ihm über den Tod hinaus die Treue gehalten. Andere konnten sich nicht vorstellen, dass ein Hitlergegner bereit sein könnte, sich in Deutschland zu engagieren, um das verbrecherische System von innen heraus zu bekämpfen. Sie hielten ihn für schwankend in seinen Auffassungen und seinem Charakter. Von ihnen haben einige später seine Pläne durchkreuzt und seine Hoffnungen auf eine Verständigung des Widerstands mit den Westmächten zunichte gemacht. David Astor hat miterlebt, wie Trott auf die Nachricht, dass Hitler Reichskanzler geworden war, reagiert hat. Er schreibt: »[Adam] erkannte sofort, dass etwas ganz Schreckliches geschehen war, und er wurde stiller und ernster. Es war, als hätte es in der Familie einen Todesfall gegeben.« Wie immer sich Adam von Trott seine Zukunft vorgestellt hatte, nichts davon war mehr gültig; denn Hitler hatte deutlich genug verkündet, dass er eine Diktatur errichten wollte.

Adam von Trott ging nach dem Bachelor-Examen nach Deutschland zurück, um Mitstreiter zu finden, mit denen er das neue Regime bekämpfen konnte. Aber dazu musste er zuerst sein Assessorexamen machen, ohne das man als Jurist nicht arbeiten konnte. Und je mehr sich das nationalsozialistische System während der ersten Monate nach der Machtergreifung etablieren konnte, desto schwieriger wurde dieser letzte Ausbildungsabschnitt für Trott, der sich im Gegensatz zu den meisten Juristen weigerte, in die NSDAP einzutreten. Nazi-Vorgesetzte haben ihm in Zeugnissen mangelndes politisches Bewusstsein bescheinigt und Steine in den Weg gelegt, während er, klug, kenntnisreich und mutig, verfolgten Gegnern des Regimes geholfen hat. Er hat auch in dieser für ihn mühsamen Zeit neue Freunde gefunden wie Dietrich Bonhoeffers ältesten Bruder Karl Friedrich, religiöse Sozialisten aus dem Kreis von Paul Tillich und Julie Braun-Vogelstein, die Witwe eines SPD-Politikers, oder Ingrid Warburg, die Tochter des berühmten Hamburger Bankiers, um nur einige zu nennen.

Das Assessor-Examen bestand Trott im Oktober 1936 mit der Note »befriedigend«, mit der man nicht in den Staatsdienst übernommen werden konnte. Trott hat damals ein kleines Buch mit Texten von Heinrich von Kleist herausgegeben. Kleist war als Schriftsteller einer der entschiedensten Gegner Napoleons, dessen Sturz er nicht mehr erlebt hat. Wenn man heute Trotts Buch mit den wenig bekannten Texten Kleists zur Hand nimmt, braucht man in der Einleitung nur überall den Namen Napoleon durch Hitler zu ersetzen, dann sieht man, wie Trott damals gedacht hat. Der Zensur muss das entgangen sein; aber von Hitlergegnern wie Hans von Dohnanyi bekam Trott erfreute Zuschriften.

Weil sich ein Berufsplan nach dem anderen zerschlug, kam Trott auf die Idee, den Rhodes Trust um das dritte Stipendienjahr zu bitten. Er wollte eine wissenschaftliche Abhandlung über einen Aspekt der inneren Struktur Chinas schreiben und dazu ein Jahr in Ostasien verbringen. Während es im übrigen Oxford bereits allerlei Vorbehalte gegen ihn gab, stand er bei der Rhodes-Stiftung noch in so hohem Ansehen, dass ihm das Studienjahr bewilligt wurde. Sir Stafford Cripps kam für die Reisekosten auf, Lady Astor fand, er müsse vorher noch ordentlich eingekleidet werden und sorgte persönlich dafür. Am 19. Februar 1937 brach Trott von Imshausen über Paris nach England auf und reiste von dort über die USA nach China. Die englischen Freunde und auch Amerikaner, die Kontakte in China hatten, gaben ihm Empfehlungen an ihre Freunde mit. Verwandte von der mütterlichen Seite hatten ihn in den USA willkommen geheißen, und er konnte dort Kontakte knüpfen, die für seinen zweiten USA-Besuch 1940 wichtig werden sollten. Vor allem aber nahm er mit China-Experten an den großen Universitäten des Landes Verbindung auf. Auch wenn ihm vieles gelang, er spürte, dass Deutsche in den USA nicht mehr wirklich willkommen waren. »Man gilt hier entweder als Nazi oder als Emigrant, und beide mag man nicht«, schrieb er. Erholen konnte er sich bei Julie Braun-Vogelstein und ihrer Nichte in Kalifornien. Die beiden vergaßen nie, was er in Berlin getan hatte, um sie vor der Verfolgung durch die Nazis zu retten. Der Leipziger Sinologe Wolfram Eberhard stieß zu ihnen. Trott versprach sich viel von einer Zusammenarbeit mit ihm in China, aber zuerst mussten sie auf zwei verschiedenen Schiffen den Pazifik überqueren, und währenddessen flammte der Japanisch-Chinesische Krieg wieder heftig auf.

Trott hatte eigentlich geplant, mit einer rechtsphilosophischen Arbeit über China nach Hause zurückzukehren und sich in Deutschland damit zu habilitieren. Stattdessen erlebte er eine fremde Welt in völligem Umbruch. Er kam mehr als einmal in Lebensgefahr. Was er eigentlich hatte erkunden wollen, die politische Welt Chinas, wurde gerade von den Japanern zerschlagen. Trotzdem fand Trott Möglichkeiten, mitten in einem Kriegsgebiet sinnvolle Studien zu treiben; und wieder half ihm seine ungewöhnliche Fähigkeit, mit Menschen der verschiedensten Herkunft und Nationalität zu diskutieren und von ihnen zu lernen. Nicht zuletzt ist China ein spirituelles Erlebnis für Adam von Trott gewesen. Er hat damals lange Gespräche mit katholischen Missionaren geführt und schrieb: »Ich ließ mir viel erzählen. In ihrer bestimmten und sorgfältigen Art wissen sie am meisten über Land und Leute.« Von der Missionsstation Yenchowfu aus besuchte er das Grab des Konfuzius. Es liegt inmitten Tausender uralter Bäume und machte tiefen Eindruck auf ihn. Trott hatte sich bei seinen Studien über das alte China auch mit der Tugendlehre des Konfuzius beschäftigt. Benigna von Krusenstjern sagt in ihrer Biografie, dass das bei Trott zu einer Selbstbesinnung als Christ geführt habe. Er stellte nämlich fest, dass ihm bei der geheimnisvoll resignierten Persönlichkeit und Gedankenwelt des Konfuzius etwas Wichtiges fehlte: die »Vorwegnahme eines gnädigen Gottes«. Dieser Gott aber war, wie er sich jetzt wieder ins Bewusstsein rief, immer eine Prämisse seines Lebens und Denkens gewesen. So ist es kein Zufall, dass er damals nicht nur die Texte von Tschuang-tse las, sondern auch die ›Imitatio Christi‹ des Thomas a Kempis für sich entdeckte. Auch Dietrich Bonhoeffer, der die ›Imitatio‹ kannte, hat sie 1943 im Gefängnis von Tegel noch einmal mit neuer Freude gelesen.

In Deutschland hatte man inzwischen den Anschluss Österreichs bejubelt, und wenige Monate später war die Sudetenkrise durch das Münchner Abkommen scheinbar gelöst worden. Am 28. Oktober 1938 teilte Frau von Trott ihrem Sohn telegrafisch den Tod des Vaters mit und bat ihn, nach Hause zu kommen. Er reiste über Indien und den Suezkanal zurück, und während der Reise kam es am 9. November in Deutschland zur Pogromnacht. Trott kam in ein Land zurück, das während seiner 21 Monate in China noch fremder für ihn geworden war.

III

Gleich nach seiner Rückkehr erfuhr er, dass das Münchner Abkommen einen Militärputsch von Offizieren um Ludwig Beck, Franz Halder und Erwin von Witzleben verhindert hatte, dass es aber Kräfte im Militär gab, die weiter auf einen Umsturz hinarbeiteten. Er erfuhr auch, dass es im Auswärtigen Amt mit Hans Bernd von Haeften und anderen einen Kreis von Hitlergegnern gebe, die ganz ähnlich dachten wie er. Trott war dezidiert der Meinung, dass der Frieden erhalten bleiben müsse, wenn ein Umsturzversuch gelingen sollte. Der Historiker Klemens von Klemperer sagt: »Es wäre völlig verfehlt, Trott als einen in der Welt der Diplomatie unerfahrenen Amateur zu charakterisieren. Er war vielmehr der Pionier einer ganz neuartigen Diplomatie, die ihm der totale Staat gewissermaßen aufzwang und deren Methoden und Wege er selbst erkunden musste.« Trott begann damit auf eigene Faust, als er in Walther Hewel, dem Verbindungsmann des Außenministers Joachim von Ribbentrop zum Stab des Führers, einen Mann gefunden hatte, der wie er einen Krieg mit England unbedingt verhindern wollte. Mit Hewels Einwilligung und dem Einverständnis Ernst von Weizsäckers als Staatssekretär im Auswärtigen Amt konnte Trott als Privatmann nach England reisen, wo er im Juni 1939 bei den Astors auf ihrem Landsitz Cliveden den britischen Außenminister Lord Halifax und seinen alten Förderer Lord Lothian traf. Die Astors und ihre Gäste waren von diesem Friedensfühler aus dem Kreis deutscher Hitlergegner so beeindruckt, dass Lord Astor Trott den Zugang zu Premierminister Chamberlain verschaffte, und auch in der Downing Street 10 stieß der junge Deutsche auf großes Interesse. Kein anderer aus dem Kreis der späteren Verschwörer ist damals in London so weit vorgedrungen. Aber hier zeigte sich bereits die Schwierigkeit der Doppelrolle, in die sich Trott hatte begeben müssen. Sein offizieller Bericht für das Auswärtige Amt musste die Gespräche in Cliveden und in der Downing Street in London mit einer ganz anderen Tendenz darstellen, als der, in der sie geführt worden waren. In Deutschland strich Trott die Kriegsbereitschaft der Engländer heraus, um Hitler von dem Angriff auf Polen abzuschrecken; aber das fand kein Gehör. Großbritannien und

Frankreich erklärten Deutschland nach dem Überfall auf Polen den Krieg.

Trotzdem bekam der Privatmann Adam von Trott 1940 mit Hewels Unterstützung die Genehmigung zu einer zweiten Auslandsreise, diesmal in die USA. Von dort war er als Chinaexperte zu einer Ostasien-Konferenz eingeladen worden, und der Auftrag, den diesmal die geheime Widerstandsgruppe im Auswärtigen Amt formuliert hatte, lautete, er solle Näheres über die Haltung der USA gegenüber Deutschland erkunden. In Wirklichkeit hieß das, dass Trott die Amerikaner davon überzeugen sollte, dass es in Deutschland eine Gruppe von Hitlergegnern gebe, mit der man kooperieren könne. Auch hier schien er anfangs Erfolg zu haben. George Messersmith, der stellvertretende Außenminister, empfing ihn; und Trott erklärte ihm, dass man hoffe, mit Hilfe der Amerikaner die Kriegsziele der Gegner Deutschlands so darstellen zu können, dass die hohen deutschen Militärs bereit sein würden, Hitler fallen zu lassen. Aber trotz der Unterstützung durch den ehemaligen Reichskanzler Heinrich Brüning, der im amerikanischen Exil lebte, merkte Trott, dass er nicht vorankam. Aus Oxford waren die Amerikaner gewarnt worden, Trott sei ein Nazispion. Er wurde während des gesamten Aufenthaltes von zwei Männern des Geheimdienstes überwacht. Trott merkte das sofort, wusste aber nicht, für welche Seite die beiden arbeiteten, denn auch die Gestapo hatte ihre Leute in den USA. Trotts Freunde drängten ihn, in den Vereinigten Staaten zu bleiben, aber er sah seine Aufgabe in Deutschland. Dort hatte er sich einmal mit Dietrich Bonhoeffer getroffen, weil er gehört hatte, dass der sich 1939 in New York ebenfalls für eine Rückkehr nach Deutschland entschieden hatte. Die Fernostkonferenz war für Trott wie eine Rückkehr in die Vergangenheit, zumal er, um wieder nach Hause zu kommen, den Weg über Ostasien und die Sowjetunion nehmen musste. Er kam schwer krank in Königsberg an und kurierte sich bei Freunden aus.

Während dieser Zeit fiel eine der wichtigsten Entscheidungen seines Lebens. Er entschied sich, Clarita Tiefenbacher, die er aus seiner Zeit in Hamburg kannte, zu bitten, seine Frau zu werden. Wer seine Abschiedsbriefe liest, erkennt, dass er mit ihr das Glück seines Lebens gefunden hat, auch wenn den beiden nur vier gemeinsame

Jahre beschieden waren und Adam von Trott seine beiden Töchter kaum gesehen hat; denn als die schweren Luftangriffe auf Berlin begannen, musste er seine Frau und seine Kinder zur Sicherheit nach Imshausen schicken.

Trotts Reise in die USA galt im Auswärtigen Amt als Erfolg, und er wurde in die Informationsabteilung des Amtes übernommen. Um seine innere Haltung zu kaschieren, trat er nun doch in die NSDAP ein. Er war für England und Ostasien zuständig und bekam, als der indische Freiheitskämpfer Chandra Bose in Berlin eintraf, um von dort aus für Indiens Freiheit zu kämpfen, das Sonderreferat Indien zugeteilt. Das brachte ihn zwar in eine missliche Stellung gegenüber seinen treuesten Freunden in Großbritannien, denn dort war gerade Sir Stafford Cripps damit beauftragt worden, das Verhältnis zu Indien zu befrieden. Für Trott aber brachte diese Aufgabe ungeahnte Freiheiten mit sich. Er konnte ungehindert ins neutrale oder befreundete Ausland reisen, also in die Schweiz, nach Italien und nach Schweden, wo er immer von Neuem versucht hat, den Kontakt zwischen dem deutschen Widerstand und den Westmächten herzustellen. Es gehört zur Tragik seines Lebens, dass es seine ehemaligen Freunde in Oxford waren, die diese Pläne zunichte machten. Außenminister Eden sah in Trott, wie er Cripps schrieb, »eine seltsame Mischung von hochgesinntem Idealismus und politischer Unehrlichkeit«. In der Schweiz wurde Visser 't Hooft Trotts energischer Helfer, aber in London konnte auch er nichts ausrichten, im Gegenteil: Ein hoher Beamter des Foreign Office forderte, dass man schrägen Vögeln wie diesem Herrn Visser 't Hooft künftig kein Einreisevisum mehr erteilen solle. Trotzdem gab es eine bleibende Frucht dieser Zusammenarbeit. Visser 't Hooft stellte den Kontakt zum niederländischen Widerstand her, dessen Führer erleichtert waren, als sie hörten, dass es Deutsche gab, die auf den Sturz Hitlers und eine Neuordnung in Europa hinarbeiteten. Dasselbe gelang Helmuth James von Moltke und Dietrich Bonhoeffer in Norwegen und Dänemark. Wenn Deutschland nach dem Zusammenbruch nicht nur Feinde, sondern auch Fürsprecher hatte, dann lag das vor allem an der Arbeit des »Kreisauer Kreises«, der unter der Leitung von Moltke und Peter Yorck von Wartenburg intensiv an der Ordnung für ein Deutschland nach Hitler in einem vereinten Europa arbeitete. Trott gehörte seit dem Frühjahr 1941 zu dieser Gruppe, deren außenpolitischer Sprecher er wurde. Als Claus von Stauffenberg die Vorbereitung der Umsturzpläne in die Hand nahm, wurde er auch dessen außenpolitischer Berater. Werner von Trott, der seinem Bruder prophezeit hatte, er werde »ein moderner Don Quijote« werden, hat später in Adams Freundschaft zu Stauffenberg »die menschliche Erfüllung« im Leben seines Bruders gesehen, von dem er auch sagte, Adam sei »durch die Hölle der Identifikation mit Deutschland gegangen«.

IV

Von Januar 1944 an spitzte sich die Lage zu. Moltke war verhaftet worden, weil er einen Freund vor der Gestapo gewarnt hatte. Peter Yorck und Adam von Trott waren um dieselbe Zeit von Stauffenberg in die Umsturzplanung einbezogen worden; und obwohl Trott dem Ganzen nur wenig Chancen gab, versuchte er weiter, mit den Alliierten in Kontakt zu kommen. Einen letzten, verzweifelten Versuch machte er im Juni 1944 in Schweden, wo er im Namen des Widerstandes nur noch darum bat, man möchte im Falle eines Umsturzes in Deutschland die Luftangriffe auf die deutschen Städte einstellen. Als mit Julius Leber und Adolf Reichwein die prominentesten Sozialdemokraten aus dem Kreisauer Kreis verhaftet wurden, mussten die Verschwörer täglich damit rechnen, dass ihre Pläne auffliegen würden. Stauffenberg flog am 20. Juli ins Führerhauptquartier bei Rastenburg in Ostpreußen und deponierte dort die Bombe. Trott wartete im Außenministerium in Berlin auf die alles entscheidende Nachricht. Er blieb dort auch, als er erkannt hatte, dass das Attentat gescheitert war. Alle Angebote, ihn in Sicherheit zu bringen, schlug er aus und erwartete in Ruhe die Häscher der Gestapo. Nur Fräulein Emma, die alte Hausgehilfin der Trotts, schickte er nach Imshausen, um ihr Verhöre zu ersparen. Dazu erzählte seine Frau, Clarita von Trott, eine rührende Geschichte. Emma sagte, als sie in Imshausen angekommen war, man brauche sich um Herrn von Trott nicht zu sorgen. »Jeden Morgen stellte ich die Bibel wieder ins Regal, und jeden Morgen lag sie wieder neben seinem Bett.« Adam von Trott hat seiner Frau damals geschrieben: »Mit großem Gewinn lese ich jetzt Jeremias und freue mich, in dieser gewaltigen Stimme einen Grundton unseres eigenen Zeiterlebens aufklingen zu hören.« Die besondere Vorliebe für den Propheten Jeremia verbindet ihn ein weiteres Mal mit Dietrich Bonhoeffer.

Als man im Fahrtenbuch von Stauffenbergs Chauffeur entdeckt hatte, dass der Attentäter am Vorabend des 20. Juli bei Adam von Trott gewesen war, war dessen Schicksal besiegelt. In seinen Abschiedsbriefen befiehlt Trott seine Frau und seine Kinder dem Segen Gottes; und in einem Brief an seine Mutter, die seine Lehrerin und sein Vorbild im Glauben gewesen ist, heißt es: »Ich halte dankbar und fest an dem, was uns je und je verbindet. Gott ist mir in diesen Wochen gnädig gewesen und hat mir frohe, klare Kraft zu allem, fast allem geschenkt – er hat mich auch gelehrt, wo und wie ich fehlte. […] Dir zuletzt noch ein dankbarer Herzenskuss und auf Wiedersehen.« Am Ende des Briefes heißt es: »In deinen Geist, Herr …«

Ist er da gedrängt worden, den Brief abzuschließen? Was er schreiben wollte, ist klar. Es ist der Psalmvers »Herr, in deine Hände befehle ich meinen Geist«, den Jesus am Kreuz gebetet hat und der über Jahrhunderte die letzte Bitte der Märtyrer gewesen ist.

Dass Gottes Gebot den Mord ausdrücklich verbietet, war allen Verschwörern bewusst. Die gründlichsten Gedanken darüber, warum es dennoch geboten sei, Hitler zu töten, hat sich Dietrich Bonhoeffer als Theologe gemacht. Er hat Freunden wie Hans von Dohnanyi und Hans Oster, die beide an den Attentatsplänen und -vorbereitungen direkt beteiligt waren, gezeigt, dass es notwendig sei, Schuld auf sich zu nehmen, um dem gottlosen Morden Einhalt zu gebieten, und dass sie das als ein Handeln in der Nachfolge Jesu verstehen dürften. Adam von Trott hat seine Mittäterschaft anders begründet. Er war bereits vor 1933 zutiefst davon überzeugt, dass die Zukunft der Welt von einer neuen Friedensordnung abhinge. Zu seiner Verankerung in der Wirklichkeit, von der schon die Rede war, gehörte die Erkenntnis, dass Hitler als Verbrecher den Mord zum Instrument seines Staatshandelns gemacht hatte und so dabei war, Deutschland aus der Gemeinschaft der Völker auszuschließen. Um den Rechtsfrieden wiederherstellen und die durch Hitler gefährdeten Menschen und die Zukunft des eigenen Volkes retten zu können, musste der Diktator ausgeschaltet werden. Trott hat das als ein dem Recht verpflichteter Christ entschieden. Daran, dass es Gottes Wille sei, dass das Recht wiederhergestellt würde, hat er keinen Augenblick gezweifelt. Sein Freund Helmuth James von Moltke war ursprünglich anderer Meinung als Bonhoeffer und Trott und hatte den Gedanken an ein Attentat verworfen; aber Freya von Moltke hat später berichtet, dass die Nachrichten über Auschwitz auch ihren Mann schließlich umgestimmt hätten. Aber dann wurde er verhaftet, und vor dem Volksgerichtshof musste selbst Freisler zugeben, dass Moltke mit dem Attentat nichts zu tun hatte.

In Wahrheit waren alle Beteiligten nach dem gescheiterten Attentat der Überzeugung, dass es um der Zukunft Deutschlands willen wichtig war, dass Stauffenberg für sie alle die Tat gewagt hatte. Bonhoeffer, Moltke und auch der in Glaubensfragen so zurückhaltende Adam von Trott sind mit der Überzeugung in den Tod gegangen, dass ihr scheinbar schmachvolles Ende im politischen Zwielicht nicht das Ende sei, sondern der Anfang des Lebens, »denn wir haben hier keine bleibende Stadt, sondern die zukünftige suchen wir«. (Hebr. 13,14)

Helmuth James Graf von Moltke –
ein Anwalt der Zukunft

I

Im Matthäusevangelium steht die Geschichte vom reichen Jüngling, der Jesus fragt, was er tun muss, um das ewige Leben zu erwerben. Jesus sagt: »Willst du vollkommen sein, so gehe hin, verkaufe, was du hast, und gib es den Armen; und komm und folge mir nach.« Nachdem der reiche Jüngling sich traurig von Jesus und seinen Jüngern abgewandt hat, weil er eben dies nicht kann, sagt Petrus: »Sieh, wir haben alles verlassen und sind dir nachgefolgt. Was wird uns dafür?« (Matth. 19,27) Der Königsberger Philosoph Immanuel Kant hat gesagt: »Zwei Dinge erfüllen das Gemüt mit immer neuer Bewunderung: Der bestirnte Himmel über mir und das moralische Gesetz in mir.« Als Fischer war Petrus mit dem »gestirnten Himmel über uns« vertraut. Das »moralische Gesetz in uns« aber, das, wenn es zur Reife gekommen ist, verlangt, dass wir das als gut oder richtig Erkannte um seiner selbst willen tun, kannte er noch nicht. Petrus, der »Felsenmann«, war kein Jünger Kants, sondern ein Jünger Jesu, und der verspricht ihm vielfältigen Lohn schon hier und das ewige Leben in der zukünftigen Welt.

»Vielfältiger Lohn schon hier«, die Kirchengeschichte ist voller Beispiele dafür, dass Menschen das als Wahrheit in ihrem Leben erfahren haben. Eine allgemeine christliche Erfahrung wird man es allerdings nicht nennen können. »Wenige Menschen ahnen, was Gott aus ihnen machen würde, wenn sie sich seiner Gnade rückhaltlos anvertrauen würden«, sagt Ignatius von Loyola. Bei vielen fehlt der letzte, entscheidende Schritt. Als ein Beispiel für die Wahrheit des Satzes vom vielfältigen Lohn möchte ich von einem Leben erzählen, das – als ein Leben in strengster Pflichterfüllung und vor allem als ein Leben für das Recht – zunächst sehr viel mehr von Immanuel Kant geprägt war als von der bewussten Nachfolge Jesu. Helmuth James von Moltke, der Mann, um den es jetzt gehen soll, war ein Zeitgenosse Dietrich Bonhoeffers. Er ist ein Jahr nach ihm geboren und wenige Monate vor ihm in Plötzensee ermordet worden. Im Zusammenhang mit seinem Leben Ignatius von Loyola zu zitieren, ist durchaus sachgemäß. In einem von Moltkes Abschiedsbriefen heißt es: »… daß ich als Märtyrer für den heiligen Ignatius von Loyola sterbe – und darauf kommt es letztlich hinaus, denn alles andere war daneben [in seinem Prozess] nebensächlich – ist wahrlich ein Witz, und ich zittere schon vor dem väterlichen Zorn von Papi, der doch so antikatholisch war. Das andere wird er billigen, aber das nicht.« Moltkes Vater, von dem hier die Rede ist, war seit einigen Jahren tot. Es geht also um ein Wiedersehen im Jenseits, in dem der Vater noch immer den Jesuiten zürnt. Die Bemerkung ist ein Scherz im Angesicht des Todes.

Die Abschiedsbriefe Moltkes sind Zeugnisse einer mystischen Erfahrung. Ich zitiere, um das zu belegen, zunächst nur einen Satz. Moltke schreibt, nachdem ihn Freisler zum Tode verurteilt hat, aus dem Gefängnis Tegel an seine Frau: »Nein, ich beschäftige mich gar nicht mit dem lieben Gott oder meinem Tod. Er hat die unaussprechliche Gnade, zu mir zu kommen und sich mit mir zu beschäftigen.«

Dass Gott zu einem Menschen kommt oder ihn in einen besonderen Raum ruft, um ihm dort zu begegnen, ist ein häufig gebrauchtes Bild der Mystiker. Als Beispiel sei ein Vers aus Tersteegens Abendlied: »Nun sich der Tag geendet …«, angeführt: »Dass Du mich stets umgiebest, / dass du mich herzlich liebest / und rufst zu Dir hinein, / dass du vergnügst alleine / so wesentlich, so reine, / lass früh und spät mir wichtig sein.«

Und weil das für Helmuth James von Moltke eine völlig neue Erfahrung ist, die er noch gar nicht einordnen kann, fügt er sogleich hinzu: »Ist das hoffärtig? Vielleicht.« Aber das Gefühl der Gegenwart Gottes ist so stark, dass ihn der Gedanke, hoffärtig zu sein, nicht schrecken kann: »Er wird mir noch so vieles vergeben heute abend, daß ich ihn schließlich für diese letzte Hoffart auch noch um Vergebung bitten darf.«

Moltke war, wie viele Menschen, die mystische Erfahrungen gemacht und beschrieben haben, kein Theologe. Die Theologie kann den Zugang zu derartigen Erfahrungen durchaus versperren.

II

Zunächst muss vom Werdegang dieses Mannes und seinem aktiven Leben während der Hitlerdiktatur die Rede sein. Wer Moltke vom Hörensagen kennt, weiß vor allem, dass er der Kopf des »Kreisauer Kreises« war, einer Widerstandsgruppe, die sich vor allem mit der Frage befasst hat, was nach der Hitlerherrschaft geschehen sollte. Den Namen »Kreisauer Kreis« haben die Nazibehörden der Widerstandsgruppe gegeben, weil Moltke und seine Freunde sich dreimal auf Moltkes Gut Kreisau in Schlesien zu gründlichen Beratungen getroffen hatten. Die meisten Treffen haben jedoch in Berlin stattgefunden, wo die Mehrzahl der Mitglieder tätig war. Aber wenden wir uns zunächst dem Initiator des Kreises zu, auch wenn man ihn nur versteht, wenn man auch die Menschen in den Blick nimmt, mit denen er zusammengearbeitet hat.

Ich habe Moltkes Leben ein Leben konsequenter Pflichterfüllung und ein Leben für das Recht genannt. Alle Tugenden, die man früher – jedenfalls außerhalb Bayerns – die »preußischen Tugenden« genannt hat, sind in ihm verkörpert. Waren sie es vielleicht deshalb, weil er ein »nichtpreußischer Preuße« war? Seine Mutter war eine Südafrikanerin schottischer Abstammung, und der berühmteste Träger des Namens Moltke, der Feldmarschall, der das Gut Kreisau in Schlesien von einer Dotation Kaiser Wilhelms I. gekauft hatte, stammte aus Schleswig-Holstein, war als Untertan des dänischen Königs geboren und hatte zuerst in dessen Heer Dienst getan. Da der Generalfeldmarschall kinderlos war, hatte er Kreisau seinem ältesten Neffen vermacht und bestimmt, dass es – wie der Grafentitel – auf den jeweils ältesten Sohn übergehen sollte. Aber Helmuth James von Moltkes Vater, der durch die Heilung einer schweren Krankheit ein Anhänger der von der Amerikanerin Mary Baker Eddy gegründeten »Christlichen Wissenschaft« geworden war, war zum deutschen Repräsentanten dieser Glaubensgemeinschaft geworden und interessierte sich dafür weit mehr als für Kreisau. Er übergab das heruntergewirtschaftete Gut seinem 22-jährigen Sohn. Der konnte die Gläubiger in äußerst schwierigen Verhandlungen davon überzeugen, dass es sinnvoller sei, mit ihm als Gutsherrn ein Rückzahlungsabkommen zu schließen, als die Zwangsversteigerung einzuleiten. Während der Vater nach Berlin zog, blieb die Mutter Dorothy in Kreisau und wurde die wichtigste Partnerin ihres ältesten Sohnes bei der Rettung des Gutes. Die beiden hatten ein besonders inniges Verhältnis zueinander.

Moltkes Leben konsequenter Pflichterfüllung begann damit, die Rückzahlungen an die Gläubiger sicherzustellen. Gegen Ende des Zweiten Weltkrieges hatte er diesen Vertrag erfüllt, und das Gut hätte wieder schuldenfrei der Familie gehören können. Das war nur möglich, weil der junge Moltke und seine Mutter ein geradezu spartanisches Leben führten. Äußerste Anspruchslosigkeit wurde so, wenn es um ihn selbst ging, zu einem seiner Wesenszüge. Allerdings hatte das nie einen Beigeschmack von Geiz. Anderen Menschen gegenüber konnte er sehr großzügig sein. Im April 1942 ist er, um Bonhoeffer einen Gefallen zu tun, mit ihm auf Rügen ins Kino gegangen, als die Fähre nach Trelleborg ausgeblieben war. Die beiden sollten für die konspirative Gruppe im Amt Canaris Kontakte zum norwegischen Widerstand knüpfen. Bonhoeffer war an Filmen nicht wenig interessiert, aber Moltke leistete sich so etwas sonst vermutlich nie.

Aber kehren wir zurück in die Zwanzigerjahre. Sobald Moltke die Leitung der landwirtschaftlichen Arbeit – natürlich nicht die Finanzprobleme – einem Verwalter überlassen konnte, nahm er 1927 ein juristisches Studium auf. Bonhoeffer, der auch in dieser Zeit studiert hat, hat diese Jahre 1941 einem Neffen geschildert: »Man konnte in aller Freiheit lernen und arbeiten. Man reiste und sah etwas von Europa. Damals erholte sich Europa gerade [...] wieder von der Armut, der Zerrissenheit, dem Haß, den der Weltkrieg über es gebracht hatte. Deutschland begann sich in der Welt wieder eine Stellung zu schaffen durch Arbeit, Wissenschaft, Geist. Alte Vorurteile der Völker gegeneinander wichen [der] auflebenden Hoffnung auf ein besseres [...] Zusammenleben in friedlichem Geist. [...] Man spürte so etwas wie eine abendländische Aufgabe, ja Sendung in der Welt. [...] Man diskutierte leidenschaftlich gegen- und letztlich doch miteinander.«

So hat es auch Helmuth James von Moltke erlebt. Er schrieb sich als Student der Rechte in Breslau ein und reiste in den Ferien mit dem Motorrad durch Europa. Sein Name öffnete ihm viele Türen. In Doorn fragte ihn Kaiser Wilhelm II. bei Tisch: »In welchem Regiment hat Ihr Vater gedient?« und er gab zur Antwort: »Keine Ahnung, Majestät.« Beides ist typisch für ihn: dass er beim Kaiser in dessen holländischem Exil zum Mittagessen geladen war und die etwas schlaksige Antwort, die zeigt, wie wenig er sich davon beeindrucken ließ. Prinz Louis Ferdinand, der Enkel des Kaisers, war in Potsdam sein Klassenkamerad gewesen. Er schreibt über ihn: »Wenn man sich richtig vorbereiten wollte, hatte man nachmittags drei bis vier Stunden zu tun. Die meisten verließen sich allerdings darauf, daß man morgens noch schnell abschreiben oder sich vorsagen lassen konnte. Geradezu genial darin war Moltke. Er sprach jedoch sehr gewandt und spickte seine Antworten mit witzigen Bemerkungen, die sogar die Lehrer belustigten. Da er überaus lang war (Moltke war ein 2m-Mann), dauerte es immer eine Weile, bis er sich aus der Bank emporgewunden hatte, wenn er aufgerufen wurde. Schon das erzielte einen Lacherfolg. Obwohl die Lehrer gemerkt haben müssen, daß er nichts auf sie gab, schätzten sie doch seine Klugheit, so daß er auf seine Weise durchkam, auch im Abitur. Ich hatte ihn gern wegen seiner geistreichen und etwas zynischen Art, die ihn zuweilen beinahe hochmütig erscheinen ließ.« Diese Art hat Moltke immer beibehalten, so dass viele Menschen, die ihm begegneten, ihn für kühl und abweisend gehalten haben, zumal er, wie der berühmte Feldmarschall, ein Mensch war, der lieber schwieg als redete. Aber wäre er nicht fähig gewesen, enge Freundschaften zu schließen, hätte er nie der Mittelpunkt eines Widerstandskreises werden können. Freunde fand er während des Studiums vor allem im österreichischen Grundlsee, wo das jüdische Ehepaar Schwarzwald, dem Moltke in Berlin begegnet war, junge und ältere Menschen unterschiedlicher Herkunft in einem Freundeskreis um sich versammelte. Bestimmend war dabei Eugenie Schwarzwald, die von allen »Fraudoktor« genannt wurde. In ihrem Kreis begegnete Moltke Bert Brecht, Helene Weigel, Karl Kraus, Carl Zuckmayer, Arnold

Schönberg, Gottfried Benn und natürlich auch vielen weniger berühmten Menschen. Es war ein Kreis, in dem man, wie Bonhoeffer später formuliert hat, »leidenschaftlich gegen- und letztlich doch miteinander« diskutierte. Vor allem aber hat Moltke in Grundlsee die 18-jährige Freya Deichmann kennengelernt, die sich dort leidenschaftlich in ihn verliebte und wenige Jahre später seine Frau wurde.

Nicht weit von Kreisau lag die schlesische Industrie- und Bergarbeiterstadt Waldenburg. Dort hat Moltke zum ersten Mal Mangel und menschliche Not zu sehen bekommen. Er schloss sich einer kleinen Gruppe von Menschen um den judenchristlichen Philosophen Eugen Rosenstock-Huessy an, die diesem Problem auf den Grund gehen und einen Wandel herbeiführen wollten. Moltke wurde so die treibende Kraft der Arbeitslager-Bewegung, die akademische Lehrer, Arbeiter und Studenten zu gemeinsamer Arbeit und zu Diskussionen zusammenführen sollte. Es war eine schwierige, aber damals durchaus erfolgreiche Tätigkeit.

Festzuhalten ist, dass Moltkes Freundeskreis ebenso wenig dem des durchschnittlichen preußischen Junkers entsprach wie seine gesamte Lebensweise. Durch die Lektüre von Hitlers ›Mein Kampf‹ und den Umgang mit jüdischen und sozialistischen Freunden war Moltke schon vor 1933 zum leidenschaftlichen Gegner Hitlers geworden, und so beginnt der Kampf des jungen, in eine Berliner Kanzlei eingetretenen Anwalts um das Recht mit dem Versuch, verfolgten Hitlergegnern, unter ihnen vor allem Juden, zu helfen.

Moltkes Großvater mütterlicherseits, James Rose Innes, war der oberste Richter der Südafrikanischen Union. Die Verbindung zu den Großeltern in Südafrika war besonders eng, weil Dorothy von Moltke deren einziges Kind war. Sie hielten engen brieflichen Kontakt und halfen nicht selten auch mit Geld aus. Helmuth James von Moltkes englische Sprachkenntnisse und seine Beziehungen zu Großbritannien rührten ebenfalls von da her. Um ein Fachmann für internationales Recht zu werden, nutzte er diese Beziehungen und studierte Jura auch in London. Anfang 1939 wurde er – für Deutsche eine seltene Ausnahme – in London als Barrister, das heißt als Anwalt, der vor Gericht plädieren darf, zugelassen.

Helmuth James von Moltke und Freya Deichmann haben 1931 geheiratet. Sie war eine Bankierstochter aus Köln, deren Vater in der Wirtschaftskrise den größten Teil seines Vermögens verloren hatte. Freya von Moltke hat die Auslandserfahrungen, den Kampf um das Gut Kreisau und vor allem die entschlossene Gegnerschaft gegen Hitler und den Nationalsozialismus mit ihrem Mann geteilt. Die beiden hätten alle Freiheit gehabt, sich beizeiten in England oder Südafrika niederzulassen, aber sie wollten Kreisau nicht im Stich lassen. Wie sehr Kreisau zu ihrer Heimat geworden war, hat die über 90-jährige Gräfin Moltke vor einigen Jahren ein letztes Mal beschrieben; und dabei wurde noch einmal deutlich, was beide Moltkes noch ungleich mehr an Deutschland gebunden hat als das väterliche Gut, war der Kampf, den sie und ihre Freunde um das von den Nationalsozialisten korrumpierte Recht geführt haben.

1939 wurde Moltke als Kriegsgerichtsrat einberufen und kam als Fachmann für Völkerrecht in das Amt Abwehr unter Admiral Wilhelm Canaris. Man kann nur mit größtem Respekt lesen, wie er, ohne je seine Kräfte zu schonen, gegen Geiselerschießungen und andere Terrormaßnahmen der SS und der Wehrmacht gekämpft hat. Er reiste dazu in die besetzten Länder, rang mit den Oberkommandierenden und ihren Mitarbeitern, hatte erstaunliche Erfolge, musste aber auch Niederlagen hinnehmen, kam zurück nach Berlin und nahm ohne Ruhepause seine Schreibtischarbeit wieder auf. Es müssen mehrere Tausend Menschen gewesen sein, die 1945 das Kriegsende erlebt haben, ohne zu ahnen, wer sie gerettet hatte.

Einmal ist Moltke, wie schon kurz erwähnt, bei dieser Tätigkeit auch mit Dietrich Bonhoeffer in direkten Kontakt gekommen. Vom 10. bis zum 18. April 1942 – als beide schon seit längerem zu verschiedenen Widerstandsgruppen gehörten – wurden sie von der Abwehr nach Norwegen geschickt, um die dortigen Wehrmachtsspitzen in der Frage des von Quisling, dem nazihörigen norwegischen Ministerpräsidenten, ausgelösten Kirchenkampfes zu beraten, in Wahrheit aber, um die Norweger in ihrem Widerstand gegen die Besatzung zu bestärken. Von heute her gesehen, meint man, die beiden prominentesten Protestanten im deutschen Widerstand wären doch wie füreinander geschaffen gewesen. Moltke hatte während der nationalsozialistischen Zeit eine völlig neue Einstellung zum christlichen Glauben gefunden und traf in Bonhoeffer auf einen engagierten Vertreter der Bekennenden Kirche. Beide waren brennend an ethischen Fragen interessiert und hofften auf das Ende der Hitlerherrschaft in Deutschland. Auch von ihrer Persönlichkeit her hätten sie eigentlich zueinander passen müssen. Aber zueinander gefunden haben sie nicht. Wir wissen, dass sie auf dem Weg nach Schweden in Saßnitz auf Rügen einen Aufenthalt hatten, der nicht eingeplant war. Sie mussten auf die Fähre nach Trelleborg warten, denn an den Ostseeufern gab es trotz der vorgerückten Jahreszeit schweren Eisgang und dichten Nebel. Davon, dass sie abends zusammen ins Kino gingen, war schon die Rede. Den nächsten Morgen nutzten sie zu einem mehrstündigen Spaziergang, bei dem es intensive Gespräche gegeben haben muss. Die Abstimmung für das, was sie in Norwegen tun wollten, gelang ihnen problemlos; aber von Bonhoeffer gibt es nach Eberhard Bethges Erinnerung nur die knappe Aussage: »Anregend, aber wir waren nicht einer Meinung«, während Moltke in den regelmäßigen und ausführlichen Briefen an seine Frau nur berichtet, er habe sich auf Rügen mit Bonhoeffer über die Aufgaben in Oslo abgestimmt. Man fragt sich, ob Bonhoeffer nicht ein sehr viel besserer Vertreter der Evangelischen Kirche bei den Kreisauern gewesen wäre als Eugen Gerstenmaier, dessen Bekanntschaft Moltke kurz nach dem Norwegen-Auftrag gemacht hat. Warum haben die beiden Spaziergänger auf Rügen nicht zueinander gefunden? Der entscheidende Grund ist wohl, dass Moltke und die meisten Kreisauer auch 1942 den Tyrannenmord noch für einen Fehler hielten, während man es in der Gruppe um Oster und Dohnanyi, zu der Bonhoeffer gehörte, schon seit längerer Zeit für unbedingt notwendig hielt, Hitler zu töten. Da die Spitzen der Wehrmacht für einen Staatsstreich nicht zu gewinnen waren, konnte der Krieg nur nach Hitlers Tod beendet werden. Ich erwähne diesen Unterschied, weil er bis in die Abschiedsbriefe Moltkes eine Rolle gespielt hat. Bonhoeffer hatte anfangs viel größere Schwierigkeiten mit dem Gedanken an den Tyrannenmord gehabt als Moltke, aber er hatte sie überwunden und war zu der Überzeugung gekommen: Wenn Hunderttausende gerettet werden sollen, muss dieser *eine* umgebracht werden. Es ist eine Schuld, die diejenigen, die dazu die Möglichkeit haben, in freier Verantwortung auf sich nehmen müssen. Übrigens haben die beiden Wanderer auf Rügen einen Text aus den Zwanzigerjahren gekannt, aus dem ich hier zitieren will. Da heißt es: »Es könnte das Schicksal eines Volkes wirklich durch eine einzige Mordtat im günstigen Sinne entschieden werden. Solch eine Meinung kann ihre geschichtliche Berechtigung haben, nämlich dann, wenn ein Volk unter der Tyrannei irgendeines genialen Unterdrückers schmachtet. [...] Nur das republikanische Gemüt schuldbewußter kleiner Lumpen wird eine solche Tat als das Verabscheuungswürdigste ansehen, während der größte Freiheitssänger unseres Volkes sich unterstanden hat, in seinem ›Tell‹ eine Verherrlichung solchen Handelns zu geben.« Geschrieben hat das Adolf Hitler in seinem Buch ›Mein Kampf‹. 1942 durfte allerdings Schillers ›Wilhelm Tell‹ schon lange nicht mehr aufgeführt werden. Hitler selbst hatte das Verbot erlassen.

Moltke hätte den Tyrannenmord vermutlich gebilligt, wenn er nicht befürchtet hätte, er würde ganz andere als die erwünschten Folgen haben. Aber ehe wir darauf zu sprechen kommen, müssen wir auf Moltkes Verhältnis zur Kirche eingehen. Es gibt darüber einen wichtigen Brief, den Moltke auf dem Rückweg von Oslo in Stockholm verfasst hat. Im März 1942, also kurz vor der Reise, hatte Moltke seiner Frau einen Traum geschildert, den ich als den Höhepunkt, aber auch als den Abschluss seines von Kant bestimmten Weges empfinde.

> »Ich war ein ganz alter Mann und hatte Euch alle überlebt. Ich ging langsam, aber ganz stetig. Es war Dein Todestag. Und ich war von Deinem Grabe gekommen. Du warst schon seit zwanzig Jahren tot. [...] Ich hatte alles erreicht, was ich wollte; die Welt sah so aus, wie ich es gewollt hatte, aber es hatte eine rasende Anstrengung gekostet, und Du hattest den Erfolg nicht mehr gesehen. Das war der größte Schmerz: Ich hatte Dir nicht mehr sagen können, daß die vielen Opfer und Verzichte und Anstrengungen ihren Lohn gefunden hatten. Ich dachte an diese Opfer und Mühen, obwohl es mir wehtat: Und wenn es selbst bedeutet hat, daß ich mich habe quälen müssen, daß Du nicht gehabt hast, was Du beanspruchen konntest, daß ich keine Familie und keine Freunde mehr habe, weil ich die erste nicht beachtet und die zweiten überlebt habe, wenn es auch bedeutet, daß ich nicht einmal ein angenehmes Alter habe, sondern mit einer Haushälterin allein

hier wohne – ich mußte doch so handeln und würde es wieder tun. Und in diesem Augenblick war ich ... sechzig Jahre jünger. Merkwürdig, nicht wahr? Es ist die Feldmarschall-Legende [gemeint ist der berühmte Generalstabschef aus der Zeit Kaiser Wilhelms I.], und es ist Daddy [der südafrikanische Großvater] ohne Granny und ohne Mami. Während ich das schreibe, erkenne ich jedes Gefühl wieder.«

Ich lese das heute, viele Jahrzehnte später, als den Traum eines Kantianers, der seine Pflicht um ihrer selbst willen erfüllt. Vergleichen Sie das bitte nachher mit der leuchtenden Freude der Abschiedsbriefe Moltkes. Ein »Bekehrungserlebnis« hat es bei Moltke offensichtlich nicht gegeben. Langsam, aber stetig ist er während des Widerstandes ein bewusster Christ geworden. Auf eigenen Wunsch hatte er sich als Jugendlicher konfirmieren lassen, aber damit folgte er der Sitte. Marion Gräfin Dönhoff, die Moltke als Freund bezeichnet hat, sagt, er habe, wie seine Eltern, zur Glaubensgemeinschaft der »Christian Science« gehört, aber das stimmte höchstens für seine Kindheit. Belege dafür hat sie nicht genannt. Für das Jahr 1942 gilt – und das hätte sie eigentlich wissen müssen –, dass Moltke ein aktives Mitglied der evangelischen Kirche war. Von Stockholm aus schreibt Moltke dem Engländer Lionel Curtis, einem väterlichen Freund: »Vielleicht erinnern Sie sich, daß ich in Gesprächen vor dem Kriege der Meinung war, daß der Glaube an Gott nicht wesentlich sei, um dahin zu kommen, wo wir jetzt sind. Heute weiß ich, daß ich unrecht hatte, ganz und gar unrecht. Sie wissen, daß ich die Nazis vom ersten Tag an bekämpft habe, aber der Grad von Gefährdung und Opferbereitschaft, der heute von uns verlangt wird und vielleicht morgen von uns verlangt werden wird, setzt mehr als gute ethische Prinzipien voraus, besonders da wir wissen, daß der Erfolg unseres Kampfes wahrscheinlich den totalen Zusammenbruch unserer nationalen Einheit bedeuten wird. Aber wir sind bereit, dem ins Gesicht zu sehen.«

Freya von Moltke hat nach dem Krieg in diesem neuen Denken ihres Mannes, das sich ja bei nicht wenigen Mitgliedern des Widerstandes finden lässt, einen Neuanfang der Kirche gesehen und zitierte in einem frühen Buch über ihren Mann ein Wort von Rosenstock-Huessy, mit dem Moltke in seiner Studentenzeit zusammengearbeitet hatte und der einige Jahre später ihr zweiter Ehemann geworden ist: »Ja, das Christentum ist heute bankrott. Aber nicht widerlegt. Das Christentum ist verschiedentlich bankrott gewesen. Wenn es bankrott macht, beginnt es von vorne; darin liegt seine Kraft.«

Moltke war kein Mystiker, und es liegt mir fern, ihn dazu zu machen. Aber er hat in den Monaten vor seiner Hinrichtung mystische Gotteserfahrungen gemacht. In der Zeit davor war er ein durch das heimatliche Schlesien geprägtes Mitglied der evangelischen Kirche. Am 5. Dezember 1943 schreibt er, er sei mit Peter und Marion von Yorck und Fritz-Dietlof von der Schulenburg in der Kirche gewesen, wo Hanns Lilje, der spätere Bischof von Hannover, gepredigt habe. »Die Predigt war sehr gut, über das Grauen in der Geschichte und über den Ernst der Geschichte. Eine große Adventspredigt [...] Trotzdem [...] muß ich sagen, daß mich der Kirchgang in Gräditz mehr befriedigt, weil das Gemeinschaftsgefühl eben viel wärmer ist. Das hat mich mal wieder davon überzeugt, daß, so schön auch eine Predigt sein mag, das entscheidende das Zusammengehörigkeitsgefühl der Gemeinde ist, und daran fehlt es eben in einer Großstadtgemeinde für mein Gefühl.« Moltke sehnt sich nach Kreisau, wo er aber in den letzten fünf Jahren seines Lebens immer nur ausnahmsweise für ein paar Tage sein konnte.

Er bleibt bis zu der Verwandlung in den letzten Tagen seines Lebens ein Mensch mit einer pessimistischen Grundstruktur. Noch die Kabarettistin Isa Vermehren, die später konvertiert und Benediktinerin geworden ist, schreibt als ehemalige Mitgefangene im KZ Ravensbrück: »Seine Haltung in diesen Wochen war über die Maßen beeindruckend. Seine freundschaftliche Teilnahme für uns alle war immer gleichbleibend aufgeschlossen und herzlich. Immer verkleidete sich die tiefe Skepsis seines Wesens mit einem unbekümmerten, etwas ironischen Lächeln. Hoffnung ist nicht mein Metier, sagte er einmal freundlich, und in dem Schornstein des Krematoriums hat er nie etwas anderes erblickt als das tägliche Memento.«

III

Ehe wir zu Moltkes letzten Tagen kommen, wenden wir uns noch kurz dem Kreisauer Kreis und seinen Plänen für ein neues Deutschland und eine europäische Friedenslösung zu. Ich erinnere noch einmal an Bonhoeffers Brief an einen jungen Freund. Darin hieß es nach der Schilderung der Atmosphäre der Zwanzigerjahre: »Ihr werdet heute so völlig von der Gegenwart in Anspruch genommen, daß Ihr wenig Neigung, aber vielleicht auch wenig Kraft habt, an die Zukunft zu denken, zu planen; wir waren so stark von der Zukunft hingenommen, daß wir die Gegenwart in vielem entscheidend falsch beurteilt haben. Nun glaube ich, daß – in nicht allzu langer Zeit – beides in gleicher Weise nötig sein wird, Männer, die die Gegenwart nüchtern sehen und doch die Zukunft – die auch zur Wirklichkeit gehört! – nicht fahren lassen.«

Dass seine Widerstandsgruppe bereits so arbeitete – und dass auch die Kreisauer das taten – durfte Bonhoeffer natürlich nicht sagen; aber das, was Moltke und seine Freunde wollten, könnte man gar nicht besser beschreiben.

Die Arbeit des Kreisauer Kreises genauer zu schildern, würde den Rahmen dieses Kapitels sprengen. Aber etwas über die beteiligten Personen, ihr Denken und ihre Pläne muss gesagt werden. Dass zum Kern der Gruppe einige Freunde Moltkes aus den Zwanzigerjahren gehörten, ist bezeichnend für seine und alle übrigen Widerstandsgruppen. Sie konnten es sich nicht leisten, dass Spitzel in ihren Kreis eindrangen, und mussten darum auf Menschen zurückgreifen, die seit Jahren bewährte Freunde waren. Das waren für Moltke Adlige wie Peter Graf Yorck von Wartenburg, Fritz-Dietlof Graf von der Schulenburg und andere, darunter zum Teil enge Verwandte. Ausgewählt wurden sie, wie auch bürgerliche Freunde, weil sie Fachleute für Recht, Verwaltung, Landwirtschaft, Finanzen oder Fragen der Kultur waren. Mitglieder wurden aber auch Männer aus der von Hitler zerschlagenen Gewerkschaftsbewegung, weil der Kreis der Meinung war, dass niemand ohne die Arbeiterbewegung ein neues Deutschland aufbauen könnte. Sozialdemokratische Politiker wie Carlo Mierendorff, Theodor Haubach und Julius Leber wurden zu Freunden Moltkes.

Dazu kamen Männer der Kirchen, vor allem der katholischen Kirche, weil der Kreis sich einen Wiederaufbau ohne die Kirchen ebenfalls nicht vorstellen konnte. Die Arbeiterführer in ihrem Kreis haben dem anfänglich zögernd, aber dann ganz bewusst zugestimmt. Zu den Katholiken gehörten Pater Alfred Delp und zwei weitere Jesuiten, Lothar König und Augustin Rösch. Außerdem gab es enge Beziehungen Moltkes zum katholischen Bischof von Berlin, Kardinal Graf Preysing. Auf evangelischer Seite haben der Gefängnispfarrer Harald Poelchau und der spätere Bundestagspräsident Eugen Gerstenmaier mitgearbeitet. Frauen hat es im Kreisauer Kreis auch gegeben, freilich nur in geringer Zahl. Freya von Moltke, Marion von Yorck und Yorcks Schwester Irene waren in alles voll eingeweiht. Ihnen als Überlebenden ist es zu verdanken, dass die schriftlichen Zeugnisse über die Arbeit der Widerstandsgruppe erhalten geblieben sind.

Der Kreisauer Kreis war lange aus grundsätzlichen Erwägungen gegen ein Attentat auf Hitler, weil man meinte, eine Dolchstoßlegende wie die nach dem Ersten Weltkrieg müsse unbedingt vermieden werden und Deutschland müsse die Katastrophe einer Niederlage erleiden, um zur Einsicht zu kommen, was die Nazijahre für Europa bedeutet hätten. Eine Erneuerung könne es nur aus einer wirklichen Umkehr, aus einem Geist der Buße heraus geben. Dies also war der eigentliche Grund, warum Moltke gegen das Attentat auf Hitler war.

Aber – und das war das entscheidende Anliegen des Kreises – treiben lassen durfte man die Dinge nicht. Im Augenblick der Niederlage sollten Menschen da sein, die eine neue Ordnung vorbereitet hatten und die diese Ordnung darum auch ohne Verzögerung aufbauen konnten.

Vieles von dem, was damals erarbeitet worden ist, erscheint uns heute wieder als zeitgemäß, während es in der Adenauerzeit keine Rolle gespielt hat und für die DDR zu ihrer Zeit natürlich erst recht nicht. Ich will das hier nur an zwei Punkten aufzeigen. Erstens wollten die Kreisauer ein Staatswesen aufbauen, in dem die Verantwortung von unten nach oben aufgebaut war. Jeder sollte an seiner Stelle in die politische Verantwortung eingebunden werden, und keiner sollte sagen können, wie es heute so viele tun: Was die da oben machen, interessiert mich nicht. Zweitens wollten die Kreisauer alle Verantwortlichen der Hitlerzeit vom Wiederaufbau fernhalten und die »Rechtsschänder« – gemeint waren die Naziverbrecher – streng bestrafen. Konrad Adenauer hat die Bundesrepublik aufgebaut, ohne lange nach der Vergangenheit vor allem der leitenden Leute zu fragen. Und ausgerechnet bei der deutschen Justiz hat er auf jede Überprüfung verzichtet. Die Bundesrepublik ist ganz ohne den Geist einer wirklichen Erneuerung aufgebaut worden, auf den nach Meinung der Kreisauer alles ankam.

Das Scheitern des Attentats am 20. Juli hat der Arbeit der Kreisauer ein jähes Ende bereitet. Wie Bonhoeffer saß Moltke da bereits wegen anderer Dinge im Gefängnis. Er hatte einen Freund gewarnt, dass die Gestapo ihn in Verdacht habe, und das Telefongespräch war abgehört worden. Es dauerte nach dem 20. Juli eine ganze Weile, bis die Nazis den Kreisauern überhaupt auf die Spur kamen. Dann aber wurden fast alle Mitglieder vor dem Volksgerichtshof angeklagt und die meisten von ihnen unter den wüsten Beschimpfungen des fanatischen Blutrichters Roland Freisler zum Tode verurteilt. Es gibt noch die Tonbänder mit den Gerichtsverhandlungen. Freislers Stimme kann einem noch heute den Atem verschlagen. Es hat etwas Teuflisches, wenn er einzelne Worte tief beginnt und dann jaulend nach oben zieht. Früher hat man gesagt, als Edelmann müsse man sich auch darin erweisen, wie man stirbt. Die Angeklagten, unter ihnen vor allem die ihm besonders verhassten Grafen, antworteten ihm ruhig und höflich und manchmal mit Ironie. Freisler nannte Schulenburg immer nur schreiend den »Verbrecher« oder den »Schurken Schulenburg«. Als er einmal »Graf Schulenburg« sagte, korrigierte der ihn ganz ruhig: »Schurke Schulenburg, bitte!«

Harald Poelchaus Zugehörigkeit zum Kreisauer Kreis war verborgen geblieben, und so konnte er seine Freunde, wie so viele andere, in den letzten Tagen begleiten. Wie er während der Kriegsjahre mit seinen Freunden in Berlin Juden versteckt und ihre Ernährung sichergestellt hat, hat er nach dem 20. Juli 1944 unermüdlich Nachrichten und letzte Briefe der zum Tode Verurteilten aus den Gefängnissen geschmuggelt.

IV

Wir wenden uns wieder dem Grafen Moltke zu. Was jetzt zu erzählen ist, möchte ich mit einem Wort aus dem Johannesevangelium und einem Psalmlied aus dem Gesangbuch einleiten, um uns daran zu erinnern, dass Bibel und Gesangbuch sehr realistisch mit dem rechnen, was wir häufig etwas »sonntagschristlich« – das heißt, ohne zu erschrecken – im Gottesdienst vorlesen oder singen.

Jesus sagt: »Ihr habt nun Traurigkeit, aber eure Traurigkeit soll in Freude verwandelt werden.« (Joh. 16,20) Um diese Verwandlung geht es in Moltkes Leben. Und in dem Lied »Jauchzt alle Lande Gott zu Ehren« heißt es: »Die ihr Gott fürchtet, ich erzähle: / Kommt, hört und betet mit mir an! / Hört, was der Herr an meiner Seele / für große Dinge hat getan. / Rief ich ihn an mit meinem Munde, / wenn Not von allen Seiten drang / so war oft zu derselben Stunde / auf meiner Zung' ein Lobgesang.«

Ich zitiere diesen Vers, weil Moltke ausdrücklich darum gebeten hat, seine Erfahrung weiterzugeben. Es sollte sogar »eine Legende« daraus gemacht und für deren Verbreitung gesorgt werden, denn noch war der Sieg über Hitler nicht errungen und der Kampf um ein verwandeltes Deutschland erst recht nicht. Noch ging es darum, Menschen auf die Seite des Widerstandes zu ziehen, und das erhoffte sich Moltke von einer solchen Legende.

Wir haben den Bericht über Moltkes Gotteserfahrung in den Briefen, die er an seine Frau geschrieben hat. Dass Moltke ein ungewöhnlich distanzierter Mensch gewesen sein muss, habe ich bereits gesagt. So beschreiben ihn nicht wenige, die ihn gekannt haben. Aber seiner Frau gegenüber konnte er sich mitteilen, wie es vielleicht überhaupt nur jemand kann, der einen einzigen Menschen hat, der ihn ganz kennt und dem er rückhaltlos vertraut.

Die Erfahrungen christlicher Mystiker, die man aus der Literatur kennt, sind alle nachträglich abgefasst und beschreiben die Gotteserfahrungen »nach der Rückkehr in den Alltag«. Bei Moltkes Abschiedsbriefen ist es anders. Sie wirken stellenweise geradezu so, als sei die Ehefrau gegenwärtig und nehme an der Erfahrung teil, weil er schreibend mit ihr redet, während er die Erfahrung macht.

Bonhoeffer hat Martin Luthers Leben in der Welt – also nach seiner Zeit im Kloster – als »Nahkampf« bezeichnet. »Die Wunden, die hier geschlagen werden und die Narben, die ein Christ aus diesem Kampf davonträgt, sind lebendige Zeichen der Kreuzgemeinschaft mit Jesus.«

Moltkes Gotteserfahrung beginnt »im Augenblick der Wahrheit«, in dem Augenblick, in dem aus seinem langjährigen Widerstand buchstäblich »Nahkampf« wird, sie beginnt mit dem Prozess vor dem Volksgerichtshof und mit den Wortgefechten zwischen Freisler und ihm. Er schildert das so: »Alles, was Pater Delp zuvor erlebt hatte, war einfach eine Spielerei dagegen. Ein Orkan brach los: Er hieb auf den Tisch, lief an so rot wie seine Robe und tobte. ›So etwas verbitte ich mir, so etwas höre ich mir gar nicht an.‹ Und so ging das immerfort. Da ich ohnehin wußte, was rauskam, war mir das alles ganz gleich: Ich sah ihm eisig in die Augen, was er offenbar nicht schätzte, und plötzlich konnte ich nicht umhin zu lächeln. Das ging nun zu den Beisitzern, die rechts von Freisler saßen, und zu Schulze [dem Vertreter der Anklage]. Den Blick von Schulze hättest Du sehen müssen. Ich glaube, wenn ein Mensch von der Brücke über dem Krokodilteich im Zoo hinunterspringt, so kann der Aufruhr nicht größer sein.«

Freisler tobt: »›Wer war denn da? […] Ein Jesuitenprovinzial, einer der höchsten Beamten von Deutschlands gefährlichsten Feinden, der besucht den Grafen Moltke in Kreisau! […]Und Bischöfe besuchen Sie? Was haben Sie bei einem Bischof, bei irgendeinem Bischof verloren? Wo ist Ihre Befehlsstelle? Ihre Befehlsstelle ist der Führer und die NSDAP! Für Sie so gut wie für jeden anderen Deutschen, und wer sich seine Befehle in noch so getarnter Form bei den Hütern des Jenseits holt, der holt sie sich beim Feind und wird so behandelt werden!‹ Und so ging das weiter. Aber das war in einer Tonart, der gegenüber die früheren Tobsuchtsanfälle noch wie das sanfte Säuseln eines Windchens waren. […] Letzten Endes entspricht diese Zuspitzung auf das kirchliche Gebiet dem inneren Sachverhalt und zeigt, dass Freisler eben doch ein guter politischer Richter ist. Das hat den ungeheuren Vorteil, daß wir nun für etwas umgebracht werden, was wir a) getan haben und was b) sich lohnt.« Und dann folgt das schöne Zitat über ihn als Märtyrer für den heiligen Ignatius von Loyola, das bereits erwähnt wurde.

Am Ende dieses Nahkampfes, über den Moltke sagt: »Gott sei Dank, daß ich flink bin und Freislers Tempo spielend mitmachte, das machte uns beiden sichtlich Freude«, heißt es: »Mir war, als ich zum Schlußwort aufgerufen wurde, so zumute, daß ich beinahe gesagt hätte: Ich habe nur eines zu meiner Verteidigung anzuführen: ›Nehmen sie den Leib, / Gut, Ehr, Kind und Weib, / Laß fahren dahin, / Sie haben's kein Gewinn, / Das Reich muß uns doch bleiben.‹ Aber das hätte doch die anderen nur belastet; so sagte ich nur: ›Ich habe nicht die Absicht, etwas zu sagen, Herr Präsident.‹«

Er verzichtet darauf, seine Überlegenheit zu zeigen. Man kann das diszipliniert nennen, aber ich denke, es ist mehr: Es verrät die tiefe Gelassenheit eines Menschen, der sich der Gegenwart Gottes gewiss ist. Moltke wusste, wie Freisler auf das Wort »Reich« reagieren würde. Wer Freislers geifernde Stimme von den Tonbändern her im Ohr hat, kann ihn geradezu hören: »Das Reich – –?« So hatte er auf den Einwand des Grafen Schwerin, die vielen Morde hätten ihn zu seinem Widerstand veranlasst, gejault: »Morde – –?« Moltke braucht sich nicht als der Überlegene zu zeigen; es würde nur den anderen Angeklagten schaden.

Es ist Moltke in diesem scharfen Verhör tatsächlich gelungen, alle Anklagepunkte zu entkräften. Intellektuell hatte er den Nahkampf gewonnen, und er freut sich darüber. Aber entscheidend ist für ihn etwas anderes. Er schreibt an seine Frau: »Wie gnädig ist der Herr mit mir gewesen. Selbst auf die Gefahr hin, daß es hysterisch klingt: Ich bin so voll Dank, eigentlich ist für nichts anderes Platz. Er hat mich die zwei Tage so fest und klar geführt: Der ganze Saal hätte brüllen können wie der Herr Freisler, und sämtliche Wände hätten wackeln können, und es hätte mir gar nichts gemacht; es war wahrlich so, wie es in Jesaja 43,2 heißt: ›Und so du durch Wasser gehst, will ich bei dir sein, daß dich die Ströme nicht sollen ersäufen; und so du ins Feuer gehst, sollst du nicht brennen, und die Flamme soll dich nicht versengen.‹ – Nämlich deine Seele.«

Moltke macht seine Erfahrungen an biblischen Texten, die Eugen Gerstenmaier ihm zur Lektüre empfohlen hat. Wir kennen Gerstenmaier vor allem als Mitarbeiter von Bischof Heckel, einem willigen Diener des Nazistaates. Wir kennen ihn als Gründer des Evangelischen Hilfswerks und als Bundestagspräsidenten. Aber es gibt eben auch das, was eine Biografie plötzlich auf eine Höhe hebt, die die Kritik, die man an dem Davor und Danach haben mag, zum Schweigen bringt. Als Mitglied des Kreisauer Kreises hat Eugen Gerstenmaier eine wichtige und positive Rolle gespielt. Moltkes Seelsorger oder gar seinen Seelenführer wird man ihn allerdings nicht nennen können. Moltke liest die von ihm vorgeschlagenen Texte anders als er. Freya von Moltke hat die Textvorschläge auch und liest täglich dieselben Bibelstellen wie ihr Mann.

»Für heute abend hatte Eugen uns aufgeschrieben Luk. 5, 1–11. Er hatte es anders gemeint, aber es bleibt wahr, daß dies für mich ein Tag eines großen Fischzuges war und daß ich heute abend mit Recht sagen kann: ›Herr, gehe von mir hinaus, ich bin ein sündiger Mensch.‹ Und was haben wir, mein Lieber [d. i. Freya], gestern Schönes gelesen: ›Wir haben aber diesen Schatz in irdenen Gefäßen, auf daß die überschwengliche Kraft sei Gottes und nicht von uns. Wir haben allenthalben Trübsal, aber wir ängstigen uns nicht. Wir leiden Verfolgung, aber wir werden nicht verlassen. Wir werden unterdrückt, aber wir kommen nicht um. Und tragen allezeit das Sterben unseres Herrn Jesu an unserem Leibe, auf daß auch das Leben des Herrn Jesu an unserm Leibe offenbar werde.‹ Dank, mein Herz, vor allem dem Herrn, dank, mein Herz, Dir für Deine Fürbitte, Dank allen anderen, die für uns und für mich gebetet haben. Dein Wirt [eine humorvolle Bezeichnung für ihren Mann], Dein schwacher, feiger, ›komplizierter‹, sehr durchschnittlicher Wirt, der hat das erleben dürfen. Wenn ich jetzt gerettet würde – was ja bei Gott nicht wahrscheinlicher oder unwahrscheinlicher ist als vor einer Woche –, so muß ich sagen, daß ich erst einmal mich wieder zurechtfinden müßte, so ungeheuer war die Demonstration von Gottes Gegenwart und Allmacht. Er vermag sie eben auch zu demonstrieren, und zwar ganz unmißverständlich zu demonstrieren, wenn er genau das tut, was einem nicht paßt. Alles andere ist Quatsch. […]
Möge Gott Dir so gnädig sein wie mir, dann macht selbst der tote Ehewirt [Ehemann] gar nichts. […] Ich sollte wohl von Dir Abschied nehmen – ich vermag's nicht; ich sollte wohl der Lasten gedenken, die jetzt auf Dich fallen – ich vermag's nicht. Ich kann

Dir nur eins sagen: Wenn Du das Gefühl absoluter Geborgenheit erhältst, wenn der Herr es Dir schenkt, was Du ohne diese Zeit und ihren Abschluß nicht hättest, so hinterlasse ich Dir einen nicht konfiszierbaren Schatz, dem gegenüber selbst mein Leben nichts wiegt. Diese Römer, diese armseligen Kreaturen von Schulze und Freisler, nicht einmal begreifen würden sie, wie wenig sie nehmen können!«

Der Ausdruck »diese Römer« deutet gerade nur an, dass Moltke seinen Prozess als einen Prozess in der Nachfolge des Gekreuzigten versteht. Die Briefe sind, dem Thema entsprechend in einem hohen Ton geschrieben. Besonders überzeugend aber finde ich, dass durchaus nicht alles in diesem hohen Ton gesagt wird. Mitten in einem feierlichen Text steht da plötzlich: »Alles andere ist Quatsch.« Moltke weiß, dass er weiter verhört und gefoltert werden könnte und schreibt: »Kratze, bitte, an den Türen; denn vielleicht hält sie das doch von zu argen Prügeln ab.« Von seinem Verteidiger berichtet er, der sei »etwas schockiert über meine gute Laune gewesen; daran siehst Du, daß es gar nicht zu unterdrücken war«.

Mit Lebensüberdruss oder »frommer Weltflucht« hat das alles also überhaupt nichts zu tun. Moltke sagt, er fühle sich gar nicht »jenseitig«. Du siehst ja, daß ich mich lieb mit Dir unterhalte, statt mich dem lieben Gott zuzuwenden. In einem Liede heißt es [hier zitiert er Philipp Spitta]: ›Denn der ist zum Sterben fertig, der sich lebend zu Dir hält.‹ Genauso fühle ich mich. Ich muß mich, da ich heute lebe, eben lebend zu ihm halten; mehr will er gar nicht. Ist das pharisäisch? Ich weiß es nicht. Ich glaube aber zu wissen, daß ich nun in seiner Gnade und Vergebung lebe und nichts von mir habe oder von mir vermag.«

Die Aussagen, derentwegen ich von einer »mystischen Erfahrung« spreche, folgen dann am nächsten Tag. Wieder ist es ein Tag mit besonderen biblischen Texten und ein Tag der Erinnerung an den bestandenen Nahkampf. Wieder liest er die von Gerstenmaier ausgewählten Texte. Er schreibt: »Bisher habe ich nur den Josua und unsere Korintherstelle gelesen, die mit dem schönen, so vertrauten, von Kind auf gehörten Satz schließt: ›Die Gnade unseres Herrn Jesu Christi und die Liebe Gottes und die Gemeinschaft des

Heiligen Geistes sei mit euch allen. Amen.‹ Ich habe das Gefühl, mein Herz, als wäre ich autorisiert, Dir und den Söhnen das mit absoluter Autorität zu sagen. Darf ich da nicht den 118. Psalm, der heute morgen dran war, mit vollem Recht lesen? Eugen hat ihn sich zwar für eine andere Lage gedacht, aber er ist viel wahrer geworden, als wir es je für möglich hielten.« Es ist der Psalm mit den Versen: »Man singt mit Freuden vom Sieg in den Hütten der Gerechten ... Schmückt das Fest mit Maien bis an die Hörner des Altars.« Moltkes Brief ist der Jubel eines Menschen, den der lebendige Gott zum Sieger erklärt hat.

> »Mein Herz, eben kommt Dein sehr lieber Brief. Der erste Brief, mein Herz, in dem Du meine Stimmung und meine Lage nicht begriffen hast. Nein, ich beschäftige mich gar nicht mit dem lieben Gott oder meinem Tod. Er hat die unaussprechliche Gnade zu mir zu kommen und sich mit mir zu beschäftigen. Ist das hoffärtig? Vielleicht. Aber er wird mir noch so vieles vergeben heute Abend, daß ich ihn schließlich um diese letzte Hoffart auch noch um Vergebung bitten darf. Aber ich hoffe ja, daß es nicht hoffärtig ist, denn ich rühme ja nicht das irdene Gefäß, nein, ich rühme den köstlichen Schatz, der sich dieses irdenen Gefäßes, dieser ganz unwürdigen Behausung bedient hat. [...]
> Mein Herz, darum bekommst Du auch Deinen Brief trotz Deiner Bitte zurück. Ich trage Dich mit hinüber und brauche dafür kein Zeichen, kein Symbol, nichts. Es ist nicht einmal so, daß mir verheißen wäre, ich würde Dich nicht verlieren; nein, es ist viel mehr: ich weiß es.«

Moltke sieht sein ganzes Leben vor sich und erkennt, dass er, ohne es zu wissen, von Gott lebenslang auf den Prozess vor dem Volksgerichtshof vorbereitet wurde. Freisler hatte gesagt: »Herr Graf, eines haben das Christentum und wir Nationalsozialisten gemeinsam, und nur dies eine: Wir verlangen den ganzen Menschen.« Moltke schreibt:

> »Ob er sich klar war, was er da gesagt hat? Denk mal, wie wunderbar Gott dies sein unwürdiges Gefäß bereitet hat: In dem Augen-

blick, in dem die Gefahr bestand, daß ich in die aktive Putschvorbereitung hineingezogen wurde – Stauffenberg kam am Abend des 19. Januar 1944 zu Peter [Yorck] –, wurde ich rausgenommen [d.h. verhaftet], damit ich frei von jedem Zusammenhang mit der Gewaltanwendung bin und bleibe. – Dann hat er in mich jenen sozialistischen Zug gepflanzt, der mich als Großgrundbesitzer von jedem Verdacht einer Interessenvertretung befreit. – Dann hat er mich so gedemütigt, wie ich noch nie gedemütigt worden bin, so daß ich allen Stolz verlieren muß, so daß ich meine Sündhaftigkeit endlich nach 38 Jahren verstehe, so daß ich um Vergebung bitten, mich seiner Gnade anvertrauen lerne. – Dann läßt er mich hierher kommen, damit ich Dich gefestigt sehe und frei von Gedanken an Dich und die Söhnchen werde, d.h. von sorgenden Gedanken; er gibt mir die Zeit und Gelegenheit, alles zu ordnen, was geordnet werden muß, so daß alle irdischen Gedanken abfallen können. – Dann läßt er mich in unerhörter Tiefe den Abschiedsschmerz und die Todesfurcht und die Höllenangst erleben, damit auch das vorüber *ist.* – Dann stattet er mich mit Glaube, Liebe und Hoffnung aus, mit einem Reichtum an diesen Dingen, der wahrhaft überschwenglich ist. [...] Dann läßt er Rösch und König [die beiden Jesuiten, die sich verstecken konnten] entlaufen, damit es zu einem Jesuitenprozeß nicht reicht und im letzten Augenblick Delp an uns angehängt wird. ... dann gibt er Eugen und Delp durch die Hoffnung, die menschliche Hoffnung, die sie haben, jene Schwäche, die dazu führt, daß ihre Fälle nur sekundär sind, und daß das Konfessionelle weggenommen wird, und dann wird Dein Mann ausersehen, als Protestant vor allem wegen seiner Freundschaft mit Katholiken attackiert und verurteilt zu werden, und dadurch steht er vor Freisler [...] als Christ und als gar nichts anderes. [...] Alles bekommt nachträglich einen Sinn, der verborgen war. [...] Für diese eine Stunde hat sich der Herr all diese Mühe gegeben.«

Dann heißt es: »Ich habe ein wenig geweint, eben, nicht traurig, nicht wehmütig, nicht weil ich zurück möchte; nein, sondern aus Dankbarkeit und Erschütterung über die Dokumentation Gottes. Uns ist es nicht gegeben, ihn von Angesicht zu Angesicht zu sehen, aber wir müssen sehr erschüttert sein, wenn wir erkennen, daß er ein ganzes Leben hindurch am Tage als Wolke und bei der Nacht als Feuersäule vor uns hergezogen ist, und daß er es uns erlaubt, das plötzlich, in einem Augenblick zu sehen. Nun kann nichts mehr geschehen.«

Moltke meint, viele seiner Briefe aus den vorhergehenden Tagen wären nun wohl durch den Prozesstag überholt. »Die werden sich demgegenüber lesen wie kalter Kaffee.« Da ist wieder dieser köstliche Knick in der Hochsprache, der das Ganze noch liebenswerter und noch glaubwürdiger macht, als es so schon wäre. »Daß ich die Hoffnung habe, daß die Söhnchen eines Tages diesen Brief verstehen werden, ist klar, aber ich weiß, daß es eine Frage der Gnade ist, nicht irgendeiner äußeren Beeinflussung. ... Mein Herz, mein Leben ist vollendet, und ich kann von mir sagen: er starb alt und lebenssatt. Das ändert nichts daran, daß ich gerne noch etwas leben möchte, daß ich Dich gerne noch ein Stück auf dieser Erde begleitete. Aber dann bedürfte es eines neuen Auftrages Gottes. Der Auftrag, für den mich Gott gemacht hat, ist erfüllt. Will er mir noch einen neuen Auftrag geben, so werden wir es erfahren. Darum strenge Dich ruhig an, mein Leben zu retten, wenn ich diesen Tag überleben sollte.«

Ich fasse zusammen: Von einer mystischen Erfahrung kann man sprechen, wenn für einen Menschen in einer bestimmten Situation die Gegenwart Gottes wirklicher wird als die Wirklichkeit der Welt. Solche Erfahrungen sind nicht herstellbar. Sie sind ein Geschenk Gottes. Als Liebeserfahrung sind sie mit einem unvergleichlichen Glücksgefühl verbunden. Das hat bei Moltke die Sprache der Abschiedsbriefe geprägt.

Der Mensch, der das erfährt, sieht sein Leben in einem neuen Licht, als ein Leben, um das Gott sich Mühe gegeben hat. Mystische Erfahrungen dieser Art sind, um mit Luther zu sprechen, erlebte »Rechtfertigung des Sünders aus Gnade«. In der Sprache Bonhoeffers: Hier ist ein Mensch »vom Vorletzten zum Letzten« durchgedrungen und kann das klar beschreiben.

Dem Menschen, der das erlebt, wird es »gleich gültig« – im Sinne von »gleichermaßen gültig, gleichermaßen richtig« – ob er weiter lebt oder stirbt, wenn nur Gottes Wille geschieht. Diese »Gleichgültigkeit« ist also nicht das, was wir so zu nennen pflegen, denn sie wird als eine große Kraft erlebt. Das findet sich so auch bei Therese von Avila und Johannes vom Kreuz. Dazu gehören auch die Tränen des von Gottes Gegenwart überwältigten Menschen, die Moltke beschreibt. Mystische Erfahrungen verleiten nicht zur Weltflucht, sondern geben Kraft zu erneutem Widerstand. Über die Diesseitigkeit ihres Glaubens sprechen Bonhoeffer und Moltke, als hätten sie den Gedanken im Gespräch miteinander gewonnen.

Nachtrag

Zu diesem Kapitel, das auf dem ältesten der fünf Vorträge basiert, ist eine Ergänzung notwendig geworden. Als ich den ursprünglichen Text im Jahr 2000 verfasste und in Eisenach zum ersten Mal vortrug, waren nur wenige der Briefe, die Helmuth James von Moltke aus dem Gefängnis in Tegel an seine Frau Freya geschrieben hat, bekannt. Sie waren 1972 in dem von Michael Balfour und Julian Frisby verfassten Buch ›Helmuth James von Moltke, a Leader against Hitler‹ in London veröffentlicht worden. Die beiden Verfasser hatten Moltke persönlich gekannt und gehörten nach dem Krieg zum Freundeskreis von Freya von Moltke. Die übernahm es, das Buch nicht nur zu übersetzen, sondern es in Absprache mit den Verfassern für das damalige deutsche Publikum zu bearbeiten. Sie erschien dann auf Wunsch von Balfour und Frisby an oberster Stelle als Mitverfasserin. Das deutsche Buch erschien 1975 mit dem Titel ›Helmuth James von Moltke 1907–1945, Anwalt der Zukunft‹.

Dass die Briefe aus Tegel zu einem sehr viel ausführlicheren Briefwechsel des Ehepaares gehörten, war nur ganz wenigen Menschen bekannt, unter ihnen Harald Poelchau, der die Briefe als Gefängnispfarrer von Tag zu Tag unter seinem Hemd verborgen und hin und her getragen hatte. Freya von Moltke hat diesen Briefwechsel als einen Schatz, der ihr allein gehörte, gehütet. Vor ihrem Tod sollte die Öffentlichkeit nichts davon erfahren. So wurde das im Jahr 2010 von Helmuth Caspar von Moltke und Ulrike von Moltke herausgegebene Buch ›Abschiedsbriefe Gefängnis Tegel‹, das sehr zu Recht dem Andenken Harald Poelchaus gewidmet ist, zu einer literarischen Überraschung. »Was für ein unerträgliches, was für ein schönes Buch«, heißt es in der Rezension von Martin Doerry.

Es sei mir erlaubt, in diesem Nachtrag eigene Erlebnisse und Gedanken mitzuteilen, weil meine These, Moltke habe mystische Gotteserfahrungen gemacht, den meisten Lesern ungewöhnlich vorkommen dürfte. Ich war 1957 als Pfarrer einer kleinen deutschen Gemeinde im Norden Englands nach Berlin zu einer »Bibelwoche« eingeladen worden. Zu diesen Tagungen kamen jeweils etwa 25 Christen aus der DDR, aus Westberlin und der Bundesrepublik in einem kirchlichen Haus im Grunewald zusammen. Das Rahmenprogramm, u. a. mit der unvermeidlichen Stadtrundfahrt, lag bereits fest, ehe ich eintraf. Als einer der Höhepunkte für uns alle erwies sich der Vortrag einer Dame um die fünfzig, die uns etwas über den Widerstand gegen Hitler berichten sollte. Es war Freya von Moltke, die über den Kreisauer Kreis und den Widerstand gegen Hitler, an dem ihr Mann und viele seiner Freunde beteiligt gewesen waren und in dem die meisten von ihnen ihr Leben verloren hatten, berichtete. Für die Mehrheit von uns war das völlig neu. Es war ein historisch-politischer Vortrag, und ich erinnere mich bis heute an die tiefe Ergriffenheit der Gruppe.

Von dem, was ich 1975 in dem aus dem Englischen übersetzten Gedenkbuch las und was mich viele Jahre später dazu bewog, einen Vortrag über Moltkes Auftreten vor dem Volksgerichtshof und seine damit verbundenen Gotteserfahrungen zu halten, war in Freya von Moltkes Rede 1957 nichts zu spüren.

Ich hatte in den 80er-Jahren Spuren von mystischen Erfahrungen im Werk Dietrich Bonhoeffers entdeckt, hatte einen Vortrag vor der Bonhoeffer-Gesellschaft darüber gehalten und war »wegen dieses Unfugs« heftig angegriffen worden. Als ich mich dann bei einer weiteren Tagung verteidigen durfte, erinnerte ich mich an die Gefängnisbriefe Moltkes aus dem Gedenkbuch und schrieb darüber den diesem Kapitel zugrunde liegenden Vortrag, mit dem ich nachzuweisen hoffte, dass das, was ich bei Bonhoeffer entdeckt hatte, so singulär gar nicht war. Schon darin steht der Satz: »Die Erfahrungen christlicher Mystiker, die ich aus der Literatur kenne, sind alle nachträglich abgefasst und beschreiben die Gotteserfahrungen ›nach der Rückkehr in den Alltag‹. Bei Moltkes Abschiedsbriefen ist es anders. Sie wirken stellenweise geradezu so, als sei die Ehefrau gegenwärtig und nehme an der Erfahrung teil, weil er schreibend mit ihr redet, während er die Erfahrung macht.«

Dass Moltke sich ganz sicher war, dass seine Frau die Erfahrungen, die er machte, teilen konnte, ging bereits aus den wenigen damals bekannten Briefen hervor. Dann kamen nach dem Tod der Gräfin Moltke die ›Abschiedsbriefe Gefängnis Tegel‹ heraus, und ich fand das, was ich über Moltkes Gotteserfahrungen gesagt hatte, nicht nur bestätigt, sondern weit übertroffen.

Die Briefe haben aber noch ein zweites Thema: Moltke hat im Gefängnis diese für ihn unvergleichlichen Erfahrungen gemacht und zur gleichen Zeit in immer neuen Anläufen um sein Überleben gekämpft; und wir lesen, wie seine Frau unermüdlich durch das schon weitgehend zerstörte Berlin fährt oder läuft, um die Rettungspläne ihres Mannes umzusetzen. Sie dringt bis zu Freisler und zu dem nicht weniger schrecklichen SS-General Müller vor; sie sucht und findet Mitstreiter; sie reist zwischendurch immer wieder nach Kreisau, wo sie ihre beiden kleinen Söhne in guter Obhut zurückgelassen hat, kehrt nach Berlin zurück und kämpft unermüdlich weiter. Ohne die tiefe Freundschaft, die Dorothee und Harald Poelchau ihr von Tag zu Tag entgegengebracht haben, hätte sie das alles kaum durchstehen können. Harald Poelchau ist es wohl auch gewesen, der ihr die in Tegel gewonnene Glaubenszuversicht ihres Mannes, die sie ja so nicht kannte, wann immer es nötig war, »übersetzt« hat. Diese Verwandlung eines eng vertrauten Menschen hätte sie ja auch sehr erschrecken können, zumal sie ihren Mann nicht sehen und direkt sprechen konnte. Wenn das ausnahmsweise erlaubt wurde, saß jemand vom Gefängnispersonal dabei. Sie hat aber – das zeigen besonders die Briefe vor und nach der gemeinsamen Abendmahlsfeier im Gefängnis, bei der Poelchau mit dem Ehepaar allein war – die Erfahrungen ihres Mannes nicht nur teilen wollen, sondern auch teilen können.

Aber – und darum schreibe ich diesen »Nachtrag« – darauf angesprochen werden wollte sie nicht. Sie musste, gleich nachdem ihr Mann in Plötzensee ermordet worden war, mit zwei Kindern und vielen Gutsangehörigen und Flüchtlingen die Flucht aus Schlesien organisieren und als das geschafft war, in Südafrika versuchen, ein neues Leben aufzubauen. Zeit zu trauern blieb ihr kaum; und die vielen Aufgaben hätte eine »Mystikerin« nie und nimmer bewältigen können. Das Verständnis für Mystik gehörte für sie zu der Zeit, in der sie ihren Mann bis zu seinem Tod begleitet hatte. Unmittelbar danach musste sie dann ihre außergewöhnliche, ganz der Welt zugewandte Energie aufbieten, um mit ihren noch kleinen Kindern zu überleben. Und weil sie beides konnte und getan hat, ist sie in allen Phasen ihres langen Lebens ein mitreißendes Vorbild für viele Menschen gewesen und wird es hoffentlich immer bleiben.

Ich glaube allerdings, dass sie die Tegeler Erfahrungen wie einen Schatz, der nicht nur ihr gehörte, gehütet hat und möchte dazu noch einmal persönliche Erinnerungen anführen. Ich habe 2007 unseren jüngeren Sohn nach Berlin begleitet, als dort Helmuth James von Moltkes 100. Geburtstag mit einer Tagung und einem Festakt feierlich begangen wurde. Ich wollte die Frau, die mich 1957 so nachhaltig beeindruckt hatte, noch einmal sehen. Freya von Moltke stand mit ihren 96 Jahren im Mittelpunkt dieser unvergesslichen Tage. Unser Sohn, Hellmut Schlingensiepen, arbeitete damals an seinem Drehbuch zu einem filmischen Porträt über Helmuth James von Moltke. Den fertigen Film durften sein Partner Christian Coers und er Freya von Moltke ein Jahr später in Vermont vorstellen, und die war so angetan von dem Ergebnis, dass sie zu einem gefilmten Interview von über einer Stunde bereit war. Es wurde das letzte ihres Lebens. Nachmittags kam die Witwe von Conrad von Moltke, Freyas jüngerem Sohn, dazu. Sie ist Filmwissenschaftlerin, und als man den Film mit ihr noch einmal angesehen hatte, fragte sie, ob die christlichen Gedanken am Ende des Films nicht zu stark in den Vordergrund gerückt würden. Da sagte Freya von Moltke: »Aber so war es doch!« Schon damals hatte sie entschieden, dass die Gefängnisbriefe nach ihrem Tode veröffentlicht werden dürften.

Harald Poelchau –
der furchtlose Gefängnispfarrer und Helfer

I

Drei Szenen aus dem Leben Harald Poelchaus sollen zu Beginn einen Eindruck davon geben, worum es im Folgenden gehen wird.

Die erste Szene erzähle ich hier nicht aus Freude an gruseligen Geschichten, sondern um zu zeigen, in was für einem Umfeld Harald Poelchau tätig war. Anfang April 1934 wies der Vorgesetzte der sieben evangelischen Gefängnisgeistlichen in Berlin den 30-jährigen Pfarrer Harald Poelchau an, den wegen Raubmord zum Tode verurteilten Willi K. auf sein Ende vorzubereiten und auch bei der Hinrichtung anwesend zu sein. Den Einwand Poelchaus, er sei noch ganz unerfahren, ließ der Vorgesetzte nicht gelten. Gefängnispfarrer waren Staatsbeamte, und der Neuling sollte wohl so früh wie möglich mit den Härten dieses Amtes konfrontiert werden. Poelchau war in den Tagen davor aufgewühlt und schlief nachts kaum. Der Häftling sei »unausgereift, ziemlich primitiv, klein und kräftig« gewesen, hat er später gesagt, aber er habe »nicht wie ein Mörder gewirkt«. Poelchau half ihm, einen Abschiedsbrief an seine Angehörigen zu schreiben. Willi K. nahm seine Henkersmahlzeit ein und legte sich schlafen, während der Pfarrer bei ihm wachte. Der nächste Morgen blieb Poelchau unauslöschlich im Gedächtnis: »Auf dem Gefängnishof stand ein Altar mit Kerzen und einem Kruzifix. [...] Vor dem Altar standen ein Vertreter des Gerichts im Talar und zwei Beisitzer. Der Anstaltsleiter und der Anstaltsarzt waren zugegen. Der Scharfrichter im schwarzen Cut (einer Herrenjacke für festliche Anlässe) und die Henkersknechte hielten sich bereit. Das Urteil wurde verlesen. Willi K. wirkte gefasst. Dann warfen ihn die Henkersknechte blitzschnell zu Boden, drückten ihn über den Bock, und der Scharfrichter enthauptete ihn mit dem Handbeil.«

Er habe sich gefühlt, »als bliebe etwas von dem vergossenen Menschenblut an ihm haften«, schreibt Poelchau. Hätte man ihm damals gesagt, er werde eine derartige Szene mehr als 200-mal durchstehen und weit über 1000 Menschen darauf vorbereiten müssen, er hätte sein Amt wohl niedergelegt. Zu dem Dienst des Gefängnispfarrers gehörte anschließend noch ein Besuch bei der Mutter des Getöteten. Die wollte sich, als sie hörte, dass ihr Sohn tot war, aus dem Fenster stürzen. Poelchau musste versuchen, sie daran zu hindern, und sich gleichzeitig ihres großen Hundes erwehren, der darin einen Angriff auf seine Herrin sah.

Die zweite Szene spielt acht Jahre später: Im Dezember 1942 erschien bei Poelchaus eine etwas quirlige Frau mit einem verängstigten etwa acht Jahre alten Kind. Sie sagte, sie sei eine Jüdin aus Österreich und gelernte Damenschneiderin. Ob Poelchau ihr, wenn es notwendig werden sollte, helfen könne unterzutauchen. Der fragte, woher sie seinen Namen habe, aber der Name, den sie nannte, sagte ihm nichts. Wie Hunderte Male zuvor und danach galt es, innerhalb von Sekunden zu entscheiden, ob die Frau ein Spitzel der Gestapo war oder ob sie tatsächlich Hilfe brauchte. Poelchau entschied sich, ihr zu helfen. Das war in ihrem Fall verhältnismäßig leicht, denn Damenschneiderinnen waren gesucht, so dass sie mit ihrer Arbeit für ihre Tochter und sich das Nötigste absichern konnte. Was aber sollte aus dem Kind werden? Kurze Zeit später war es so weit. Die Frau, die in einer Fabrik zwangsverpflichtet war, sah, wie draußen die SS vorfuhr. Sie sagte dem Aufseher, ihr sei schlecht geworden, sie müsse rasch zur Apotheke. Ihre Sachen ließ sie am Arbeitsplatz liegen, eilte nach Hause, ergriff ihre Tochter und stand wenig später bei Poelchaus vor der Tür. Eine Stelle im Untergrund war bereits gefunden; die Kleine behielt Dorothee Poelchau fürs erste in ihrer Wohnung. Sie sagte ihr, sie hieße jetzt Tina Weiß und übte mit ihr ein, was sie erzählen müsse, wenn sie gefragt werde, wer sie sei und woher sie komme. Als sie dem Kind abends ein Märchen vorlas, in dem ein alter König starb, fragte die Achtjährige: »Tante, wie haben sie ihn denn umgebracht? Wurde er vergast oder hat er sich das Leben genommen?« Mutter und Tochter haben nach weiteren Abenteuern, bei denen Harald und Dorothee Poelchau jeweils für einen guten Ausgang sorgen konnten, überlebt.

Die dritte und letzte Szene, ehe ich mich dem Leben Harald Poelchaus vor der NS-Zeit zuwende: Nach dem 20. Juli 1944 waren neben den Verschwörern auch ihre Ehefrauen verhaftet worden. Barbara von Haeften hat später erzählt, wie sie in ihrer Zelle in Moabit saß, vom Schicksal ihres Mannes Hans-Bernd von Haeften noch nichts wusste und sich vor allem um ihre Kinder sorgte, die von der SS an einen unbekannten Ort verschleppt worden waren. Da tat sich die Tür auf und sie dachte im ersten Augenblick, sie sähe eine überirdische Erscheinung. Jahre später schrieb sie: »In einem anderen Jahrhundert hätte ich deinen Besuch als eine Engelerscheinung beschreiben können. In eine Wolke gehüllt standest du unerwartet und unvermittelt plötzlich in meiner Zelle. Heute geniert man sich und würde einfach sagen: durch meine verweinten Augen konnte ich dich kaum wahrnehmen. – Erkennen konnte ich dich ja sowieso nicht; denn ich hatte dich noch nie gesehen.«

Das Wort »Engel« ist vielen in den Sinn gekommen, wenn sie über Harald Poelchau sprachen: Freya von Moltke, Clarita von Trott zu Solz, Marion Yorck von Wartenburg und sogar Bischof Scharf. Poelchaus Zahnarzt hat ihn während der wilden letzten Jahre vor dem Kriegsende gar einen »Erzengel« genannt und beschrieb ihn so: »Er scheint überhaupt keine Angst zu kennen. Es kommt keine Gefahr an ihn heran, auch wenn er ihr direkt in den Rachen läuft.« Einmal stauten sich in dem kleinen Flur vor Poelchaus Wohnung so viele Menschen, dass ein Freund, der das mitbekam, meinte, das sei doch viel zu gefährlich. Poelchau erwiderte: »Aber was sollen wir machen? Ich kann doch niemanden wegschicken, der Hilfe braucht.«

Ich habe in den zurückliegenden Monaten viele Menschen gefragt, was sie mit dem Namen Poelchau verbänden. Die meisten hatten den Namen noch nie gehört; dabei ist Harald Poelchau eine der beeindruckendsten Gestalten in der Geschichte des deutschen Widerstands.

Am 24. September 1941 schrieb Helmuth James von Moltke an seine Frau, er habe den Gefängnispfarrer Poelchau kennengelernt. »Er hat mir sehr gut gefallen: jung, aufgeschlossen und einsatzfähig. Wie [aber] ein Mann, der Woche um Woche vielen Hinrichtungen beiwohnt, seine seelische Eindrucksfähigkeit und seine Nerven behalten und dann noch gut gelaunt sein kann, ist mir ein Rätsel.«

Wie man ein solches Leben aushält, haben schon damals und erst recht nach dem Krieg viele Menschen gefragt. Poelchau hat, wenn er darauf angesprochen wurde, immer nur kurz geantwortet, das sei »eine Frage des Glaubens«, und Glaube hatte für ihn, wie für Dietrich Bonhoeffer, dessen Freund er später im Gefängnis von Tegel geworden ist, immer auch mit einer Willensentscheidung zu tun.

Die Mitarbeiter der Geheimdienste folgen der Regel: Was mehr als zwei Menschen wissen, bleibt kein Geheimnis. Die Poelchaus brauchten für ihre Taten viele Helfer überall in Berlin; und so ist es bis heute ein Rätsel, wie ihre gegen das NS-Regime gerichtete Arbeit den Behörden verborgen bleiben konnte. Ganz unbeteiligte Menschen hörten von dem, was sie taten, und halfen mit. Im Tagebuch der jungen Journalistin Ursula von Kardorff heißt es am 26. Oktober 1944: »Ging heute früh zum Tegeler Zuchthauspfarrer Poelchau, um etwas Speck für Gefangene bei ihm abzugeben. Lala Hardenberg […] kam mit. Sie hatte heute keinen Dienst im Lazarett, und Furcht kennt sie nicht. Poelchau imponierte uns. Groß, blond, kämpferisch, witzig, fast zynisch. Manchmal redet er im Gefängnisjargon – ich vergaß mitunter ganz, dass ich mit einem Geistlichen sprach. Ständig mit einem Fuß im Zuchthaus, hilft er, wo er kann. […] Menschen wie Poelchau sind ein Hort für die Verzweifelnden. Mit dieser Verbindung von Güte und Mut geben sie einem immer wieder Kraft, wenn man schon ganz an diesem Volk verzagen möchte.«

II

Als ein Mensch, der anderen wie ein Engel erscheint, kommt man nicht auf die Welt. Es stellt sich also die Frage, wie Poelchau zum Helfer so vieler bedrängter Menschen geworden ist. Seine Eltern stammten beide aus Pfarrerfamilien. Der Vater kam aus dem Baltikum, wo zwei seiner Vorfahren lutherische Bischöfe gewesen waren. Er blieb nach dem Studium in Deutschland und wurde in Potsdam, wo sein Sohn am 5. Oktober 1903 zur Welt kam, Hilfsprediger. 1905 wurde er für 30 Jahre Pfarrer im niederschlesischen Brauchitschdorf. Dort ist Harald Poelchau als Einzelkind aufgewachsen.

Der Vater hat die Dreiklassengesellschaft in Preußen, die das Dorf genau widerspiegelte und bei der die Oberen viel, die in der Mitte wenig und die Unteren gar nichts zu sagen hatten, wohl als gottgegeben hingenommen. Darin unterschied er sich nicht von den meisten seiner Kollegen. Es gab erstens den adligen Gutsherrn und seine Familie, zweitens die selbständigen Bauern und drittens die Landarbeiter, die auf dem großen Gut arbeiteten und zu denen im Herbst noch die polnischen Erntearbeiter kamen.

Der Pfarrer wurde ins Schloss eingeladen, der Lehrer nicht. Der Baron auf dem Schloss war zugleich Patronatsherr, der für die Kosten der Kirche aufzukommen hatte. Aber wirklich wichtig scheint ihm das nicht gewesen zu sein.

Im Schloss und im Pfarrhaus sprach man Hochdeutsch, im Dorf den schlesischen Dialekt. Die Bauern hatten ihr Auskommen, während die Landarbeiterfamilien immer in der Gefahr schwebten zu verelenden. Der Junge aus dem Pfarrhaus, der Hochdeutsch sprach, blieb für die Kinder im Dorf ein Fremdling. Wann immer er konnte, stieg er auf den Kirchturm, der nach einem Brand keine Spitze mehr hatte, sondern eine Blechplatte mit einem Ausstieg; und dort saß er mit einem Buch und noch öfter mit dem Fernglas und beobachtete, was im Dorf vor sich ging. Er sah in die Gärten und die Höfe der Dorfbewohner und konnte manchmal von oben her sogar hören, was die Leute sagten. Gespräche mit dem Vater scheint es kaum gegeben zu haben. Der war ein sehr pflichtbewusster Mann, aber er hat wohl nicht bemerkt, wie einsam sein einziges Kind war. Über das Verhältnis Harald Poelchaus zu seiner Mutter habe ich nichts Näheres in Erfahrung bringen können. Über das, was ihn umtrieb, hat er wohl auch mit ihr nicht sprechen können. Er hat schon früh gespürt, dass zwischen dem Evangelium, das der Vater predigte, und der Ordnung des Lebens in Brauchitschdorf keine Übereinstimmung bestand. Er wird später schreiben: »Mit 14 Jahren war dem Kind bewusst, dass diese Ordnung keine göttliche war.«

Als Poelchau zehn Jahre alt war, schickten ihn die Eltern auf die »Ritterakademie« in Liegnitz, ein ursprünglich für adlige Jungen gegründetes Gymnasium. Dass Poelchau wegen seiner zarten Konstitution über das Wochenende nach Hause fahren durfte, hat auch in Liegnitz lange Zeit den Kontakt zu den Klassenkameraden behindert; aber dann schloss er sich den »Kreuzfahrern« an, einem Schülerbibelkreis, in dem lebhaft diskutiert wurde und der sich nach dem Ersten Weltkrieg an den Idealen der »bündischen Jugend« ausrichtete. Mit der Mitgliedschaft im Bibelkreis beginnt Poelchaus eigenständige Entwicklung. Es ging den Mitgliedern um »frei gewählte Hingabe junger Menschen in einer vorwärts gewandten Gemeinschaft«. Einer ähnlich ausgerichteten, viel größeren Gruppe mit großer Ausstrahlung, dem »Köngener Bund«, begegnete Poelchau dann während des Studiums in Tübingen. Als er dort nicht nur Mitglied, sondern einer der ehrenamtlichen Mitarbeiter wurde, war ihm der Grundsatz, »auf andere zu hören, sie nicht zu belehren, zur eigenen Meinung zu stehen, aber die Meinung und Haltung jedes anderen zu respektieren«, in Fleisch und Blut übergegangen. Damit war er über sein Elternhaus hinausgewachsen. Viel später, als sich herumsprach, wie gut er als Seelsorger mit völlig kirchenfremden Menschen im Gefängnis in Kontakt kam, konnte er lächelnd erklären: »Ich habe eine Sprache für die Heiden.« Im Rückblick auf seine Kindheit und Jugend hat er gesagt, in den lutherischen Pfarrhäusern habe eine Atmosphäre des Sündenbewusstseins und des Ringens um Gnade geherrscht, die das Leben passiv mache und besonders bei Jugendlichen in der Spätpubertät leicht zu einer Dauerdepression führen könne. Die imponierende Ichstärke, die ihn später so furchtlos auftreten ließ, hat Poelchau erst in der Jugendbewegung und im Studium entwickeln können. An Freya von Moltke, die eine enge Freundin der Poelchaus geworden war, hat er viele Jahre später geschrieben, ihr Mann habe das Glück gehabt, in einem nicht-christlichen Elternhaus aufzuwachsen. »Wenn man zu christlicher Demut erzogen wird, werden zu früh und am falschen Ort die Qualitätsunterschiede verwischt. Wie viel gesünder ist eine Sicherheit seiner selbst, wie Helmuth sie bei aller Selbstkritik entwickeln konnte.«

Und doch war die Kindheit im Pfarrhaus, die Poelchau so kritisch beschreibt, prägend für das, was aus ihm geworden ist. Ohne sie hätte er sich bei seinen vielen Begabungen wohl kaum für das Studium der Theologie entschieden. Er war ein sportbegeisterter und vor allem ein durch und durch musischer Mensch mit vielen

Möglichkeiten. Aber er wollte wissen, was das Evangelium der in Unordnung befindlichen Welt wirklich zu sagen habe. Ich kenne keine anderen Menschen, auf die das Wort Jesu aus Matth. 25 so genau zutrifft wie auf Harald Poelchau und seine Frau Dorothee: »Ich bin hungrig gewesen, und ihr habt mich gespeist. Ich bin durstig gewesen, und ihr habt mich getränkt. Ich bin ein Gast gewesen, und ihr habt mich beherbergt. Ich bin nackt gewesen, und ihr habt mich bekleidet. Ich bin krank gewesen, und ihr habt mich besucht. Ich bin gefangen gewesen, und ihr seid zu mir gekommen.« (Matth. 25, 34–36)

Gehört haben wird Harald Poelchau dieses Wort Jesu vermutlich zuerst in der Kirche von Brauchitschdorf aus dem Munde seines Vaters. Bei allen Gegensätzen muss es eine Nähe zwischen den beiden gegeben haben; er hätte sonst ein anderes Studienfach gewählt.

Der Vater forderte, dass sein Sohn nicht in Marburg, das als »liberal« galt, sondern in Bethel mit dem Studium zu beginnen habe, sonst werde er ihm nicht mehr als die vorgeschriebenen sechs Semester finanzieren. Der Sohn fügte sich und war überrascht, in Bethel auf eine sehr viel weltoffenere Atmosphäre zu stoßen, als er gedacht hatte. Wichtig wurde für ihn vor allem der Umgang mit den Kranken. Die Bethel-Erfahrung hat er in dem Satz zusammengefasst: »Leid, wirkliches Leid, ist das Gegenteil von Depression.« Er war überrascht, wie weltzugewandt auch die Mitstudierenden in Bethel waren, und führte das zu Recht auf die in Bethel übliche Hilfe bei der Arbeit an den Kranken zurück. »Hatte ich bisher das Christentum nur als depressive Reflexion erfahren, hier begegnete es mir als tätige Hilfe«, wird er später schreiben.

Obwohl Marburg das Ziel seiner Wünsche war, entschloss sich Poelchau - vermutlich, weil ihm Studenten, die auch zur bündischen Jugend gehörten, dazu geraten hatten –, vorher noch nach Tübingen zu gehen. Dort lernte er die Pfarrerstochter Dorothee Ziegele, seine spätere Frau, kennen. In die Tübinger Zeit fielen die ersten Auslandsaufenthalte Poelchaus, eine Reise ins Baltikum, die Heimat seines Vaters, der sich über diese Reise des Sohnes sehr freute. Der machte dann aber auch im Baltikum gesellschaftskritische Beobachtungen. Deutschbalten und Letten waren zwar Mitglieder derselben lutherischen Kirche, hatten aber untereinander keine Gemeinschaft. Wer als Deutscher einen lettischen Partner heiratete, wurde aus der Gemeinschaft der Deutschen ausgeschlossen. Mit dem Geist des Evangeliums hatte das so wenig zu tun wie die Dreiklassengesellschaft daheim.

Die zweite Auslandsreise war typisch für Anhänger der Jugendbewegung: Es war eine Fußwanderung von Süddeutschland über die Alpen bis nach Genua. Mit Zügen reiste der kunstbegeisterte Student weiter nach Rom und Sizilien. Poelchau beobachtete mit Interesse den Wahlkampf Mussolinis. Die katholischen Bauern versprachen sich nichts Gutes von dem lauten und gewalttätigen Anführer der Faschisten.

In Tübingen wurde Poelchau Geschäftsführer des »Köngener Bundes«, der sich unter Leitung des charismatisch veranlagten ehemaligen Baseler Missionars und späteren Indologen Wilhelm Hauer zusammengefunden hatte. Hauer, der als freireligiöser Jugendführer mystische Tendenzen mit Idealismus verband, hat viele Menschen angezogen. Während der NS-Zeit hat er eine »deutsche Glaubensbewegung« gegründet, sich von Himmler feierlich in die SS aufnehmen lassen und die Kirche bekämpft. Trotz dieser Verirrungen haben ihm viele seiner Anhänger aus dem Köngener Bund nach 1945 die Treue gehalten.

Poelchau hat sich schon in den 20er-Jahren von ihm gelöst. Er ging 1924 nach Marburg und fand dort in dem Theologen Paul Tillich den Lehrer seines Lebens. Erst dort sei er »aufgewacht«, schreibt er, und habe in Tillichs Vorlesungen erkannt, dass Theologie und Philosophie immer auch »klingendes Spiel« seien. »Klingendes Spiel«, der Ausdruck stammt von Friedrich Nietzsche und besagt, dass es bei der Teilnahme an geistigen Prozessen immer auch kämpferisch zugehen sollte. Tillich hat dem 21-jährigen Studenten, der einer seiner Lieblingschüler wurde, die theologische und philosophische Literatur des 18. und 19. Jahrhunderts nahegebracht: vor allem Kant, Schelling, Hegel, Schleiermacher und die von ihnen inspirierten Theologen. Noch wichtiger aber war, dass Poelchau in Marburg erkannte, warum ihm die Ordnung der väterlichen Lebenswelt so falsch vorgekommen war. Er lernte, auf die gesellschaftlichen Strukturen zu achten, die die Entwicklung eines Volkes fördern oder behindern können. Wie die Strukturen in

Preußen notwendige Entwicklungen in Brauchitschdorf verhindert hatten, hatte er bereits als Jugendlicher erkannt. Jetzt wurde er unter Tillichs Einfluss ein Anhänger des religiösen Sozialismus, allerdings ohne wie sein Lehrer in die SPD einzutreten. Das war wohl der Grund dafür, dass er trotz seiner sozialistischen Beiträge für politische Zeitschriften den NS-Behörden später nicht als potenzieller Gegner bekannt war, während Tillich, als erster Professor überhaupt, Hitlerdeutschland verlassen musste. Über den religiösen Sozialismus, dessen Anhänger erklärten, es sei Zeit für ein Bündnis der deutschen Protestanten mit der Sozialdemokratie, wäre viel zu sagen. Tillich war z. B. der SPD gegenüber ausgesprochen kritisch eingestellt, obwohl er Mitglied war. Aber über diese Fragen müsste man ein eigenes Kapitel schreiben.

Das Ehepaar Tillich nahm Poelchau in den privaten Freundeskreis auf. Hannah Tillich nannte ihn den »Wiesenprinz« und meinte damit wohl die eigenartig anziehende Mischung aus Eleganz, »Unschuld vom Lande« und Wissbegierde, die den jungen Harald Poelchau ausgezeichnet haben muss. Tillich hat Poelchau 1925 zu seinem Freund, dem Sozialforscher Carl Mennicke, nach Berlin geschickt, und Poelchau sagt, er habe dort in einem Kreis junger Arbeiter in kurzer Zeit »mehr Einsichten gewonnen als auf der Universität«. Ein Industriepraktikum bei Bosch hatte ihm einige Jahre vorher überhaupt nichts gebracht, schon weil er das Schwäbisch der Arbeiter gar nicht verstehen konnte. Jetzt lernte er in Berlin die Lebensbedingungen, das Denken und die politische Haltung junger Arbeiter kennen.

1926 ging Poelchau nach Breslau, um sich auf das erste theologische Examen vorzubereiten und es vor dem dortigen Konsistorium abzulegen. Von da führte sein Weg ins Domkandidatenstift in Berlin, in dem Vikare auf das Pfarramt vorbereitet wurden. Der dortige Direktor erlaubte ihm, nebenher Kurse an der Wohlfahrtsschule von Carl Mennicke zu besuchen. In der Beurteilung durch das Domkandidatenstift heißt es, er sei für eine regelmäßige Beteiligung dort meist etwas zu müde gewesen. Das war nicht weiter verwunderlich, denn Poelchau hatte, als ihm das bescheinigt wurde, die Wohlfahrtsschule mit dem Examen als staatlich geprüfter Fürsorger abgeschlossen. Damit schien ein Weg in die Sozialarbeit vorgezeichnet; umso mehr als Tillich, der auf den philosophischen Lehrstuhl in Frankfurt a. M. berufen worden war, seinen Schüler und Freund als Assistenten an die dortige Universität holte. Poelchau konnte dort 1932 mit einer Arbeit über »Das Menschenbild des Fürsorgerechts« promovieren. Es heißt darin: »Die öffentliche Fürsorge der Gegenwart ruht, wie ihre Gesetzgebung, auf dem Solidaritätsbewusstsein der Helfer mit den Hilfsbedürftigen« und das bedeute, die Hilfe müsse persönlicher Natur sein und Fürsorge und Seelsorge unterschieden sich bei ihrem Einsatz für den Menschen nicht. Mennicke bemängelte an dieser Arbeit »eine letzte Spur beleidigender Barmherzigkeit«; aber Poelchau ließ sich dadurch nicht irre machen. Bei seinen Studien war er auf die Arbeiten Paul Erfurths gestoßen, eines Wuppertaler Pfarrers, der sich in Bonn als Vertreter der Diakonie habilitiert hatte. Erfurth sagte über die Innere Mission, ihre Vertreter hätten »als Beauftragte der Bedürftigen deren Ansprüche mutig und rücksichtslos gegenüber Behörden oder Parteien geltend zu machen«. Durch die Lektüre der Schriften von Erfurth ist Poelchau dazu angeregt worden, sich mit Johann Hinrich Wichern, dem Begründer der Inneren Mission, zu befassen. So hat er sich auch schon früh mit dessen Vorschlägen für eine Gefängnisreform in Preußen befasst. Für Wichern waren die Rechtsbrecher Ausdruck einer durch die Sünde krank gewordenen Gesellschaft. Nicht nur die weggesperrten Gefangenen, sondern mit ihnen die gesamte Gesellschaft sei vor Gott schuldig geworden. Es waren vor allem diese Gedanken, die Poelchaus Haltung gegenüber seinen späteren »Gemeindegliedern«, den Gefangenen in Tegel, geprägt haben. Sie waren für ihn Menschen, denen er von gleich zu gleich gegenüberzutreten hatte. Auch bei ihnen galt es, zuzuhören und darauf zu warten, ob sie bereit waren, sich zu öffnen.

Poelchau hat, der weit verbreiteten Arbeitslosigkeit wegen, trotz einer Anstellung im Fürsorgewesen, die ihm 1928 sein erstes Gehalt und damit die Möglichkeit zu heiraten geboten hatte, auch noch das zweite theologische Examen in Angriff genommen. Um sich darauf vorzubereiten, kehrte er noch einmal nach Breslau zurück. Das für ihn menschlich wichtigste Ereignis seiner zweiten Breslauer Zeit wurde die Begegnung mit Jochen Klepper, dessen Kirchenlieder wenige Jahre später zum festen Besitz der evangelischen Gemeinden geworden sind. Die beiden wurden Freunde. Poelchau sah, wie groß Kleppers Schwierigkeiten mit dem Theologiestudium waren, und riet ihm zu dem Wagnis, freier Schriftsteller zu werden. Die Freundschaft hielt bis zu Kleppers Tod im Dezember 1942.

Dass Poelchau auch das zweite theologische Examen abgelegt hatte, erwies sich als klug und vorausschauend. Aus der Fürsorgearbeit hätten ihn die neuen Machthaber sofort vertrieben; stattdessen übertrug das Justizministerium ihm 1933 eine der drei Gefängnispfarrstellen in Tegel. Der Beamte, der die Ernennung betrieben hatte und Poelchau persönlich kannte, wurde als Sozialdemokrat kurze Zeit später aus dem Justizdienst entlassen und die Ernennungsurkunde unterschrieb bereits der neue preußische Justiz- und spätere Reichskirchenminister Hanns Kerrl. Dadurch wirkte Poelchau wie ein Beamter, der zusammen mit der Hitlerregierung ins Amt gekommen war. Das erwies sich als ein wirksamer Schutz bei seiner Arbeit in den kommenden Jahren.

III

Harald und Dorothee Poelchau hätten im Gefängniskomplex eine Beamtenwohnung bekommen und damit eine Menge Geld sparen können. Dass Dorothee Poelchau lieber in die Afrikanische Str. 140 im Wedding zog, weil sie nicht von der Gefängnisatmosphäre verschluckt werden wollte, erwies sich später als ein Glück für viele gefährdete und bedrängte Menschen. Aber genauso hilfreich war es, dass Poelchau sich einen der Gärten für die Mitarbeiter des Gefängnisses hatte zuweisen lassen. Er konnte Gefangene, mit denen er in Ruhe sprechen oder denen er Lebensmittel zustecken wollte, für die Gartenarbeit anfordern. In dem durch hohe Mauern geschützten Garten konnte man weder beobachtet noch belauscht werden. Sogar das in diesem Garten vergrabene Familiensilber und -porzellan hat er nach dem Krieg wiedergefunden. Ich habe schon angedeutet, dass beide Poelchaus zwölf Jahre lang immer stärkeren seelischen Belastungen ausgesetzt waren. Auch Dorothee Poelchau galt als kühn und völlig bedenkenlos, wenn es darum ging, anderen Menschen zu helfen. Dass Poelchau später, wenn er gefragt wurde, wie er das alles und dazu die tägliche Gefahr, entdeckt und zum Tode verurteilt zu werden, ausgehalten hätte, immer nur kurz geantwortet hat, das sei eine Sache des Glaubens gewesen, habe ich bereits erwähnt. Eine andere Erklärung gibt es wohl auch nicht. Ich halte es aber für entscheidend, dass die Poelchaus und einige mit ihnen befreundete Ehepaare sich über Jahre einen Wochentag freigenommen haben, ihren »Museumstag«. Sie haben dann, jeweils gut vorbereitet, eines der vielen Berliner Museen besucht, gemeinsam gegessen und miteinander diskutiert. Auf diese Weise konnten sie von den täglichen Anforderungen etwas Abstand gewinnen und Atem holen. Poelchau hatte darüber hinaus auf dem Tegeler See ein Segelboot, was ihm immer wieder Möglichkeiten des Rückzuges verschafft hat. Er war seit seiner Jugend ausgesprochen sportlich und brauchte diesen Ausgleich.

Dass Deutschland im Januar 1933 ein NS-Staat geworden war, ist wohl nirgends so rasch sichtbar geworden wie in den Gefängnissen. Sie galten jetzt wieder als reine Strafanstalten. Obwohl sich die Beamten in Tegel nicht hatten »gleichschalten« lassen, mussten sie in ihren Büros Hitlerbilder aufhängen. Poelchau wählte eines mit der Unterschrift: »Der Führer raucht nicht und trinkt nicht. Seine Arbeitsleistung ist ungeheuer.« So habe das Bild wenigstens pädagogischen Wert, meinte er lachend. Die Gefängniswärter waren alte preußische Beamte. Den einzigen eifrigen Nazi empfahl der Gefängnisdirektor, um ihn loszuwerden, für die mittlere Laufbahn.

Die einschneidende Veränderung bestand darin, dass vom Sommer 1933 an ganz andere Menschen ins Gefängnis kamen als bis dahin, nämlich an Stelle der Kriminellen mehr und mehr politische Gefangene: Sozialdemokraten und Kommunisten. Der Vorgesetzte im Haus III, für das Poelchau zuständig war, Emil Schmidt, schätzte den neuen Gefängnispfarrer, der wie er an jedem Gefangenen persönlich interessiert war. Er sorgte für eine menschliche Atmosphäre. Sogar einen Gefangenenchor hatte er gegründet, der neben Volksliedern auch Choräle sang. Poelchau wusste, dass es wichtig war, jetzt nicht aufzufallen, wenn er für die neue Gruppe von Gefangenen da sein wollte. Wer ausschied, würde sogleich durch einen Nazi – in seinem Fall durch einen nazihörigen Pfarrer – ersetzt werden, und das durfte nicht passieren. Er trat, um seine Loyalität als Beamter zu zeigen, der NSV bei, der Organisation, die sich im Namen der Partei um Notleidende zu kümmern hatte. Poelchau kannte nach kurzer Zeit die Namen aller länger einsitzenden Gefangenen, und dass er kein Hitleranhänger war, sprach sich rasch herum. Da die Nazis in den Ministerien wussten, dass die Linken in den Gefängnissen den Pfarrern noch am ehesten Vertrauen entgegenbringen würden, wurde der Gottesdienstbesuch für Gefangene, die aus der Kirche ausgetreten waren, untersagt. Poelchau erfand als Ersatz einen »Religionsunterricht für Dissidenten«. An dem nahmen auch die Kommunisten teil, nachdem sie zuvor die Erlaubnis ihrer illegalen Leitung eingeholt hatten. Poelchau sprach in diesem Unterricht über Fragen, die die Gefangenen existenziell interessierten, und nahm, wenn es gewünscht wurde, die Verbindung zu ihren Angehörigen auf. Dadurch entstand ganz absichtslos ein Netzwerk von Bekannten in Berlin, die Poelchau schätzten; und dieses Netzwerk konnte der Gefängnispfarrer von Tegel später auch nutzen, als es galt, das Leben von untergetauchten Berliner Juden zu retten.

Weil seine Klientel immer vielfältiger wurde und die menschlichen Probleme immer gravierender, fand er, seine Vorbildung reiche nicht aus. Poelchau machte, bei aller Fähigkeit, als Christ mit kirchenfremden Menschen zu reden, nie einen Hehl daraus, dass er beim Ausarbeiten der Predigten für die Gefangenen ausgesprochene Mühe hatte. Aber durch seine Gespräche entdeckte er, dass das, was der Pfarrer auf der Kanzel sagt, nie unabhängig von der Situation ist, in die hinein es gesagt wird. Besonders Gefangene nehmen nur das wahr, was sie innerlich bewegt. Der Gefangene »hört nicht mit dem Intellekt, sondern mit der Seele, er hört nicht rational, sondern emotional; und nur das kommt zur Wirkung, was emotional aufgenommen worden ist«, schrieb Poelchau 1938 in einem Beitrag für das ›Deutsche Pfarrerblatt‹. Das war eine Sicht, die damals neu war.

Poelchau wollte, selbstkritisch wie er war, sehr viel genauer wissen, was bei Gesprächen geschieht und wie Gesprächspartner einander wahrnehmen. In Berlin hatte sich ein Lehrinstitut für Tiefenpsychologie halten können, weil es einem Vetter von Hermann Göring unterstand. In dem Gefühl, er müsse über die seelische Befindlichkeit von Menschen allgemein, besonders aber von Gefangenen mehr in Erfahrung bringen, schrieb Poelchau sich dort als Auszubildender ein. Er wollte »Seelen aus ihren Ängsten lösen können«, und dazu bedurfte es anderer Kenntnisse, als sie in den Seelsorgeseminaren der theologischen Fakultäten damals vermittelt wurden. Poelchau war nicht zuletzt dieser Ausbildung wegen, die er für sich persönlich entdeckt und als notwendig für seine Arbeit erkannt hatte, ein Vorläufer der heutigen Klinischen Seelsorge-Bewegung, die in den Sechzigerjahren aus den USA nach Deutschland gekommen ist und heute bei der Ausbildung aller Pfarrer eine Rolle spielt. Poelchaus Lehrer, der Psychoanalytiker John Karl Friedrich Rittmeister, wurde sein persönlicher Freund.

Die Pogromnacht im November 1938, bei der die jüdischen Geschäfte verwüstet, 100 Juden ermordet und 35 000 in die KZs verschleppt wurden, muss für die Poelchaus ein verstörendes Alarmzeichen gewesen sein. Ein Vetter von Dorothee Poelchau, der württembergische Pfarrer Julius von Jan, hatte in seiner Dorfkirche eine schlichte, aber klare Predigt gegen das Unrecht, das an den Juden verübt worden war, gehalten. Daraufhin war eine von der Partei organisierte Meute erschienen, hatte ihn aus dem Pfarrhaus gezerrt und halb totgeschlagen. Er wurde noch am selben Tag in ein Gefängnis eingeliefert und dann wiederholt zu Haftstrafen verurteilt, bis er nach dem Kriegsende 1945 in seine Pfarrstelle zurückkehren konnte.

Ein anderes Schicksal hat Poelchau wenig später noch stärker mitgenommen. Der Vorsitzende der deutschen Sektion des Versöhnungsbundes, Hermann Stöhr, erklärte, er werde den Wehrdienst verweigern. Er hatte im Ersten Weltkrieg als Marineoffizier gedient und war sehr angesehen. Hohe Offiziere versuchten daher, ihm Brücken zu bauen; aber er blieb bei seiner Haltung, bekam ein Verfahren und wurde zum Tode verurteilt. Vor seiner Hinrichtung kam er nach Tegel. Bei Todesurteilen durften von Gesetzes wegen Gnadengesuche eingereicht werden. Poelchau fuhr mit einem sorgfältig ausgearbeiteten Text nach Hannover zu Bischof Marahrens. Der aber erklärte, er habe die Sache bereits durch einen seiner Juristen prüfen lassen; es sei ihm unmöglich, das Gnadengesuch zu unterschreiben. Marahrens war aus falsch verstandenem Luthertum dem Staat hörig. Er musste wegen seiner vielen fatalen Kompromisse mit dem NS-Regime nach dem Krieg als Bischof zurücktreten.

Einige Zeit später hatte Poelchau zum ersten Mal die schwere Aufgabe, einen Menschen, der ihm persönlich nahestand, auf den Tod vorzubereiten und zum Schafott zu begleiten. Als 1941 die Widerstandsgruppe »Rote Kapelle« aufflog und 130 Menschen verhaftet wurden, wurde mit John Rittmeister der erste persönliche Freund eingeliefert, dem Poelchau diesen letzten Dienst erweisen musste. Der Untersuchungsrichter, Manfred Roeder, war übrigens derselbe, der später Dietrich Bonhoeffer verhört und dessen Schwager Hans von Dohnanyi sadistisch gequält hat. Als Poelchau protestierte, die gesetzlich vorgeschriebene Beteiligung von Pfarrern sei bei den Angehörigen der »Roten Kapelle« umgangen worden, wies Roeder ihn brüsk ab. Er rühmte sich der über 100 Todesurteile, die er erreicht hatte. Poelchau hat ihn nach dem Krieg öffentlich als Kriegsverbrecher bezeichnet; doch der Geheimdienst der Amerikaner hat Roeder beschützt, weil er behauptet hatte, er könne bei der Enttarnung sowjetischer Spione helfen.

Im September 1941 hatte Helmuth James von Moltke einen Bekannten gebeten, ihm ein Treffen mit Poelchau zu vermitteln. So kam es zu dessen Mitarbeit im »Kreisauer Kreis«. An der ersten Tagung in Kreisau im Mai 1942 und an einigen der Berliner Gespräche hat er teilgenommen. Für mehr reichte seine Zeit nicht; aber er wurde ein enger Freund der Kreisauer und ihrer Familien. Wie die ihn zwei Jahre später als »Engel« erlebt haben, ist bereits zu Anfang erwähnt worden.

Die Zahl der Justizmorde stieg seit 1942 so sehr an, dass Poelchau über Monate für fast nichts anderes Zeit hatte, als für die Besuche von Todeskandidaten. Die beiden anderen evangelischen Pfarrer in Tegel waren eingezogen worden. Poelchau wurde im Nebenamt Militärpfarrer in Plötzensee und war bei den Hinrichtungen im Zuchthaus Brandenburg zuständig. Kriegsgefangene und Mitarbeiter des Untergrunds aus Norwegen und Holland, die sogenannten »NN-Gefangenen« (die so hießen, weil sie in Nacht und Nebel verschwinden sollten), konnte Poelchau als Militärpfarrer über längere Zeit besuchen. Er konnte sogar Gottesdienste für sie halten; aber dann wurden sie zum Tod durch Erschießen verurteilt, und er musste sie auf ihrem letzten Weg begleiten. Er fand diese Erschießungen unerträglich, weil die Gefangenen einzeln aus den Transportwagen abgeholt wurden; dann hörten sie eine Salve und manchmal danach ein Stöhnen und einen »Gnadenschuss«; und das bedeutete, dass die Letzten im Transportwagen zwei Stunden und länger auf ihren Tod warten mussten. Poelchau konnte nur neben ihnen sitzen und den Gefesselten ab und zu eine Zigarette an den Mund halten. Sie wussten, wie er dachte; und er war tief beeindruckt von ihrer Standfestigkeit bis zum letzten Augenblick. Die Holländer haben damals auf dem Weg in den Tod ihre Nationalhymne gesungen, und ein Vers prägte sich Poelchau tief ein. »Mein Schild und mein Vertrauen bist du, mein Gott und Herr. Auf dich will ich fest bauen, verlass mich nimmermehr. Gib, dass ich fromm mag bleiben, dein Knecht immerfort, die Tyrannei vertreiben, die mir das Herz durchbohrt.« Die Angehörigen in Holland und in Norwegen haben nicht vergessen, wer ihren Söhnen, Männern und Vätern beigestanden hatte. Als die sterblichen Überreste der Holländer nach dem Kriege ein Ehrengrab in ihrem Vaterland bekamen, bat man Poelchau, bei der Feier zu sprechen. Auch die Norweger luden ihn ein, als niemand dort mit Deutschen etwas zu tun haben wollte.

Es könnte so wirken, als seien die Poelchaus völlig angstfreie Menschen gewesen, aber spurlos ist diese wilde Zeit keineswegs an ihnen vorübergegangen. Harald Poelchau musste sich einer Nierenoperation unterziehen – wegen seiner Nieren war er wehruntauglich –; er litt immer wieder an nervösen Störungen und Schlaflosigkeit, und sein kleiner Sohn hatte jahrelang schwere Asthmaanfälle, die in dem Augenblick spurlos verschwanden, als er einige Jahre nach dem Krieg in die USA ausgewandert war.

Dorothee und Harald Poelchau haben trotz ihrer Ängste und ihrer Gefährdung keinen Augenblick überlegt, was bei der beginnenden Judenverfolgung ihre Aufgabe sei. Sie maßen ihr Christentum und das anderer Menschen am Grad der Solidarität mit Gefährdeten und Bedrängten. Und weil sie so viele Menschen kannten, in evangelischen Gemeinden und unter Sozialisten und Kommunisten, deren Angehörige in Tegel Gefangene waren oder gewesen waren, konnten sie für Juden, die dem Zugriff der Gestapo entkamen, Unterkünfte organisieren, in denen sie vorübergehend sicher waren. Poelchau berichtet über einen Unterschied bei den Helfern: Die Christen unter ihnen gaben bereitwillig Lebensmittel oder Lebensmittelmarken, aber viele von ihnen hielten, wenn sie Juden bei sich aufgenommen hatten, die Angst entdeckt zu werden nicht aus. Die Freunde unter den Sozialisten und Kommunisten hatten damit kaum Probleme. Sie nahmen untergetauchte Menschen bereitwillig auf, gingen aber in einer ruppigen Sachlichkeit mit ihnen um. Poelchaus Wohnung konnte immer nur ein Übergangsquartier sein. Sie war ein Warenlager für Kleider, Wäsche und haltbare Lebensmittel. Moltkes schickten zum Beispiel ganze Säcke voll Erbsen, aber auch Honig und Mehl.

Am Telefon meldete Poelchau sich einfach mit »Tegel«. Bei seinen Helfern hieß er »Dr. Tegel«, damit er, wenn die Telefone abgehört würden, geschützt war. Viele kannten ihn überhaupt nur unter diesem Namen. Sein Amtszimmer im Gefängnis galt für Verfolgte als ein besonders sicherer Ort, weil Spitzel kaum jemanden verdächtigen würden, der an einem Gefängnistor klingelt. »Luftschutzwarte« hatten damals das Recht, in Mehrfamilienhäusern alle Wohnungen zu betreten. Also ließ sich Poelchau zum Luftschutzwart für das große Mietshaus ernennen, in dem er wohnte, um sicherzugehen, dass kein Uneingeweihter seine Wohnung betreten und dort Juden entdecken konnte. In den Luftschutzraum konnte man diese »Gäste« nicht mitnehmen. Aber die Bombenangriffe wurden bald so unerträglich, dass Poelchau seine Schützlinge in seinen privaten Teil des Kellers brachte, sobald alle Hausbewohner im Schutzraum waren.

Freunde bewunderten in dieser Zeit Poelchaus »kriminelle Energie«, besonders als er bei einem Gang durch Berlin zum Löschen eines Hauses herangezogen worden war, dort eine Parteidienststelle entdeckt und sich Zugang verschafft hatte. Er nahm Formblätter und Stempel an sich. Bekannte unter den ehemaligen Gefängnisinsassen waren hervorragende Fälscher und konnten für die verfolgten Juden Papiere herstellen, die sie zu Ariern aus den schon von den Russen besetzten Ostgebieten machten. Ein echter Stempel war dabei Gold wert. Von den etwa 5000 Juden, die in Berlin untergetaucht waren, haben 1500 überlebt, und kaum jemand hatte an ihrer Rettung größeren Anteil als Harald und Dorothee Poelchau.

An dieser Stelle soll berichtet werden, wie es mit »Tina Weiß« weitergegangen ist. Sie war zuerst anderen Kindern vor Poelchaus Haus aufgefallen, deshalb schaffte man sie rasch in den Berliner Süden; aber dort fiel sie dann auf, weil sie nicht zur Schule ging. In die konnte man sie ohne Papiere natürlich nicht schicken. So kam sie zu altbewährten Sozialdemokraten in Lichterfelde, aber denen erzählte sie nach wenigen Tagen, das Hausmädchen aus dem Nachbarhaus habe sie gefragt, ob sie hebräische Kinderlieder kenne. (Spitzel bekamen für das Ausliefern von untergetauchten Juden Geld.) Tina hatte eine Großmutter in Italien. Poelchau hatte für 2000 Mark ein italienisches Visum für Tina bekommen; aber das wurde eine Woche später wertlos, weil Mussolini gestürzt worden war und die Reise nach Italien dadurch unmöglich wurde. Schließlich half Vater Kranz, der Magazinverwalter für Tegel und andere Gefängnisse. Poelchau nennt ihn »den anspruchslosen stillen Hüter der Menschlichkeit in den Gefängnissen. Er sprach wenig und dachte viel nach. Er durchschaute die Menschen und hatte wenig Respekt vor Anstaltsdirektoren und Oberregierungsräten, wenn sie menschlich nicht ausreichend waren. Er hatte [in Tinas Fall] nur das eine Bedenken, dass das Kind in der Klosterstraße, wo er sein Warenlager hatte, nicht genügend Licht und Luft haben würde. Seine Hausfrau, Frau Leisner, schloss das Kind in ihr Herz«; und bei ihr hat Tina, die inzwischen dreimal den Namen gewechselt hatte, den Krieg überlebt.

Im April 1943 wurde Dietrich Bonhoeffer als Gefangener in Tegel eingeliefert. Obwohl Poelchau für ihn nicht zuständig war und er die politischen Gefangenen in Tegel nicht besuchen durfte, war es ihm ein Leichtes, in Bonhoeffers Zelle zu kommen. Er hatte viel von Bonhoeffer gehört. Er selbst war kein Mitglied der Bekennenden Kirche, hatte für deren Kämpfe schon von 1933 an keine Zeit und durfte nicht auffallen. Innerlich gehörte er jedoch dazu. Er hatte in Tegel mehrere BK-Pfarrer, wie Günther Dehn, als Gefangene erlebt und war von ihnen beeindruckt gewesen; aber Bonhoeffer kam als politischer Gefangener. Poelchau schätzte Bonhoeffers lebensbejahende Frömmigkeit und bat ihn um Gebete, die er den Gefangenen geben könnte. Er war der Erste, mit dem Bonhoeffer über seine »neuen theologischen Gedanken« reden konnte. Zeitweise hat Poelchau den Gefangenen in Zelle 92 täglich besucht.

Nach dem 20. Juli 1944, als das Attentat auf Hitler gescheitert war, musste Poelchau ohne Unterbrechung Angehörige des Widerstands, darunter enge Freunde, auf ihren Tod vorbereiten. Er hat sich damals auch die Zuständigkeit für das Frauengefängnis in Moabit geben lassen und brachte den dort inhaftierten Frauen der Verschwörer Nachricht über ihre Männer, Trost und Honigbrote. Die hatte er im Saum seines Mantels versteckt und sie mussten sofort aufgegessen werden. Selbst das Geschenk eines Honigbrötchens konnte damals gefährlich werden.

Zu den wichtigsten Zeugnissen, die aus dieser Zeit auf uns gekommen sind, gehören die Briefe von Helmuth und Freya von Moltke, die Poelchau unter seinem Hemd fast täglich hin- und hergetragen hat, als Moltke in Tegel auf seinen Tod wartete. Er hat damals dafür gesorgt, dass Moltke, Pater Delp und Eugen Gerstenmaier trotz ihrer strengen Einzelhaft in enger Verbindung miteinander bleiben konnten. Gerstenmaier, der gefoltert worden war, arbeitete mit gefesselten Händen an seinem Plan für ein »Evangelisches Hilfswerk«, das er nach dem Krieg aufbauen wollte. Er soll keinen Augenblick daran gezweifelt haben, dass er überleben würde. Der katholische Gefängnispfarrer Pater Buchholz hat damals mit Poelchau eine »Ökumene« praktiziert, wie es sie bis heute noch nicht wieder gibt. Wenn der eine für die Gefangenen seiner Konfession nicht greifbar war, sprang der andere nicht nur mit seelsorgerlicher Hilfe, sondern auch mit der Spendung der Sakramente für ihn ein.

IV

Als die Rote Armee dicht vor Berlin war und die Stadt im Chaos versank, machten hohe Militärs Harald Poelchau das Angebot, seine Familie und ihn in einem Militärzug nach Bayern mitzunehmen. Weil er wusste, dass er für seine »Gemeinde« in Tegel nichts mehr tun konnte, sein kleiner Sohn aber sehr krank war, nahm er das Angebot an. Die Reise in einem Salonwagen war zuerst ganz ungewohnt komfortabel, endete aber irgendwo in Franken, von wo aus Poelchau versuchen musste, das Schloss der Familie Truchseß in Bundorf zu erreichen. Den Schlossherrn hatte er nach dem 20. Juli unter den Gefangenen in Tegel kennengelernt. Als er telefonisch erklärte, er stecke fest, holte Maria von Wedemeyer, Bonhoeffers Verlobte, ihn und seine Familie mit einem Bundorfer Pferdewagen ab. Frau von Truchseß war Marias Kusine. Kurz danach war in Süddeutschland der Krieg zu Ende.

Nach mehreren Wochen, in denen Poelchau sich erholen konnte, erschien in Bundorf ein überraschender Besucher, um ihn als Mitarbeiter zu engagieren. Es war Eugen Gerstenmaier, der ihn bat, mit ihm zusammen das unter so schwierigen Umständen geplante »Hilfswerk« aufzubauen, für das die amerikanische Militärregierung bereits die nötigen Genehmigungen erteilt hatte.

Zum Schluss noch ein kurzer Blick auf Poelchaus weiteres Leben. Er hat eine Weile beim Aufbau der Zentrale in Stuttgart mitgearbeitet und dann, weil es ihn mit aller Macht nach Berlin zurückzog, den Aufbau der Berliner Stelle des Hilfswerks übernommen. Aber er war noch nicht lange dort, da fragte der Justizbeamte, der ihn 1933 ins Beamtenverhältnis übernommen hatte, dann selbst entlassen und nun wieder eingestellt worden war, ob er für das Justizministerium in der sowjetischen Zone das Amt des Gefängnisinspektors übernehmen wolle. Poelchau hat damals als »religiöser Sozialist« große Hoffnungen auf die Entwicklung im östlichen Teil Deutschlands gesetzt. Die sowjetischen Stellen wussten, wer er war. Aber ihre Art, mit willigen Mitarbeitern wie ihm umzugehen, erwies sich rasch als frustrierend. Wirkliche Reformen des Gefängniswesens waren nicht vorgesehen und darum auch nicht durchzusetzen. Als Gefängnisdirektoren hatte man vielfach ehemalige Gefangene eingesetzt, die meist keinerlei Fähigkeiten für diese Arbeit mitbrachten; und einige waren auch korrupt. Als die Gefängnisse in der neu gegründeten DDR der Polizei unterstellt wurden und nicht länger in den Bereich des Justizministeriums gehörten, gab Poelchau sein Amt entnervt auf.

Er kehrte auf seine Gefängnispfarrstelle in Tegel zurück; aber auch hier wurden seine Erwartungen enttäuscht. Niemand schien einen pädagogischen Strafvollzug zu wünschen. Da bot ihm Bischof Dibelius das Amt eines Sozialpfarrers in Berlin an, das eigens für Poelchau eingerichtet wurde. Die Kirche erwarb ein Haus für seine Arbeit, in dem er Gruppen von Arbeitern und ihren Angehörigen sammeln konnte. Es war eine Aufgabe, in der er originelle neue Ideen ausprobieren konnte. In dieser Zeit bin ich ihm bei gemeinsamen Freunden einmal begegnet. Ich habe ihn als still und in sich gekehrt erlebt; aber in dem »Haus der Sozialarbeit« der Berliner Kirche soll es sehr lustig zugegangen sein. Es kam dort zu einer engen Gemeinschaft der Arbeiterfamilien untereinander und mit den Mitarbeitern.

Wenn man Harald Poelchaus Leben nach dem Zweiten Weltkrieg mit seiner Arbeit in den Jahren von 1933 bis 1945 vergleicht, ist alles Außergewöhnliche daraus verschwunden. Das konnte nicht anders sein und war gut so. Auf den Vergleich mit einem Engel wäre niemand mehr gekommen außer denen, die ihn in den schwersten Tagen ihres Lebens als einen Boten Gottes erlebt hatten. Seine engen Beziehungen zu den Hinterbliebenen der nach dem 20. Juli hingerichteten Männer des Widerstandes blieben bestehen und spielten in ihrem und in seinem Leben eine wichtige Rolle. Freya von Moltke war mit ihren beiden Söhnen aus Südafrika nach Berlin zurückgekehrt. Marion Gräfin Yorck wurde dort Richterin. Sie beide, Barbara von Haeften und viele andere suchten Poelchaus Nähe und seinen Rat; denn ihre Männer galten noch lange Zeit als »Verräter«. In diesen Beziehungen, aus denen enge Freundschaften wurden, wirkte die große Zeit in Poelchaus Leben nach.

Bischof George Bell – Fürsprecher und Bundesgenosse des deutschen Widerstands

I

Als Theodor Heuss 1958 auf Einladung der Queen zum ersten Staatsbesuch eines deutschen Bundespräsidenten nach London flog, hatte er ein Großes Bundesverdienstkreuz mit Schulterband und Stern bei sich, um mit Bischof Bell einen der bewährtesten Freunde des »anderen Deutschland« zu ehren. Aber George Bell war an dem Morgen, an dem Heuss in London ankam, in Canterbury gestorben. Zehn Jahre zuvor hatte der Bischof in einer witzigen Rede gesagt, was ihn mit Deutschland verband, und Heuss hätte das bei der Ordensverleihung zitieren können. Bell war in den im Jahr 1800 gegründeten Londoner Club »Nobody's Friends« gewählt worden. Dessen Mitglieder – je zur Hälfte Kleriker und Laien – treffen sich dreimal pro Jahr zu einem Dinner. Neu gewählte Mitglieder müssen dabei in einer Rede rechtfertigen, wieso sie zu den Nobodies gehören dürfen, und George Bell hielt seinen »speech of justification« in Gedichtform. Darin heißt es: »Nobody more completely hated / The Nazi system – vile – ill-fated; / But Nobody loved me when I found / A better Germany underground.«

Deutschland hatte in der Tat während der Hitlerjahre und der Hungerzeit danach keinen besseren Freund und Fürsprecher als George Bell. Hitler und seine Leute haben ihn gehasst, weil er als Gegner ebenso lästig wie hartnäckig war. In seinen Briefen an die ›Times‹ erwies er sich als genau informiert. Bell kämpfte unverdrossen zuerst für die Bekennende Kirche in Deutschland, dann für die jüdischen und die politischen Flüchtlinge aus Deutschland und schließlich für die Anerkennung des innerdeutschen Widerstands. Sein Kampf im Oberhaus gegen die Flächenbombardierung der deutschen Städte hat ihn im eigenen Land unpopulär gemacht. Er war der Überzeugung, ohne ein erneuertes Deutschland könne Europa keine Zukunft haben. Aber zunächst werfen wir einen Blick auf seinen Werdegang.

II

George Kennedy Allen Bell wurde am 4. Februar 1883 auf Hayling Island, einer kleinen Insel in der Nähe von Portsmouth, geboren. Bei gutem Wetter sieht man von dort aus den Turm der Kathedrale von Chichester. Mit den beiden mittleren Namen ihres Erstgeborenen erinnerten Bells Eltern an Verwandte, die ihnen geholfen hatten, so z. B. dem Vater bei der Finanzierung des Studiums. Vater Bell hatte als Pfarrer der kleinen Inselgemeinde seine erste Stelle antreten und heiraten können. Weil aber dem Erstgeborenen in kurzen Abständen fünf weitere Kinder folgten, musste er sich von Zeit zu Zeit um eine größere Gemeinde bemühen, die ein höheres Gehalt zahlen konnte. Er ist sechsmal umgezogen. Das Studium seiner Söhne hätte er trotzdem nicht bezahlen können Er hat seinem Ältesten, der als ein etwas verträumtes Kind in die Schule gekommen war, in einem ernsten Gespräch klargemacht, dass an ein Studium später nur zu denken sei, wenn er ein Stipendium für eine der guten Schulen des Landes gewinnen würde. Dieses eine Gespräch scheint genügt zu haben. Gleich im nächsten Jahr war George der Klassenbeste, und von dieser Zeit an wurden ihm regelmäßig Fleiß und Bescheidenheit nachgerühmt. Er wurde »Queen's Scholar« an der Westminster School in London, und das hieß, dass seine Schulgebühren und das Leben im Internat aus einer Stiftung der Königin Victoria bestritten wurden. Die Westminster School gehört zu den besten Schulen des Landes. Bis in die jüngste Zeit schrieb die Abschlussklasse jeweils ein lateinisches Drama und führte es auf. Bell bekam 1901 für seinen Part dabei ein besonderes Lob. Ein Gedicht, das er als Lobpreis auf die nach langer Regierungszeit verstorbene Königin verfasste, wurde in einen offiziellen Gedenkband übernommen. Als »Queen's Scholar« hatte Bell das Recht, im Parlament gegenüber der Schule die Debatten zu verfolgen. Das hat er des Öfteren getan, und sein lebenslanges Interesse für Politik ist wohl schon dort geweckt worden. Als er im Christ Church College in Oxford sein Studium begann, hatte der Headmaster seiner Schule ihn mit einem glänzenden Zeugnis empfohlen.

In Oxford, wo seit Jahrhunderten ein großer Teil der künftigen Elite des Landes studiert, zog gerade ein neuer Geist ein. Der eben ernannte Prinzipal des Christ Church College fand, dass dort nicht nur Söhne der Oberschicht und einige Hochbegabte studieren sollten, sondern »everyday Englishmen« – ein Gedanke, den Bell lebhaft bejahte. Oxford bietet mehr als ein Fachstudium. Man lernt dort diskutieren und übt sich als Autor in allen möglichen Textformen. Bell wurde Mitglied des Debating und des Essay Clubs. Er spielte Tennis und trat der Hockeymannschaft bei. Wer in Oxford studiert, darf an einem 1805 gestifteten jährlichen Wettbewerb um das beste Gedicht teilnehmen. Zu den Gewinnern gehören bis heute berühmte Schriftsteller z. B. Matthew Arnold und Oscar Wilde. Den Preis des Jahres 1904 gewann George Bell. Sprache und Dichtung blieben lebenslang seine große Leidenschaft, und ein Verleger, der das entdeckte, vertraute dem Studenten die Herausgabe der ›Golden Anthologies‹ an. Das waren preiswerte kleine Gedichtbände in einem goldbraunen Umschlag. Bell machte sich mit Feuereifer an die Aufgabe und stellte die ersten fünf Bände selbst zusammen.

Als er das erste Examen, bei dem man Griechisch und Latein fließend sprechen und schreiben können musste, mit der Bestnote bestanden hatte, erwartete man das auch für das Examen in Geschichte und Philosophie; aber hier verfehlte er das angestrebte Ergebnis um wenige Punkte. Er war zu vielen Interessen nachgegangen. Von heute her gesehen, war das gut, denn Bell hätte sonst wohl eine Gelehrtenkarriere in Oxford gemacht. Stattdessen entschloss er sich, Pfarrer zu werden und ging dazu an das Theologische Seminar in der alten Bischofsstadt Wells im Südwesten Englands. In Oxford und Cambridge absolvieren Geisteswissenschaftler und Politiker ein Grundstudium und spezialisieren sich erst später. Bell wurde in Wells als herausragend und humorvoll gerühmt und wurde Sprecher der Studenten. 1906 veranstaltete die Christliche Studentenvereinigung, die zu den Gründer-Organisationen der Ökumenischen Bewegung gehört, in Derbyshire ein Sommerlager. Bell nahm mit einer Gruppe aus Wells daran teil, und damit wurde die Ökumene für ihn ein Lebensthema. Die Studenten kamen mit dem Beschluss zurück, einen wöchentlichen Gebetsgottesdienst für die Einheit der Christenheit einzuführen, und Bell entwarf dafür die Liturgie. Die Ordnung, einmal in der Woche für die Christen in aller Welt zu beten, hat er lebenslang beibehalten.

Im April 1906 war er nach Wells gegangen, Ende November bekam er eine Anfrage von Samuel Bickersteth aus Leeds (Yorkshire), ob er sich im kommenden Jahr in Ripon ordinieren lassen und dann in seiner großen Gemeinde mitarbeiten wolle. Wenn man bedenkt, dass Bell das eigentliche Theologiestudium erst in Wells aufgenommen hat, kann man verstehen, dass er sich nach dem einen Jahr dort nicht als Theologe verstanden hat. Bei uns müssen Pfarrerinnen und Pfarrer jahrelang Theologie studiert haben. Englische Pfarrer verfügen nach ihrem Studium über eine glänzende Allgemeinbildung oder aber sie haben bereits mehrere Jahre lang einen weltlichen Beruf ausgeübt und sind dann in einem theologischen Seminar für die Praxis des Pfarramts geschult worden. Im Umgang mit Gemeindegliedern und öffentlichen Stellen sind sie darum deutschen Anfängern im Pfarramt deutlich überlegen. Was wir unter einer ordentlichen Predigt verstehen, kennt man dagegen aufgrund der anderen Ausbildung in der anglikanischen Kirche kaum. Dafür gibt es, wie in der katholischen Kirche, Spezialisten.

Bell ging nach Leeds und wurde unter den sieben Assistenten von Pfarrer Bickersteth der Männerpfarrer für die große Innenstadtgemeinde. 200 Arbeiter und Angestellte kamen am Sonntagnachmittag in seine Stunden, die er mit großer Sorgfalt vorbereitete. Die Männer in Yorkshire gelten als selbstbewusst und ziemlich ruppig. Wenige Pfarrer könnten eine solche Gruppe zusammenhalten. Bell führte Buch darüber, wer da war, und begann mit einem Besuchsdienst. Die Männer wohnten über das riesige Stadtgebiet verstreut und waren nur zwischen 19 und 21 Uhr anzutreffen. So verpasste Bell fast immer das Abendessen und damit die Hauptmahlzeit des Tages. Weil ihm das nicht bekam, erkrankte er im Winter 1907 so schwer, dass die Pfarrfrau Mühe hatte, ihn gesund zu pflegen. Hier zeigt sich neben Fleiß, Bescheidenheit und Humor eine weitere Eigenschaft: Bell hatte die Neigung, bei der Arbeit keine Rücksicht auf sich selbst zu nehmen. Durch die Männerarbeit bekam er Einblick in die sozialen Verhältnisse des Landes, die in Nordengland bis heute schwieriger sind als im Süden. Soziale Themen spielten darum bei seinen Stunden am Sonntagnachmittag eine wichtige Rolle.

Als Bell fast 20 Jahre später Dean von Canterbury wurde, bekam er 30 Glückwunschbriefe von Männern, die damals in Leeds dazugehört hatten. In einem der Briefe heißt es: »Wie viele andere bin ich stolz darauf, dass ich damals dabei war, als wir Sie im alten Schulraum kennenlernten. Anfangs haben wohl viele von uns Sie für einen Jungen gehalten und haben mit so etwas wie väterlichen Gefühlen auf Sie geblickt. Sie kamen geradewegs von der Uni, scheu und freundlich, aber ganz offensichtlich mit einem großen Herzen.«

Bell war damals 24 Jahre alt, wirkte aber jünger. Er war mager und sah unscheinbar aus; aber er hatte große blaue Augen, mit denen er einen sehr intensiv ansah. Diesen Blick vergaß man nicht mehr, wie auch ich feststellen konnte, als ich ihm 1956 in London vorgestellt wurde. Leeds wurde ein Zwischenspiel für Bell. Das Christ Church College holte ihn 1909 nach Oxford zurück. Er wurde Studentenseelsorger und war auch hier rasch beliebt. Er erfuhr es z. B. immer als Erster, wenn ein Student in Schwierigkeiten geraten war. Ging es um etwas Ernstes, dann übernahm er die Verteidigung. Die Disziplinarbehörden waren nicht immer mit ihm einer Meinung, aber den meisten seiner Schützlinge konnte er helfen. Ein älterer Dozent, der ihn damals erlebt hatte, schrieb: »Durch sein Prinzip, von den guten Seiten eines Menschen auszugehen, wurde er so etwas wie ein geborener und dann durch die Praxis geschulter Psychiater.« In Leeds war Bell zu einem kirchlichen Fachmann für Fragen der Arbeitswelt geworden, jetzt wurde er zu einem Seelsorger für die künftige Oberschicht. Aber die Leidenschaft für soziale Fragen behielt er bei. Oxford war im letzten Drittel des 19. Jahrhunderts ein wichtiger Industriestandort geworden, und das führte zu Spannungen. Bell war der Meinung, die Studenten müssten einen Blick für soziale Fragen bekommen, und es wird von einem Abend auf seinem Zimmer berichtet, bei dem es ein heftiges Streitgespräch zwischen Gewerkschaftern und Studenten gab. Es dauerte bis weit nach Mitternacht, aber man schied in gutem Einvernehmen.

III

Es gibt in Oxford und Cambridge zwei Arten von Universitätskarrieren. Die einen werden Koryphäen ihres Fachs, die anderen Erzieher der künftigen Eliten, und zur zweiten Gruppe gehörten damals viele Pfarrer. Wenn man Bell während dieser zweiten Oxforder Zeit gefragt hätte, wo er seinen künftigen Platz sähe, dann hätte er vermutlich gesagt, er wolle einer dieser »Oxford Dons« bleiben. Dass George Allen Kennedy Bell einer der kommenden Männer der Kirche von England war, hatte sich herumgesprochen, und man sah in ihm wohl den künftigen Principal eines der berühmten Colleges.

Aber es kam ganz anders. Bell bekam während der Sommerferien des Jahres 1914 ein Telegramm des Erzbischofs von Canterbury, er möge ihn im Lambeth Palace in London aufsuchen und einige Tage dort bleiben. Seine Freunde neckten ihn: »Jetzt wirst du Bischof.« »Im Gegenteil«, sagten die anderen, »der will dich rauswerfen.« Erzbischof Davidson bat Bell, sein Chaplain und damit sein engster Mitarbeiter zu werden. Für den kam das überraschend; er wollte viel lieber in Oxford bleiben. Aber während er im Lambeth Palace war, erklärte Großbritannien – zusammen mit Frankreich und Russland – Deutschland und Österreich-Ungarn den Krieg. Bell hat sich damals mit seinem Vater und mit Freunden und Gönnern, unter denen bereits mehrere Bischöfe waren, beraten. Am meisten Beschwer machte ihm, dass seine Arbeiterfreunde den Schritt missbilligen würden. Einige haben dann auch gesagt: »Du verrätst deine Ideale.« Der Erzbischof räumte Bell Bedenkzeit ein, bat ihn aber, während dieser Tage an der Ordnung für die Gebetsgottesdienste mitzuarbeiten, die wegen des Kriegsausbruchs überall im Land und bei der Armee und der Marine gehalten werden sollten. Während dieser Arbeit fand Bell, dass er, wo jetzt die jungen Männer des Landes Soldaten werden mussten, »seinem Oberbefehlshaber« ebenfalls zu gehorchen habe.

Die Kirche von England steckte damals in mehreren Krisen. Starke Kräfte in der Politik wollten das Parlament reformieren und die Mitarbeit der Bischöfe im House of Lords beenden. Die Kirche von Wales sollte innerhalb der Anglikanischen Gemeinschaft selbständig werden. Irland strebte nach Unabhängigkeit, und auch das war mit Auseinandersetzungen in der anglikanischen Kirche verbunden. Und schließlich gab es innerhalb der Kirche einen Flügel, der erklärte, durch das naturwissenschaftliche, moderne Weltbild sei das Weltbild der Bibel überholt. An die Jungfrauengeburt und die leibliche Auferstehung könne kein moderner Mensch mehr glauben. Der Papst hatte das Problem, das um diese Zeit in allen westlichen Kirchen aufkam, kurzerhand dadurch gelöst, dass allen Priestern ein »Antimodernisteneid« abverlangt und so die Diskussion über das moderne Weltbild beendet wurde. In der Kirche von England, wo man das Nachdenken nicht einfach verbieten konnte, entbrannte ein heftiger Streit. Bell hatte diese Auseinandersetzungen schon in Oxford mitbekommen, und es gibt einen Brief von ihm, in dem er einem Freund erklärte, wie er über diese Fragen dachte.

> »Warum bin ich ein Christ«, hieß es da. »Ich sehe zwei konvergierende Linien. Ich bin als Christ geboren. Meine Eltern, als die ersten Autoritäten meines Lebens, haben über Gott, Christus und den heiligen Geist mit mir gesprochen, und ich habe auf kindliche Weise mit diesem Glauben gelebt. Später, in der Schule, und vor allem, als ich nach Oxford kam, stiegen Zweifel in mir auf und ich hatte große Schwierigkeiten mit den kirchlichen Lehren über die Trinität, die Inspiration der biblischen Schriften, über die Jungfrauengeburt und die leibliche Auferstehung. In dieser Zwischenperiode kam mir ein Argument zu Hilfe, nämlich dass viele große und heilige Menschen aus dem Glauben gelebt und Großes bewirkt haben. Der Glaube als bloße Illusion hätte dazu wohl kaum ausgereicht. Das brachte mich dazu, das Christsein auszuprobieren durch nachdenken, beten und handeln. Ich bin ein gewöhnlicher Mensch und kein Heiliger. Ich bin auch nicht durch einen inneren Sturm überwältigt worden, aber ich bin Schritt für Schritt vorangekommen. In der heftigen Auseinandersetzung [i. e. über die Frage des richtigen Weltbildes] scheinen mir die einen zu wenig auf Gott und die anderen zu wenig auf den Menschen zu blicken.«

Bell hatte Schritt für Schritt eigene Erfahrungen gemacht und dadurch Glaubenszuversicht gewonnen. Von daher war er bereit, sowohl in den Anhängern des Modernismus als auch in ihren konservativen Gegnern kirchliche Gesprächspartner zu sehen …

Wie selbständig der neue Chaplain mit seinen 31 Jahren war, kann man daran erkennen, dass er dem 35 Jahre älteren Erzbischof sogleich einen weitreichenden Vorschlag machte; und es ist nicht zufällig, dass es ein »ökumenischer« Vorschlag war. Bell sagte, der Krieg betreffe alle Menschen im Land; ob der Erzbischof nicht die Leiter der anderen Kirchen einladen könne, um über die Aufgaben zu sprechen, die durch den Krieg auf alle Christen zukämen. Davidson war sofort einverstanden und sagte nur, es müsse eine Privatinitiative bleiben, damit es nicht so aussähe, als hielte sich die Kirche von England für die Sprecherin aller Christen im Lande. 50 Kirchenführer kamen in den Lambeth Palace. Es gab erhebliche Unterschiede, gerade auch über die Frage, ob die Kriegserklärung gerechtfertigt sei; aber der Anfang, nationale Probleme gemeinsam zu durchdenken, war gemacht. Bell, der das Protokoll geführt hatte, griff die wichtigsten Themen auf und diskutierte sie mit Fachleuten weiter. Daraus wurde der im Dezember 1915 veröffentlichte Band ›Der Krieg und das Reich Gottes‹. Bells Einführung wurde für die klare Darstellung der Probleme und den glänzenden Stil gerühmt. Der Erzbischof sah, dass er nicht nur einen Mitarbeiter, sondern einen Partner gefunden hatte. Im »Nobody-Gedicht« schildert Bell seine Zeit im Lambeth Palace so:

»Der Vikar aus Leeds und der Oxford Don / kamen zu Randall Davidsson. / Es war dort, dass mein aktives Leben begann. / Zehn Jahre dient' ich dem großen Mann. / Was in Krieg oder Frieden in Kirche und Staat, / in Synode und Parlament sich tat, / ich war ein Nobody; denn soviel ist klar: / ein brauchbarer Chaplain bleibt unsichtbar.«

Hier hat Bell sein Licht unter den Scheffel gestellt; denn als Davidson Jahre später erklärte, er wolle in den Ruhestand gehen, gab es einflussreiche Männer in der Kirche von England, die schmunzelnd erklärten, man solle einfach Bell zum Nachfolger machen, einen besseren Kandidaten gebe es sowieso nicht. So ganz unsichtbar kann er nicht gewesen sein. Bell war von Dezember 1914 bis März 1924 der engste Mitarbeiter von Erzbischof Randall Davidson, und der gilt bis heute als der bedeutendste Erzbischof von Canterbury in der Neuzeit: Es waren die zehn Jahre mit diesem »Lehrmeister«, die aus dem hochbegabten jungen Pfarrer und Universitätsdozenten George Bell einen der großen Kirchenführer in der ersten Hälfte des 20. Jahrhunderts gemacht haben. Bell hätte sich leicht unbeliebt machen können. »Graue Eminenzen« werden um ihre Macht beneidet und gelten schnell als eingebildet. Der Chef bei einer solchen Kooperation ist dem Mitarbeiter, wenn er seine Sache gut macht, immer besonders zugetan, denn die Entlastung für ihn ist sehr spürbar. Er muss sich allerdings auf das Fingerspitzengefühl und die Diskretion des Mitarbeiters hundertprozentig verlassen können. Bell arbeitete anfangs bis tief in die Nacht, war darum immer glänzend vorbereitet und dabei so bescheiden, dass er nach kurzer Zeit bei vielen Bischöfen und Politikern in hohem Ansehen stand. Es gab nicht wenige Leute, die ihre Anliegen gleich bei ihm vorbrachten und sich beraten ließen. Der Juniorchaplain, den es eine Weile lang noch gab, bis er als Militärpfarrer einrücken musste, hat nach Jahren erklärt, seine Aufgabe sei damals nur gewesen, Bell ein bisschen auf die Schippe zu nehmen, damit er die Arbeit im Lambeth Palace und seine Rolle dabei nicht gar zu ernst nähme.

Aber Bell erlebte eine der schwierigsten Phasen im Lambeth Palace mit, in der Randall Davidson versucht war zurückzutreten. In England werden alle Bischöfe und die Dekane oder Pröpste der Kathedralen durch den jeweiligen Premierminister ausgewählt und dem Monarchen zur förmlichen Ernennung vorgeschlagen. Premierminister Lloyd George, der nicht zur Kirche von England gehörte, aber gleichwohl deren Bischöfe zu ernennen hatte, wollte in diesem Amt vor allem gute Prediger sehen und ernannte für die Diözese Hereford gegen Davidsons Rat Hensley Henson, den Dean of Durham, zum Bischof. Der galt bei vielen Frommen und vor allem bei Bischof Gore von Oxford als ein Modernist, der, wie seine Bücher zeigten, nicht an die Jungfrauengeburt und die leibliche Auferstehung glaube. Pfarrer oder auch Dekan konnte man damit sein, aber ein Bischof, der über die Lehre zu wachen hat? Gore erklärte, wenn der Erzbischof sich nicht weigere, Henson zu weihen, werde er sein Amt niederlegen. Das hieß nicht weniger, als dass Davidson die Kirche in einen Verfassungsstreit stürzen sollte und das mitten in einem Weltkrieg. Er war der Meinung, das Grundprinzip der Kirche von England sei ihre »comprehensiveness«, die Kraft, Gegensätze nicht nur auszuhalten, sondern als Bereicherung zu verstehen. Jetzt musste er mit Henson, mit Gore und vielen anderen Gespräche führen und einen Feldzug in der Presse des Landes verfolgen und zu beeinflussen versuchen, obwohl er andere Fragen für weitaus dringender hielt. Gores Forderung erschien ihm überzogen, aber der war in diesen Fragen ein Fanatiker. Statt einen Konflikt mit dem Staat zu riskieren, würde Davidson eher zurücktreten. Das erschreckte Gore. Trotzdem brauchte der Erzbischof noch Wochen, bis Gore nachgab. Auch die Gespräche mit Henson waren extrem schwierig, aber dann stellte Henson Gore mit einer schriftlichen Stellungnahme zufrieden.

Als der Konflikt ausbrach, war Bell mit seiner jungen Frau auf Hochzeitsreise, und Mrs. Bell hat später manchmal lachend gesagt, sie rechne es ihrem Mann immer noch hoch an, dass er wenigstens damals nicht sofort seinem Chef zu Hilfe geeilt sei. Für Bell kam immer zuerst der Chef. Wenn der etwas von ihm wollte, mussten alle Pläne des Ehepaars zurückstehen. Als der Juniorchaplain, Oliver Quick, sich verlobte, hatte der Erzbischof gefragt, ob Bell das nicht auch tun wolle oder ob er grundsätzlich gegen eine Heirat sei; und Bell hatte gesagt: »Das nicht, aber könnten Euer Gnaden mir dann vielleicht auch gleich die richtige Person vorschlagen?« Das war dann doch nicht nötig gewesen. Eine junge Mitarbeiterin aus der Mädchenarbeit der Kirche, Miss Henrietta Livingstone, war in den Lambeth Palace gekommen, um mit dem Erzbischof über die Arbeit in den Landbezirken zu sprechen. Sie muss dabei auf Bell einen tiefen Eindruck gemacht haben, denn er hat sich kurz danach mit ihr verlobt. 1917 haben die beiden geheiratet, und Mrs. Bell wurde eine von vielen Menschen geliebte und bewunderte Partnerin bei der Arbeit ihres Mannes. Dass die Ehe kinderlos blieb, war beiden sicher bitter. Bell übte auf Kinder eine geradezu magnetische Wirkung aus, und die Kinderpartys im Palast von Chichester wurden später berühmt. Aber der Kirche, gerade auch der deutschen Kirche, ist es zweifellos zugutegekommen, dass sich diese beiden Menschen so ausschließlich wie wenige andere für die Kirche und die Ökumene einsetzen konnten.

Der Krieg brachte einen schweren Kummer für die Familie. Zwei von George Bells Brüdern fielen 1918 bei den Kämpfen um den Berg Kemmel in Flandern. Bei der Schlacht um den berüchtigten Berg starb damals auf der Gegenseite Dietrich Bonhoeffers Bruder Walter an einer schweren Verwundung.

Ich habe Randall Davidson Bells »Lehrmeister« genannt. In einem Zusammenhang wird das besonders deutlich. London war durch deutsche Zeppeline bombardiert worden. Es war die erste barbarische Handlung in einem Krieg der Neuzeit. Barbarisch darum, weil sich der Angriff gegen die Zivilbevölkerung richtete. Großbritannien reagierte mit einem Bombenangriff auf Freiburg im Breisgau, das von der Front in Frankreich aus für britische Flugzeuge erreichbar war. Erzbischof Davidson verurteilte diesen Racheakt aufs schärfste, obwohl er wusste, wie unpopulär das war. Die Presse griff ihn an, und er wurde mit Hassbriefen überschüttet. Aber er blieb dabei: ein Verbrechen der Deutschen durch ein eigenes Verbrechen zu beantworten, sei unmoralisch. Als deutscher Theologe liest man das mit Beschämung. Kein deutscher Kirchenführer hat sich während des Ersten Weltkriegs so geäußert; und damals wäre das durchaus möglich gewesen. Unter Hitler wäre man schnell im KZ verschwunden.

Erzbischof Davidson war an der Zusammenarbeit der Kirchen in Europa schon früh interessiert gewesen und hatte viel von den deutschen Theologen gehalten. Der Kirchenhistoriker Adolf von Harnack und der Neutestamentler Adolf Deissmann waren seine Gäste im Lambeth Palace gewesen. Als der Krieg endlich vorbei war, wollte er, dass die ökumenische Zusammenarbeit möglichst rasch wieder aufgenommen würde, aber für Auslandsreisen fühlte er sich zu alt. So wurde Bell sein Abgesandter, als die erste europäische Konferenz vom 30.9. bis zum 4.10.1919 in Oud Wassenaar bei Den Haag zusammentrat.

Davidsons Wunsch, dass auch die katholische Kirche eingeladen werden sollte, fand keine Mehrheit, obwohl sich auch Erzbischof Söderblom aus Upsala, der Initiator des Ganzen, dafür einsetzte. Er hatte übrigens, wenn auch ohne Erfolg, auf einen Termin vor den Verhandlungen in Versailles gedrängt, um Einfluss auf die Stimmung dort nehmen zu können. In Oud Wassenaar verlangten die Franzosen ein Schuldbekenntnis von den Deutschen, sonst würden sie abreisen. Adolf Deissmann, der schon vorher den deutschen Überfall auf Belgien verurteilt hatte, machte durch eine Stellungnahme, die auch die Franzosen tief beeindruckte, die Zusammenarbeit möglich. Bell hielt diese Konferenz nachträglich für den entscheidenden Anstoß, den die Ökumene gebraucht hatte, denn durch sie kam die große Konferenz für praktisches Christentum 1925 in Stockholm zustande. Er selbst machte durch kluge Beiträge in Oud Wassenaar einen bleibenden Eindruck auf den schwedischen Erzbischof. Von Söderblom stammt das geflügelte Wort: »This Bell never rings unnecessarrily.« (Diese Glocke läutet nie ohne Grund.) Und Albert Schweitzer erzählte Bell bei einem Besuch in London, Söderblom habe ihm gesagt, er dürfe die Stadt nicht verlassen, ohne Bell getroffen zu haben (»Il vous aime, savez?«). Bells Liebe zur Ökumene war in Wells geweckt worden; durch Oud Wassenaar ist er zu einem der wichtigsten Mitarbeiter dieser Bewegung geworden.

Eine letzte Lernerfahrung bei Davidson war für Bell die »Lambeth Conference« von 1920. Bei diesen Konferenzen, die alle zehn Jahre stattfinden, treffen sich die Bischöfe der anglikanischen Kirche aus allen Erdteilen in London. George Bell hat seine erste Lambeth Conference als Chaplain des Erzbischofs mitgemacht, die nächsten beiden als aktiver Bischof und die letzte, als er im Ruhestand war. Es gibt vermutlich keinen zweiten Bischof, der vier Lambeth Konferenzen erlebt hat. Mrs. Bell hat beschrieben, wie ihr Mann und drei Bischöfe 1920 auf dem Fußboden in ihrer kleinen Wohnung, umgeben von Büchern und Stapeln von Papier, gesessen haben, um einen wichtigen Text für die Konferenz zu entwerfen. Eigentlich durfte Bell gar nicht dabei sein, aber er war bereits als Bischof für afrikanische und australische Diözesen vorgeschlagen worden, und die Bischöfe, die den Entwurf liefern sollten, waren vermutlich froh, dass der gewandte Autor ihnen half und sie von Henrietta Bell versorgt wurden.

Man rechnete jetzt zunehmend damit, dass Bell eine der großen Pfarrstellen in England übernehmen würde, und als die Angebote sich häuften, schrieb der Erzbischof ihm einen Brief, in dem er ihn freigab, aber doch sagte, wie schwer es ihm fallen werde, die letzte kurze Zeit in seinem Amt ohne den Partner, der ihm so unentbehrlich geworden sei, durchzustehen. Alles, was er in den letzten zehn Jahren habe tun können, sei ihrer intensiven Kooperation zu danken. Bell blieb, und der Erzbischof vertraute »Hetty«, Bells Ehefrau, einen geheimen Wunsch an, nämlich dass ihr Mann sein Biograf werden würde. Mrs. Bell verriet dem Erzbischof, ihr Mann träume davon, diese Biografie zu schreiben. Und nachdem Davidson das wusste, hielt er nach einer Stelle Ausschau, die Bell etwas Zeit für eine solche Aufgabe lassen würde. Im Januar 1924 starb Henry Wace, der Dean von Canterbury, und Davidson legte Premierminister Baldwin die Ernennung Bells nahe. Baldwin hatte aber nur noch wenige Tage im Amt, ehe er durch Ramsey MacDonald, den ersten Premierminister der Labour Party, abgelöst wurde. Er wollte seinem Nachfolger nicht vorgreifen, und dem wurden dann dringend eine Reihe anderer Kandidaten empfohlen. Aber nach kurzer Bedenkzeit wurde Bell der erste Kirchenmann, der von einem Labour-Politiker zur Beförderung ausgewählt wurde. Bei Bells Verhältnis zur Arbeiterklasse lag das näher, als der neue Premierminister geahnt haben mag. Der Erzbischof und der Dekan von Canterbury konnten durch diese Ernennung weiter in engem Kontakt bleiben.

IV

Bell wäre nicht Bell gewesen, wenn er sich nicht mit Feuereifer auf die neue Arbeit gestürzt hätte. Das Buch, das er schreiben wollte, hat er erst als Bischof von Chichester vollenden können. Dem Erzbischof hatte ein schmaler Band vorgeschwebt. Herausgekommen ist ein monumentales Werk von über tausend Seiten, an dem Bell viele Nächte und während mehrerer Sommerferien gearbeitet hat. Seine Biografie Randall Davidsons gilt bis heute als Meisterwerk; und wer sich mit der Geschichte der Kirche von England und mit ihrem Wesen vertraut machen will, tut bis heute gut daran, zur Einführung dieses Werk zu lesen. Dass Bell zehn Jahre lang Davidsons engster Mitarbeiter war, bleibt dem Leser allerdings verborgen. An einer Stelle heißt es: »Am nächsten Tag drängten sich die Termine für den Erzbischof. Dazu gehörten eine Trauung in Chelsea am Vormittag, gefolgt von einer Sitzung des Kriegskabinetts.« Das Ehepaar, das der Erzbischof damals traute, waren George und Henrietta Bell; und das Kriegskabinett hatte darüber zu entscheiden, ob das weltberühmte Britische Museum Sitz des Oberkommandos der Royal Air Force werden sollte. Der Erzbischof, der zum Kuratorium des Museums gehörte, sprach sich dezidiert dagegen aus und konnte sich damit durchsetzen.

Wir werden jetzt sehr viel kürzer auf die Aufgaben blicken, die Bell als Dekan von Canterbury und als Bischof von Chichester zu bewältigen hatte, um uns dann der Frage zuzuwenden, warum er im Foreign Office während des Zweiten Weltkrieges als »unser kleiner deutscher Bischof« verspottet worden ist und warum ihn Anthony Eden – nach einem berühmten Zitat – »diese Pest von einem Priester« genannt hat.

Der neue Dekan wurde in Chichester mit Begeisterung aufgenommen, obwohl er mit 41 Jahren weit jünger war als seine Mitarbeiter, die Domherren, zu denen auch sein ehemaliger Chef, Dr. Bickersteth aus Leeds, gehörte. Bells Vorgänger war mit 87 Jahren gestorben und hatte schon lange im Leben der Kathedrale nichts mehr bewegt. Bell reiste zuerst nach Chester, wo Dean Bennett aus einer etwas verschlafenen Kathedrale ein Lebenszentrum für die Diözese gemacht hatte. Bell kam mit vielen Anregungen zurück. Als Erstes schaffte er die Eintrittskarten für den Besuch der Kathedrale ab, und die finanzielle Entwicklung gab ihm recht. Durch die freiwilligen Spenden der Besucher kam deutlich mehr Geld herein. Als Nächstes gründete er den Verein »The Friends of Canterbury Cathedral«, der in relativ kurzer Zeit große Geldmittel für die dringendsten Reparaturmaßnahmen aufbrachte. Der Dean trägt zusammen mit dem Domkapitel die Verantwortung nicht nur für alle Gottesdienste und sonstigen Veranstaltungen, die in der Kathedrale stattfinden, sondern auch für deren baulichen Zustand und den aller Nebengebäude. Ein Bischof oder Erzbischof hat seinen Bischofsthron in der Kathedrale, aber zu sagen hat er dort nichts. (Die Regelung stammt aus dem Mittelalter und gilt auch in der katholischen Kirche bis heute. Darum konnte das Domkapitel in Köln bei Gerhard Richter ein Kirchenfenster in Auftrag geben, obwohl Kardinal Meissner, wie ganz Deutschland wusste, das Fenster ablehnte.) Bell sorgte nicht nur für das Bauwerk, so nötig das war, er änderte auch das kirchliche Programm der Kathedrale. Die langatmigen Morgengottesdienste, bei denen die Schüler der Domschule zugegen sein mussten, hatten ganzen Jahrgängen junger Engländer die Kirche für immer verleidet. Unter Bells Leitung wurden die Gottesdienste auf ein erträgliches Maß verkürzt.

Als Dean von Canterbury nahm Bell 1925 an der Stockholmer Konferenz für praktisches Christentum teil. Er entwarf mehrere der

Konferenztexte und trat darum kaum als Redner in Erscheinung, bis er sich am Schluss mit einem leidenschaftlichen Appell, ganz im Sinne Söderbloms, für die Weiterarbeit der Konferenz einsetzte. Der Sekretär einer anderen ökumenischen Organisation wurde mit seinem Genfer Büro auch für die Stockholmer tätig. Ein Exekutivausschuss übernahm die Leitungsverantwortung.

Erzbischof Söderblom starb unerwartet 1931. Im nächsten Jahr verlor der Exekutivausschuss seinen Vorsitzenden, Bischof Wood aus Winchester. Bell musste für ihn einspringen, woraufhin die deutschen Mitglieder erklärten, dann solle er den Vorsitz aber gleich für den nächsten Zweijahresturnus übernehmen. Das hatte, wie wir sehen werden, weitreichende Folgen.

Aber zurück zu Bells Arbeit in Canterbury. Zu den Neuerungen der 20er-Jahre, die die Gesellschaft verändert haben, gehörte in Großbritannien die Gründung der BBC. Bell nahm schon bald mit deren Direktor Verbindung auf, und so kam es zur ersten Rundfunkübertragung eines Gottesdienstes auf den britischen Inseln. Aus der Canterbury Cathedral sind seither ungezählte Gottesdienste und Konzerte übertragen worden.

Bells größter Erfolg als Dean von Canterbury kam dadurch zustande, dass er mit Schriftstellern und Theaterleuten Kontakt aufnahm, um den mittelalterlichen Brauch von Theateraufführungen in der Kathedrale zu erneuern. Er gewann z. B. den Dichter T. S. Elliot dafür, ein Stück eigens für Canterbury zu schreiben: ›Murder in the Cathedral‹, ein Drama über den heiligen Thomas Becket, den Heinrich II. 1170 vor einem der Altäre in Canterbury hatte ermorden lassen. Das Stück ist nach der Uraufführung in Canterbury ein Welterfolg geworden. Während eines Urlaubs in Deutschland und Österreich kamen George und Hetty Bell 1928 auch nach Salzburg und waren tief beeindruckt von der Aufführung des ›Jedermann‹ vor der barocken Kathedrale. Sie besuchten anschließend mehrere Konzerte der Salzburger Festspiele, und Bell brachte die Idee mit nach Hause, ein »Festival of Drama and Music« in Canterbury zu etablieren. 1929 ließ er den ›Jedermann‹ in englischer Sprache aufführen, und auch hier schloss sich eine Serie von Konzerten an. Der Initiator des Ganzen war da bereits zum Bischof von Chichester ernannt worden. Bell hatte in Canterbury gezeigt, dass er ein Arbeitsfeld ganz neu ordnen und beleben konnte, ohne die Menschen, die dort vor ihm Verantwortung getragen hatten, zu verletzen. Das gelang ihm auch auf dem ungleich schwierigeren Arbeitsfeld in der weiträumigen Diözese an der Südküste des Landes.

Die fünf Jahre in Canterbury waren für Bell die schönste und sorgenfreiste Zeit seines Lebens gewesen. Er hat darum eine Weile gezögert, ob er sich die Last eines Bischofsamtes aufladen sollte. In seinem Nachlass findet sich bis heute ein fertig frankierter und adressierter Umschlag mit einem höflichen Absagebrief an den Premierminister. Bei der Morgenandacht des Tages, an dem er den Brief abschicken wollte, wurde ihm klar, dass er das sehr viel schwerere Amt annehmen müsse.

Am 11. Juni 1929 wurde er in der Kathedrale von Canterbury von Erzbischof Davidson und mehreren anderen Bischöfen geweiht. Die Inthronisation in Chichester folgte am 27. Juni.

Bell musste sich als erstes mit dem Klerus seiner Diözese bekannt machen. Die Konferenz der Superintendenten (in Hamburg würde man sagen: der Pröpste) empfing ihn nicht unfreundlich, aber deutlich abwartend. Aber ehe das Treffen zu Ende war, hatte Bell das Vertrauen der Teilnehmer gewonnen und mit einigen Vorschlägen sogar Begeisterung ausgelöst. Er sagte, er strebe eine Synode der Diözese an, um regelmäßig den Rat des gesamten Klerus und der gewählten Laienvertreter einholen zu können. Man ging rasch an die Durchführung, sah aber bald, das ein Treffen von mehr als 500 Menschen kaum Vorschläge für die Arbeit der Diözese werde liefern können. So wurde ein von den Pfarrern und von Laienvertretern gewähltes arbeitsfähiges Gremium geschaffen, das es bis heute gibt. Dem Treffen der Superintendenten folgten Treffen mit den Pfarrern der einzelnen Bezirke, und auch hier gewann der neue Bischof das Vertrauen seiner Pfarrer. In den folgenden Monaten regelte er die große Schularbeit neu, indem er eine enge Kooperation mit den staatlichen Schulbehörden vorschlug und deren erfreute Zustimmung erfuhr. Er setzte einen hauptamtlichen Schulpfarrer für die Diözese ein, der sich auf die Zusammenarbeit mit der Lehrerschaft konzentrierte und allgemeine Anerkennung erwarb. Wie in Canterbury erwies sich Bell auch in Chichester als ein großer Kollektierer, nur dass er sich hier nicht auf die Kosten für die Kathedrale konzentrieren konnte, sondern vielen Gemeinden seiner Diözese bei der Reparatur ihrer Kirchen helfen musste. Dass Kunst und Musik bald auch in Chichester eine große Rolle spielten, war bei diesem Bischof zu erwarten. Die Kinderfeste im bischöflichen Palast habe ich bereits erwähnt. Dort gab es aber auch Feste für Erwachsene mit Volkstänzen, Theateraufführungen und anderem.

Schon bald erfuhr der neue Bischof von zwei schweren Problemen. Ein großes Wohnprojekt verfiel und wurde zu einem Elendsviertel. Bell ließ das von einer unabhängigen Kommission untersuchen. Die Mieten erwiesen sich als viel zu hoch und wurden erheblich gesenkt. Das zweite Problem betraf die große Gruppe der Straßenbauer, die in den Streik getreten waren. Hier fanden von Bell eingesetzte Fachleute heraus, dass man von den Arbeitslöhnen nicht leben konnte. In die Verhandlung um eine angemessene Erhöhung griff er persönlich ein und hatte Erfolg. Die Gewerkschaften gehörten fortan zu seinen entschiedenen Anhängern.

Zu Bells Arbeit gehörten die Konfirmationen von Laien und die Ordinationen von Pfarrern. Dabei half ihm ein Weihbischof. In Disziplinarangelegenheiten hatte er das letzte Wort. Der Besuchsdienst in den Gemeinden kostete sehr viel Zeit und Kraft.

Dazu kam sein Amt in der Bewegung für praktisches Christentum. Dass Bell sich darüber hinaus die ökumenische Begleitung und Hilfsaktionen für die Kirchen in Deutschland aufladen konnte, ohne die Arbeit in seiner Diözese zu vernachlässigen, erscheint wie ein Wunder. Die Erklärung dafür ist erstens, dass Bell ein glänzendes Gespür für Menschen und ihre Begabungen hatte. Er fand immer die richtigen Mitarbeiter. Zweitens kam er mit wenig Schlaf aus und saß bis zwei Uhr nachts am Schreibtisch. Und »last, but not least« half ihm seine Ehefrau, die ein Organisationsgenie gewesen sein muss, der nie eine Arbeit zu viel wurde, und die während des Krieges, als Bells Chauffeur eingezogen worden war, das Steuer des kleinen Autos übernahm. Chichester ist eine weiträumige Diözese. Der Bischof musste viel fahren und brauchte die Zeit im Auto, um zu arbeiten. Zweimal haben Bells eine Wohnung in Brighton genommen, weil das zentraler lag. Außerdem konnte man beim zweiten Mal den Palast in Chichester einer Mädchenschule aus dem von Bombenangriffen bedrohten London zur Verfügung stellen.

Ende 1937 war der Sitz im Oberhaus frei geworden, auf den Bell als nächster der Bischöfe Anspruch hatte, und so kam in seine Hilfe für Deutschland eine politische Note. Bell war mit dem Exekutivausschuss der Bewegung für praktisches Christentum direkt nach Hitlers »Machtergreifung« in Berlin und erlebte dort am 4. Februar seinen 50. Geburtstag. Am gleichen Tag feierte Dietrich Bonhoeffer in Berlin seinen 27. Geburtstag. Noch kannten sich die beiden nicht. Ein halbes Jahr später wurde Bell Bonhoeffers väterlicher Freund. Es dauerte nicht lange, dann begann nach dem Reichstagsbrand die Umwandlung Deutschlands aus einem Rechtsstaat in eine Diktatur. Kommunisten und Sozialdemokraten wurden brutal verfolgt, und die Entrechtung der Juden begann. Bonhoeffer schrieb den Aufsatz ›Die Kirche vor der Judenfrage‹, und im Ausland und dort vor allem in kirchlichen Kreisen reagierte man mit Abscheu auf die Nachrichten aus Deutschland. Die deutschen Kirchenführer wollten es nicht gleich mit den neuen Machthabern verderben und baten die Freunde in England und den USA um Geduld und Zurückhaltung. In Deutschland hatte der »Katholik« Hitler evangelische Kirchenwahlen angeordnet und die SA dabei so eingesetzt, dass die hitlerhörigen »Deutschen Christen« die Macht in der Evangelischen Kirche übernehmen konnten. Hitlers Anhänger Ludwig Müller war, nachdem der von der Kirchenversammlung gewählte Pastor Friedrich von Bodelschwingh entnervt zurückgetreten war, Reichsbischof geworden, und die Generalsuperintendenten in Preußen, die sich dagegengestemmt hatten, wurden ihres Amtes enthoben. Reichsbischof Müller, der »Reibi«, wie er seither hieß, erließ nach Gutdünken Gesetze und führte den »Arierparagraphen« des NS-Beamtengesetzes kurzerhand auch in der Kirche ein. Judenchristliche Pfarrer und Pfarrer mit judenchristlichen Ehefrauen verloren ihre Ämter. Das aber war der eine Schritt zu viel. In Berlin gründete Martin Niemöller mit 22 Pfarrern, darunter Bonhoeffer, den Pfarrernotbund, dem in kurzer Zeit 6000 Pfarrer aus ganz Deutschland beitraten, und damit gab es eine Opposition gegen die »Deutschen Christen«.

Für das Ausland wäre das alles nur verwirrend gewesen, wenn nicht die ›Times‹ regelmäßig die sehr präzisen Berichte ihres Berliner Korrespondenten gebracht hätte. Für Interventionen der Kirche von England reichte das aber nicht aus. Da besuchte Alphons

Koechlin, der Präsident der Reformierten Kirche in Basel, Bischof Bell in Chichester, um ihm ein genaues Bild der kirchlichen Situation in Deutschland zu geben und mit ihm zu beraten, was man vom Ausland aus tun könne, um dem Pfarrernotbund, aus dem später die »Bekennende Kirche« wurde, zu helfen. Bell und Koechlin haben sich bis 1940 etwa 140 Briefe geschrieben, die alle das Schicksal der kirchlichen Opposition in Deutschland zum Thema hatten. Koechlin hatte durch die Baseler Mission enge Verbindungen zu den Landeskirchen in Süddeutschland und bekam weitere Informationen regelmäßig als stellvertretender Präsident des CVJM. Eine noch ergiebigere Informationsquelle erschloss sich für Bell im Herbst 1933, als Bonhoeffer Pfarrer zweier deutscher Auslandsgemeinden in London geworden war. Am 4. November 1933 trafen sie sich in Bells Londoner Club und redeten mehrere Stunden über den Kirchenkampf, und 14 Tage später war Bonhoeffer für zwei Tage Gast in Chichester.

Die Geschichte des Kirchenkampfs in Deutschland ist so verwickelt, dass es bis heute zwar umfangreiche Bücher, aber keine Kurzdarstellung gibt. Wenn man den Briefwechsel zwischen Koechlin und Bell liest und den zwischen Bonhoeffer und Bell hinzuzieht, bekommt man einen erstaunlich klaren Überblick über diese komplizierte Materie. Ich will hier nur ein Beispiel geben: Bell hat einmal direkt in die Kirchenpolitik Hitlers eingegriffen. Er wollte versuchen, August Jäger, einen besonders brutalen Juristen aus der Kanzlei des Reichsbischofs zu vertreiben, setzte dazu den Erzbischof von Canterbury auf den deutschen Botschafter an und suchte seinerseits den Gesandten, Fürst Bismarck, auf. Dessen Bericht an den Außenminister existiert noch. Darin heißt es, Bischof Bell nehme an, »daß der Herr Reichskanzler über tatsächliche Vorgänge und deren Rückwirkungen im Ausland nicht hinreichend unterrichtet sei. Ich versuchte, seine großen Besorgnisse über eine bewußte Abkehr vom Christentum in Deutschland zu beschwichtigen, befürchte aber, dass ich mit meinen Gegenargumenten bei dem über diese Vorgänge bis in alle Einzelheiten [...] informierten Bischof wenig Eindruck gemacht habe.«

Dieser Bericht und der des Botschafters wurden Hitler vorgelegt, der befahl, August Jäger sofort zu entlassen. Vorgeschlagen hatte diese »konzertierte Aktion« Dietrich Bonhoeffer und natürlich war er es, der den Bischof »in allen Einzelheiten informiert« hatte.

Bell war als Helfer der Bekennenden Kirche unermüdlich. Es sollte endlich eine deutsche Biografie über ihn geschrieben werden. Ich erwähnte, dass es ein Glücksfall war, dass man Bell für längere Zeit zum Vorsitzenden des Exekutivausschusses gewählt hatte. Er hat 1934 in einer Botschaft zum Himmelfahrtstag, die an alle Mitgliedskirchen ging, klar für die Bekennende Kirche Partei ergriffen und die Maßnahmen des Reichsbischofs Müller und der Deutschen Christen für unvereinbar mit dem christlichen Glauben erklärt. Spätestens seit dieser Zeit kannten Hitler und seine Leute die Namen »Bell« und »Chichester«; Miss Livingstone, Henrietta Bells Schwester, die damals monatelang in Berlin bei der Rettung gefährdeter Juden half, schrieb ihrem Schwager: »Du bist hier eine persona ingratissima.« Und so hieß Bell wegen der Post- und Telefonzensur bei seinen deutschen Freunden »Onkel George« oder »der Herr Glocke«.

Wir sind damit bei Bells zweiter großer Aktion: Er hat sich durch Reden im englischen Oberhaus, durch Beschaffung von Spenden, zu denen er selbst kräftig beitrug, und durch die Gewinnung angesehener Helfer unermüdlich für jüdische und politische Flüchtlinge aus Deutschland eingesetzt. 48 deutsche Pfarrer kamen als rassisch Verfolgte mit ihren Familien nach England, und die meisten wurden Pfarrer der anglikanischen Kirche. Als zu Beginn des Krieges alle deutschstämmigen Männer in England auf der Isle of Man interniert wurden, konnte Bell bei den zuständigen Ministerien die rasche Entlassung der vor Hitler geflohenen Juden und der wegen ihrer politischen Einstellung Verfolgten erreichen. »Unser kleiner deutscher Bischof«, wie die Mitarbeiter des Foreign Office spotteten, wusste sehr genau, welchen Trumpf man jeweils ausspielen musste. Unter den Flüchtlingen war Bonhoeffers Zwillingsschwester Sabine mit ihrem Mann, dem Juristen Gerhard Leibholz und den beiden Töchtern. Während des Krieges wurde Leibholz Bells Berater in allen Fragen, die Deutschland betrafen.

Durch eine nächste Serie von Reden hat Bell im Parlament wütenden Protest geerntet, und anschließend kam es zu hasserfüllten Äußerungen in der Presse. Bell hatte sich gegen die Flächenbombardierung der deutschen Städte gewandt, weil das nicht die Fabriken des Gegners treffe, sondern die Zivilbevölkerung und dort vor allem Frauen und Kinder. Außerdem treffe man Hitleranhänger und -gegner gleichermaßen. Und dann folgte der Satz, den Churchill ihm nie verziehen hat: Das hieße, Krieg mit den Methoden Hitlers zu führen.

1942 flog Bell nach Schweden, weil die ökumenischen Kontakte auch während des Krieges nicht abbrechen sollten. Zu seiner Überraschung stand in Sigtuna plötzlich Dietrich Bonhoeffer vor ihm. Der hatte als Mitglied der Widerstandsgruppe im Amt Canaris während eines konspirativen Aufenthaltes in der Schweiz von Bells Schwedenreise gehört, war sofort nach Deutschland zurückgekehrt und hatte dort von Generaloberst Beck den Auftrag bekommen, Bischof Bell eine Nachricht des deutschen Widerstands zu überbringen. Man hoffe auf einen Umsturz und bitte um einen sofortigen Waffenstillstand, sobald der gelungen sei. Bonhoeffer übergab Bell auch die Namen aller verantwortlichen Männer, die am Widerstand beteiligt waren. Bell hat nach seiner Rückkehr Außenminister Anthony Eden um ein Gespräch gebeten und ihm sorgfältig ausgearbeitete Unterlagen übergeben. Premierminister Winston Churchill erklärte jedoch, eine deutsche Widerstandsbewegung gebe es nicht, und verbot mit Rücksicht auf die Sowjetunion jede Kontaktaufnahme. Noch nach dem 20. Juli 1944 hat er im Parlament erklärt, jetzt brächten die Naziführer sich gegenseitig um. Bell hat damals hartnäckig für eine andere Entscheidung gekämpft, und Eden nannte ihn darum ärgerlich »diese Pest von einem Priester«.

Als die grauenhaften Fotos aus Bergen Belsen kurz nach dem Krieg in den englischen Zeitungen erschienen und niemand mehr damit rechnete, dass es eine Wiederaufnahme Deutschlands in die Gemeinschaft der Völker geben könne, hielt Bell in der Holy Trinity Church in London einen Gedenkgottesdienst für Dietrich Bonhoeffer, der im Rundfunk übertragen wurde und in dem er erklärte, dass es trotz allem, was geschehen sei, eine Auferstehung Deutschlands geben werde, wenn die richtigen Menschen dort jetzt, wo der Krieg zu Ende sei, die Verantwortung übernehmen würden. Ohne ein erneuertes Deutschland werde es kein gemeinsames Europa geben. Bell ist dann mehrfach in Deutschland gewesen und war ein wichtiger Helfer beim Neuanfang für die Kirchen. Deutschland hat während der Hitlerzeit und in den schwierigen Jahren danach keinen besseren Freund und keinen aktiveren Helfer im Ausland gehabt als George Kennedy Allen Bell, den Bischof von Chichester.

Dietrich Bonhoeffer – Der Weg vom unbedingten Gehorsam in den Spielraum der Freiheit

»Gehorsam ist ein Wort, das wir heute nicht sehr gern hören« (9,542). Mit diesem Satz wäre der 20-jährige Bonhoeffer wohl einer von uns, die wir das Wort auch nicht mehr besonders schätzen. Sieben Jahre später, 1933, wird *Gehorsam* dann aber zu einem Schlüsselbegriff der Bonhoeffer'schen Theologie; und das heißt: Wir dürfen uns nicht einzelne Sätze Bonhoeffers heraussuchen, die uns besonders zusagen, sondern müssen ihm zunächst einmal zuhören.

Wenn man die Schriften Bonhoeffers untersucht, legt sich im Blick auf das Thema Gehorsam eine Dreiteilung nahe. Man hat in den frühen Schriften den Sohn einer großbürgerlichen Familie vor sich, bei der – wie folglich auch bei ihm – das Wort Gehorsam keine, oder jedenfalls eine sehr untergeordnete Rolle gespielt hat.

Am 30. Januar 1933 ändert sich das mit der »Machtergreifung« Hitlers radikal. Jetzt rückt das Wort »Gehorsam« – zusammen mit dem Wort »Zucht«, das in unseren Ohren geradezu grässlich klingt – mehr und mehr in den Vordergrund. Vom Sommer 1939 an kommt es erneut zu einer deutlichen Veränderung. Der Begriff Gehorsam tritt wieder in den Hintergrund und an seine Stelle tritt das Wort »Freiheit«, das in der theologisch-ethischen Diskussion in Deutschland erst in der Mitte der 50er-Jahre den »Gehorsam« als Zentralbegriff abgelöst hat. Bonhoeffer war der innerkirchlichen Diskussion damit weit voraus. Bei ihm wird die Freiheit zum Mittelpunkt seines Denkens und ab 1943 zu einem der Schlüsselbegriffe seiner »Gefängnistheologie«. Da aber das Wort »Zucht« auch in dieser dritten Periode seines Lebens – und sogar an einer entscheidenden Stelle – wiederkehrt, zeigt sich, dass er es uns bei unseren Überlegungen nicht leicht macht.

Es gab bei den Eltern Bonhoeffer eine klare Aufgabenteilung: Der Vater, Karl Bonhoeffer, war Professor für Psychiatrie und Neurologie an der Berliner Universität. Er sprach im Kreis der Familie nur wenig und immer aus ruhiger Überlegung. Damit war er für seine Kinder eine Art »letzte Instanz«. Mittelpunkt der Familie war die impulsive Mutter, Paula Bonhoeffer, geb. von Hase, die für ihren Mann und die Kinder lebte und den Haushalt mit acht Kindern und fünf Angestellten so lenkte, dass Gäste kaum merkten, wie sie ihre Anordnungen erteilte, die es natürlich in Fülle gab.

Paula Bonhoeffer war der Auffassung, in Deutschland würde der männlichen Jugend zweimal das Rückgrat gebrochen: in der Schule und beim Militär. Sie unterrichtete darum als ausgebildete Lehrerin ihre Kinder – zusammen mit einigen Nachbarskindern – in den ersten Jahren selbst; und wenn die Kinder danach in eine öffentliche Schule kamen, konnten sie eine oder sogar zwei Klassen überspringen. Auch Dietrich hat mit 17 Jahren Abitur gemacht. Dass man in der Schule zu den Besten zu gehören hatte, galt in der Familie als so selbstverständlich, dass darüber nicht geredet wurde. Ängstlichkeit oder gar Feigheit waren verpönt. Als eins ihrer Kinder sich bei der ersten Schwimmstunde nicht ins Wasser traute, sprang Paula Bonhoeffer mit allen Kleidern voran. Man hatte dann aber etwas Mühe, sie wieder aus dem Wasser zu bekommen; sie selbst hatte nie schwimmen gelernt. Die Bonhoeffer-Kinder durften Fehler machen; aber sie durften sich dann nicht herausreden, sondern mussten für das, was sie gesagt oder getan hatten, geradestehen. Man durfte auf andere Menschen nicht herabsehen und hatte sich Älteren gegenüber respektvoll zu verhalten. Bei Tisch durfte man nicht ungefragt reden; und wer redete, musste sich schlicht ausdrücken. Für zu gewählte Ausdrücke wurde man ausgelacht. Bonhoeffers Schwestern haben das in persönlichen Erinnerungen amüsant beschrieben.

Im Tegeler Gefängnis sagt Bonhoeffer im Rückblick: »Ich habe es als einen der stärksten Erziehungsfaktoren in unserer Familie empfunden, dass man uns so viele Hemmungen zu überwinden gegeben hat (in Bezug auf Sachlichkeit, Klarheit, Natürlichkeit, Takt,

Einfachheit etc.) bevor wir zu eigenen Äußerungen gelangen konnten.« (8, 568, d. i. Werke, Bd. 8, S. 568; im Folgenden Bandnr., Seite).

Man spürt in dieser Familiengeschichte überall große Freiheit, viel Zutrauen in die natürliche Entwicklung und so gut wie keine Ängstlichkeit oder Zwang. Der jüngste Sohn einer solchen Familie pflegt sehr genau auf die älteren Brüder zu achten; bei Dietrich waren es drei. Danach waren zwei Mädchen gekommen, dann er mit seiner Zwillingsschwester; und das Schlusslicht bildete eine drei Jahre jüngere Schwester. Ältere Brüder – vor allem der nächst ältere – werden fast immer auch als Konkurrenten empfunden, von denen man sich absetzen möchte; und dabei entwickelt ein starker und begabter kleiner Bruder einen Ehrgeiz, der umso kräftiger wird, als sich der ärgerliche Altersvorsprung ja nie überwinden lässt. Bonhoeffer hat den im Geschwisterkreis entwickelten Ehrgeiz später als Charakterfehler empfunden und zu unterdrücken versucht. Aber es ist faszinierend zu lesen, wie ein amerikanischer Freund, der Theologe Paul Lehmann, den von den Schergen Hitlers ermordeten Dietrich Bonhoeffer in den 50er-Jahren seinen Hörern im britischen Rundfunk vorgestellt hat. Er schildert zunächst, wie die elitäre, großbürgerliche Erziehung seinen Freund geprägt hatte: »Er war deutsch in seiner Leidenschaft für Perfektion, sowohl was die Manieren anging als auch in seiner Art zu arbeiten. In allem, was man unter ›Kultiviertheit‹ versteht, war er perfekt. Hier hatte man, um es kurz zu sagen, einen der denkbar besten Vertreter des Geistesadels vor sich. [...] Man nahm das wahr, aber es hatte überhaupt nichts Aufdringliches, und das lag, wie ich denke, einmal an der grenzenlosen intellektuellen Neugier, die er jeder neuen Umgebung gegenüber an den Tag legte und zum andern an seinem nie versagenden Humor. [...] Er hatte die Fähigkeit, sich selbst und die Welt auch von einem anderen als dem eigenen Standpunkt aus zu betrachten.« (DB 192 f.)[1]

Einem Menschen dieser Herkunft und mit Eigenschaften, wie Bonhoeffer sie hatte, hätte die Welt offengestanden. Dass er sich für die Theologie entschieden hat, war schon damals ganz ungewöhn-

1 Die Sigle DB verweist auf Eberhard Bethge, Dietrich Bonhoeffer. Eine Biographie, 9. Aufl. Gütersloh 2005.

lich, und er wusste das auch. Er hatte sein späteres Fach bereits mit 14 oder 15 Jahren gewählt, und die spürbare Verwunderung des Vaters und der Spott der älteren Brüder hatten ihn nicht davon abbringen können. Ich denke, dass hier mehrere Faktoren zusammengewirkt haben. Der Tod des zweitältesten Bruders Walter im ersten Weltkrieg und die tiefe Trauer der Mutter darüber gehörten zu Bonhoeffers stärksten Kindheitserinnerungen. Der 12-Jährige grübelt: Was bedeutet es, dass unser Leben so plötzlich zu Ende sein kann? Und wohin gehen die Toten? Das waren Fragen, die ihn lange beschäftigt haben. Dazu kommt, dass die »drei Kleinen«, Dietrich, Sabine und Susanne, eine Erzieherin hatten, die sie sehr liebten: Maria Horn, genannt »Hörnchen«. Sie war eine Herrnhuterin, deren Frömmigkeit bei den drei jüngsten Bonhoeffers deutliche Spuren hinterlassen hat. Nicht weniger entscheidend aber scheint mir zu sein, dass Dietrich sich auch mit seinem künftigen Beruf klar von den älteren Brüdern absetzen wollte. Auf ihren Spott: »Was willst du denn damit, die Kirche ist doch passé«, soll der 15-Jährige geantwortet haben: »Dann werde ich die Kirche eben reformieren.«

Für unser Thema ist vor allem die Feststellung wichtig, dass es in Bonhoeffers Kindheit und Jugend erkennbare Gehorsamsforderungen nicht gegeben hat. Prägend waren für ihn die Liebe der Mutter, das stille und darum besonders starke Vorbild des Vaters und natürlich das fordernde Zusammenleben mit älteren Geschwistern. Um es mit dem Sprachspiel aus der Einleitung dieses Buches zu sagen: »Hörsamkeit« (vgl. S. 13 f.) war bei den Bonhoeffers überaus wichtig und Gehorsam darum etwas, das sich in entscheidenden Augenblicken[2] von selbst verstand, im Übrigen aber keine Rolle spielte. Die so erworbene Haltung nahm Bonhoeffer in sein Studium mit.

Nun gab es in seinem Leben auch andere Einflüsse als die des Elternhauses, das für das Leben insgesamt außerordentlich viel, für die »theologische Existenz« eines Pfarrers aber fast nichts zu bieten hatte. Ein Mann hatte während der Studienjahre Bonhoeffers den Weg dieses außergewöhnlich begabten Studenten im Auge behal-

2 Da Freunde, die das Manuskript gelesen haben, mit dem Ausdruck »entscheidende Situation« nichts anzufangen wussten, sei er hier erklärt. Wenn die Bonhoefferkinder merkten, die Eltern wünschten, dass sie etwas so und nicht anders machten, dann wurde darüber nicht diskutiert, sondern es wurde so gemacht.

ten und ihn dabei so behutsam beeinflusst, dass Bonhoeffer das gar nicht bemerkt zu haben scheint. Es war der Berliner Superintendent Max Diestel, der den 19-jährigen Studenten gebeten hatte, für einen erkrankten Pfarrer einzuspringen. Bonhoeffer hatte eingewilligt, aber darum gebeten, der Superintendent möge die Predigt vorab mit ihm durchsprechen. Diese erste Predigt beginnt mit dem Satz: »Christentum bedeutet Entscheidung.« Die drei Worte wurden zu einem Lebensprinzip, dessen Radikalität der junge Theologe zunächst selbst entdecken musste, das er dann aber in die Tat umzusetzen versucht und bis 1939 immer weiter verschärft hat. Hier kommen wir an die Quelle seiner Gehorsamstheologie. Bonhoeffers Weg dahin beginnt mit seiner ersten Predigt. Max Diestel hatte ein untrügliches Gespür für Menschen und hat sich wohl damals gesagt: Dieser ungewöhnliche junge Mann muss, wenigstens vorübergehend, aus der Welt seines Elternhauses, in der nur Vertreter der »oberen Zehntausend« verkehren, heraus und normales Leben kennenlernen. Diestel war selbst Auslandspfarrer gewesen und hat Bonhoeffer darum geraten, als Vikar nach Barcelona zu gehen, und das Vikariat dort hatte genau die gewünschte Wirkung.

Diestel gehörte zu den Pionieren der »ökumenischen Bewegung«, unter der man damals die Zusammenarbeit der christlichen Kirchen mit Ausnahme der römisch-katholischen Kirche verstand. Der Vatikan lehnte noch nach dem Zweiten Weltkrieg die Beteiligung an derartigen Bemühungen radikal ab.[3] Vermutlich hat Diestel schon damals in Bonhoeffer den potenziellen Mitarbeiter der ökumenischen Bewegung gesehen, dem er dann 1930 ein Stipendium für ein einjähriges Studium in den USA verschafft hat, damit er Englisch lernen konnte. Sein »Schützling« ist dann sehr viel rascher ein Mann der Ökumene geworden, als Diestel es für möglich gehalten hatte. Er hatte ihn gleich nach der Rückkehr aus den USA auf eine Tagung in Cambridge geschickt, damit Bonhoeffer ein Gefühl für diese Art internationaler Zusammenarbeit bekäme, und der kam von dort als Jugendsekretär des Weltbundes für Freundschafts-

3 Bonhoeffer hatte aber, seit er 1924 die Osterwoche in Rom miterlebt hatte, ein nie erlöschendes Interesse an der katholischen Kirche. Von seiner Italienreise brachte er ein besonderes Interesse an der Ekklesiologie, der Lehre von der Kirche, mit und damit das Thema für seine Doktorarbeit.

arbeit der Kirchen nach Berlin zurück. Das klang nach sehr viel; es war aber ein Ehrenamt, aus dem der Träger etwas machen musste, oder es bedeutete gar nichts. Bonhoeffer, der Studentenpfarrer an der Technischen Hochschule in Charlottenburg geworden war, als Privatdozent an der Berliner Universität Vorlesungen zu halten hatte und als »Synodalvikar« eine Gruppe von Konfirmanden übernehmen musste, mit denen der zuständige Pfarrer nicht mehr fertig wurde, hatte für das ökumenische Amt eigentlich kaum Zeit. Er hat aber auf einigen Konferenzen im Ausland und bei Sitzungen in Deutschland einen so starken Eindruck hinterlassen, dass er bereits 1933 als erfahrener ökumenischer Theologe galt; und das hat seinen Weg bis in die Zeit des Widerstands und damit bis zu seinem Tod bestimmt.

Blicken wir noch kurz auf die Entscheidungen, durch die Bonhoeffer Schritt für Schritt zu einer rigorosen Theologie des Gehorsams gekommen ist. Vorbereitet worden sind sie durch den USA-Aufenthalt. Der enge Kontakt mit schwarzen Christen dort wurde zu einem der tiefsten Eindrücke seines Lebens. Bonhoeffer hat bei ihnen, wie er später gesagt hat, die Welt von unten, mit den Augen der Unterdrückten, sehen gelernt. Seine Studienkollegen im »Union Seminary« in New York haben die Art, wie er in diese Gruppe, die Weiße sonst mit Misstrauen von sich fernhielt, hineingekommen ist, mit Erstaunen registriert. Ich zitiere noch einmal Paul Lehmann: »Was so beeindruckend bei Bonhoeffer war, war die Art, diesem Problem bis ins kleinste Detail nachzugehen – mit Hilfe von Büchern, durch zahllose Besuche in Harlem, durch seine Beteiligung an der Jugendarbeit der Schwarzen; aber weit mehr noch dadurch, dass er sich mit der ›Black Community‹ auf eine bemerkenswerte Weise identifizierte, so dass er dort aufgenommen wurde, als sei er nie ein Außenstehender gewesen.« (DB 192)

Bonhoeffers Erkenntnis, dass Kirche nur dann Kirche ist, wenn sie sich für die wie auch immer Ausgegrenzten einsetzt, hatte hier ihre Wurzel. Eine zweite Begegnung in den USA beeindruckte ihn nicht weniger tief: Der französische Stipendiat Jean Lasserre brachte ihm die Friedensbotschaft der Bergpredigt so nahe, dass Bonhoeffer schon in den USA in seinen Vorträgen auf die besondere Verantwortung der Kirchen für den Frieden hinzuweisen begann. Durch die Begegnung mit Lasserre und den Umgang mit den Schwarzen gewann er die Erkenntnis, dass es konkrete Gebote Gottes für die jeweilige Gegenwart gibt, die die Kirche verkündigen muss, weil sie nur Kirche bleibt, wenn sie das tut. Das konkrete Gebot findet sie durch gehorsames Hören auf die Heilige Schrift und eine nicht weniger sorgfältige Beobachtung der Wirklichkeit. Dabei kann sie, wie bei allem, was sie tut, irren; aber sie handelt dann im Glauben an den Gott, der Sünden vergibt. In der ersten Rede, die Bonhoeffer als Internationaler Jugendsekretär auf der Jugendfriedenskonferenz im Juli 1932 in der Tschechoslowakei hielt, heißt es: »Die Kirche darf [...] keine Prinzipien verkündigen, die immer wahr sind, sondern nur Gebote, die heute wahr sind. Denn was ›immer‹ wahr ist, ist gerade ›heute‹ nicht wahr. Gott ist uns ›immer‹ gerade ›heute‹ Gott.« (11,332)

Ein Satz aus Bonhoeffers Begrüßungsrede lässt bis heute aufhorchen. Er sagte im Juli 1932: »Der Sieg der Hitlerpartei hätte unabsehbare Folgen nicht nur für die Entwicklung des deutschen Volkes, sondern auch für die Entwicklung der ganzen Welt.« (11,349)

Im Zusammenhang mit der bedrängenden Entdeckung, dass seine eigene Kirche und die Ökumene in der Gefahr waren, das so definierte konkrete Gebot Gottes gar nicht zu erkennen, nahm Bonhoeffer den ersten Satz seiner ersten Predigt »Christentum bedeutet Entscheidung« wieder auf. Er sagte sich: Wenn es die anderen nicht sehen, muss ich selbst umso konsequenter nach dieser Erkenntnis leben und handeln. Nach seiner Rückkehr aus den USA ist es bei ihm zu einer Art Bekehrung gekommen, von der er damals niemand etwas gesagt zu haben scheint; aber aus Briefen späterer Jahre lassen sich Rückschlüsse ziehen. Bonhoeffer beginnt die Bergpredigt eingehend zu studieren und bezieht sie nicht mehr nur auf die Wirklichkeit seiner Zeit, sondern von jetzt an auch auf sein eigenes Leben. Er nimmt die Botschaft der Bibel anders ernst als bisher und wird darüber zum Beter. Im Herbst 1932 hält er in der Berliner Gedächtniskirche eine Predigt, aus der man bis heute erkennen kann, dass der 26-jährige Pfarrer auf den 30. Januar 1933, den Tag der »Machtergreifung« Hitlers, vorbereitet war wie kaum ein anderer unter seinen Kollegen. Die Predigt bezog sich auf eine Stelle aus dem Brief des Apostels Paulus an die Kolosser: »Trachtet nach dem, was droben ist und nicht nach dem, was auf Erden ist.« (Kol. 3,2) Bonhoeffer führte dazu aus: »Daran entscheidet sich heute Gewaltiges, ob wir Christen Kraft genug haben, der Welt zu bezeugen, dass wir keine Träumer und Wolkenwandler sind. [...] Dass unser Glaube wirklich nicht das Opium ist, das uns zufrieden sein lässt inmitten einer ungerechten Welt. Sondern dass wir, gerade weil wir trachten nach dem, was droben ist, nur umso hartnäckiger und zielbewusster protestieren auf dieser Erde. [...] Muss es denn so sein, dass das Christentum, das einstmals so ungeheuer revolutionär begonnen [hat], nun für alle Zeiten konservativ ist? Dass jede neue Bewegung ohne die Kirche sich Bahn brechen muss, dass die Kirche immer erst zwanzig Jahre hinterher einsieht, was eigentlich geschehen ist? Muss dem wirklich so sein, dann müssen wir uns nicht wundern, wenn auch für unsere Kirche wieder Zeiten kommen werden, wo Märtyrerblut gefordert werden wird. Aber dieses Blut, wenn wir denn wirklich noch den Mut und die Ehre und die Treue haben, es zu vergießen, wird nicht so unschuldig und leuchtend sein wie jenes der ersten Zeugen. Auf unserem Blute läge große eigene Schuld.« (11,446)

Die Gehorsamstheologie in den Jahren 1933 bis 1939

Ich habe anfangs das Wort »Zucht« erwähnt, das wohl heute kaum noch jemand schätzt. Bonhoeffer verwendet es so, dass man es überall durch »Disziplin« ersetzen könnte; aber weder das eine noch das andere Wort kommt in irgendeinem seiner Texte aus der Zeit vor 1933 vor. Disziplin übt man; bei den Bonhoeffers dürfte sie hoch im Kurs gestanden haben, aber als etwas, worüber man kein Wort verlor. Das Wort »Zucht«, das als Vokabel im Hause seiner Eltern schwer vorstellbar ist, hat Bonhoeffer bei seinen Bibelstudien entdeckt.[4] Er verwendet es 1934 zum ersten Mal, und noch sehr vorsichtig, in einer Predigt über das Hohelied der Liebe, 1. Kor. 13. Da heißt es: »Was ist ein Leben voll Lust, voll Ehre, voll Ruhm,

4 In den revidierten Lutherbibeln erscheinen heute zum Teil andere Übersetzungen.

voll Glanz gegenüber einem Leben in der Liebe?« Aber freilich die Frage macht hier nicht halt; sie hat eine ungeheuer aggressive Kraft und drängt weiter: »Was ist auch ein Leben voll Frömmigkeit, voll Moral, voll Zucht, voll Opfer und Entsagung, wenn es nicht ein Leben in der Liebe ist?« (13,382) Von 1935 bis 1939, als Bonhoeffer Vikare der Bekennenden Kirche auf ihren Dienst als Pfarrer vorzubereiten hatte, erscheint das Wort »Zucht« dann plötzlich 44-mal in den nachgelassenen Texten und zwar als etwas, wozu Christen verpflichtet sind wie zum Gehorsam, weil man nämlich ohne Disziplin gar nicht gehorsam werden kann.

Was das Wort Gehorsam selbst anbelangt, so kommt es vor 1935 in Bonhoeffers Texten 30-mal vor, von 1935 bis 1939 aber 91-mal (wobei ich Texte, in denen das Wort viele Male vorkommt, nur als eine Erwähnung gezählt habe). Wenn man nun die Textzusammenhänge ansieht, so geht es vor 1935 eher um theologische Erörterungen, wo das Wort in der Bibel oder den Schriften der Kirchenväter vorkommt und welche Bedeutung es dort hat. Mit solchen Erörterungen aber ist es 1935 vorbei; da heißt es: Der Christ hat gehorsam zu sein.

Bonhoeffer hat noch 1937 das Buch ›Nachfolge‹ veröffentlichen können, das aus seinen Vorlesungen im Predigerseminar Finkenwalde entstanden war. Da heißt es an einer Stelle: »Eine Erkenntnis kann nicht getrennt werden von der Existenz, in der sie gewonnen ist.« (4,38) Mit dem 30. Januar 1933 hatte sich Bonhoeffers Existenz grundlegend verändert. Hitler war Reichskanzler geworden und hatte sofort damit begonnen, Deutschland in eine Diktatur zu verwandeln. Auf diese Wirklichkeit musste sich das »konkrete Gebot«, das die Kirche zu verkündigen hatte, beziehen. Dieses Gebot galt es von jetzt an nicht mehr theoretisch zu erörtern, sondern es war zu befolgen. Oder, um es mit der klassischen Formulierung aus der ›Nachfolge‹ zu sagen: »Nur der Glaubende ist gehorsam und nur der Gehorsame glaubt. Es ist ein Mangel an biblischer Treue, wenn wir den ersten Satz ohne den zweiten lassen.« (4,52) Jetzt sagt Bonhoeffer nicht mehr wie in seiner ersten Predigt Christentum bedeute Entscheidung, sondern sehr viel direkter: glauben bedeute sich entscheiden. Ehe wir fragen, wie das zu verstehen ist, müssen wir uns mit der damaligen politischen Situation vertraut machen, in der Bonhoeffer das gesagt hat, denn derart zugespitzte Sätze gehören eng mit Bonhoeffers Gedanken über das konkrete Gebot zusammen und mit dem Gott, der immer gerade heute Gott ist. Zu den Menschen, die nach den Plänen der NSDAP rechtlos gemacht werden sollten, gehörten vor allem die Juden. Wie das von der Bevölkerung akzeptiert werden würde, ließen die neuen Machthaber mit Hilfe eines Boykotts jüdischer Geschäfte testen. Bonhoeffer sieht darin Gottes konkretes Gebot verletzt und schreibt den Aufsatz ›Die Kirche vor der Judenfrage‹. Er stellt im Frühjahr 1933 klar, dass und wie die Kirche in dieser Situation auf das Staatshandeln reagieren müsse: Es gebe erstens »die an den Staat gerichtete Frage nach dem legitim staatlichen Charakter seines Handelns, d.h. die Verantwortlichmachung des Staates«. Es gebe zweitens den »Dienst an den Opfern des Staatshandelns. Die Kirche ist den Opfern jeder Gesellschaftsordnung in unbedingter Weise verpflichtet, auch wenn sie nicht der christlichen Gemeinde zugehören. In beiden Verhaltensweisen[5] dient die Kirche dem freien Staat in ihrer freien Weise, und in Zeiten der Rechtswandlung darf die Kirche sich diesen beiden Aufgaben keinesfalls entziehen. Die dritte Möglichkeit besteht darin, nicht nur die Opfer unter dem Rad zu verbinden, sondern dem Rad selbst in die Speichen zu fallen. Solches Handeln wäre unmittelbar politisches Handeln der Kirche und ist nur dann möglich und gefordert, wenn die Kirche den Staat in seiner Recht und Ordnung schaffenden Funktion versagen sieht [...]. Die Notwendigkeit des unmittelbar politischen Handelns der Kirche [...] ist jeweils von einem ›evangelischen Konzil‹ zu entscheiden.« (12,353 f.)

Es gibt in dieser Schrift Bonhoeffers viele Sätze, die der antijudaistischen Tradition der evangelischen Theologie geschuldet sind und auf die Tradition verweisen, aus der Bonhoeffer als Theologe kam. Aber entscheidend sind die oben zitierten Forderungen, durch die Bonhoeffer mit dieser Tradition bricht. Hier spricht der 27-Jährige wie eine ethische Instanz, die Anspruch darauf hat, von der Kirche gehört zu werden. Aber wer hörte schon auf einen so jungen Mann? Dabei hätte man damals die Nationalsozialisten vielleicht noch bremsen können. Wenn die beiden Kirchen – oder auch nur

5 Bonhoeffer sagt »Verhaltungsweisen«.

die evangelische – so gedacht und gehandelt hätten, wäre zumindest eine heftige deutschlandweite Diskussion ausgelöst worden. Es war die Zeit, in der Hitler seine Reden noch mit Gebeten schloss und noch keineswegs sicher war, wie weit er gehen konnte. Aber die Kirchen hielten es für klüger zu schweigen, um die neuen Machthaber nicht zu reizen. Man fühlte sich für unterdrückte Minderheiten nicht zuständig.

Widerstand gab es erst, als der »Katholik« Hitler, der, obwohl er die Kirchen hasste, aus der katholischen Kirche nie ausgetreten ist, in die Rechte der evangelischen Kirche eingriff, Kirchenwahlen anordnete und dafür sorgte, dass diese Wahlen zu einem Triumph der »Deutschen Christen« – also des nazihörigen Teils der Amtsträger und Gemeindeglieder – wurden. Die Deutschen Christen (im Folgenden DC genannt) erklärten es sofort für selbstverständlich, dass der »Arierparagraph« des von der neuen Regierung erlassenen Beamtengesetzes auch in der Kirche gelte und seine Bestimmungen durchzuführen seien. »Nicht arische« oder mit »nicht arischen« Frauen verheiratete Pfarrer und Kirchenbeamte dürften in der »Deutschen Evangelischen Kirche« nicht länger Dienst tun. Dagegen erhob sich dann doch heftiger Widerspruch. Martin Niemöller und 22 andere Pfarrer, darunter Dietrich Bonhoeffer, gründeten den »Pfarrernotbund« und erklärten, eine Kirche, die Mitglieder aus rassischen Gründen ausschließe, handle gegen Gottes Gebot und damit gegen das Wesen der Kirche. Innerhalb kurzer Zeit erklärten 4000 Pfarrer ihre Mitgliedschaft. Bis Januar 1934 kamen weitere 3000 hinzu. Aber die Mehrheit betonte gleichzeitig lautstark, es handele sich um eine rein innerkirchliche Auseinandersetzung und keinesfalls um eine Stellungnahme gegen den neuen Staat Adolf Hitlers. Über diese verharmlosenden Erklärungen hat Bonhoeffer später, als er in England war, sehr nüchtern geurteilt: »Es muß endlich mit der theologisch begründeten Zurückhaltung gegenüber dem Tun des Staates gebrochen werden – es ist ja doch alles nur Angst. ›Tu deinen Mund auf für die Stummen‹ – wer weiß denn das heute noch in der Kirche, daß dies die mindeste Forderung der Bibel in solchen Zeiten ist?« (13,204 f.) Der Pfarrernotbund sprach sich zwar für die judenchristlichen Pfarrer aus, aber die DC hatten die Mehrheit in fast allen kirchlichen Gremien der Deutschen Evangelischen Kirche gewonnen und übernahmen den »Arierparagraphen« in die neuen Kirchengesetze.

Damit war die Kirche, deren Pfarrer Bonhoeffer geworden war, für ihn keine Kirche mehr; denn nach dem Neuen Testament ist die Kirche seit ihren Anfängen eine Kirche aus Juden und Heiden, in der Rassenunterschiede oder Unterscheidungen anderer Art gar keine Rolle spielen dürfen. Bonhoeffer ging nach London. Dort hatten ihn zwei deutsche Auslandsgemeinden zum Pfarrer gewählt. Diese Entscheidung ist für den Kirchenkampf und für Bonhoeffer persönlich außerordentlich wichtig geworden. Der Bischof von Chichester, George Bell, hat ihn damals in kürzester Zeit zu seinem Vertrauten gemacht und in einer für englische Verhältnisse ganz unüblichen Weise in den Kirchenkampf in Deutschland eingegriffen. Der auf den Tag genau 23 Jahre jüngere Bonhoeffer, in dem der kinderlose George Bell wohl so etwas wie einen Sohn gesehen hat, wurde dabei der Berater des Bischofs. Solcher belastbaren Freundschaften wegen haben Hans von Dohnanyi und Oberst Hans Oster Bonhoeffer sieben Jahre später in den militärischen Widerstand geholt, für den Generaloberst Ludwig Beck ihm 1942 den heiklen Auftrag erteilt hat, in Schweden Bischof Bell zu treffen und ihm die Namen der leitenden Männer des deutschen militärischen Widerstands mitzuteilen. Man hoffte, auf diese Weise endlich Kontakt zu den Westmächten zu bekommen.

Bonhoeffer war der Judenfrage wegen nach London gegangen. Wenn jetzt manchmal gesagt wird, er habe nach seiner mutigen Schrift von 1933 kaum noch etwas für die Juden getan, so ist das wenig fundiert. Er hat in London Bischof Bell beim Aufbau der Hilfsorganisation für jüdische Flüchtlinge geholfen, und seine Versuche, Juden zu helfen, reichen bis in die Zeit unmittelbar vor seiner Verhaftung.

Während Bonhoeffer in London war, hatte die kirchliche Opposition im Mai 1934 eine Synode nach Barmen einberufen und dort in einer »Theologischen Erklärung« die Irrlehren der Deutschen Christen feierlich verworfen. Im Oktober war auf einer weiteren Synode in Berlin-Dahlem eine eigene Leitung für die »Bekennende Kirche« (BK) gewählt worden. Durch diese beide Synoden gab es für Bonhoeffer wieder eine Kirche in Deutschland, deren Pfarrer er sein konnte. Und diese Kirche berief ihn als Leiter eines ihrer neu zu gründenden fünf Predigerseminare. Der Plan, sein Seminar in Düsseldorf anzusiedeln, wurde verworfen. Stattdessen kam es nach Finkenwalde bei Stettin, wo es sicher sehr viel länger unentdeckt geblieben ist, als das in Düsseldorf möglich gewesen wäre.

Im Sommer 1935, zwei Wochen nach dem Parteitag, auf dem Hitler die »Nürnberger Gesetze« verkündet hatte, hat Bonhoeffer von der Synode der Bekennenden Kirche in Berlin-Steglitz gefordert, sie müsse gegen diese Gesetze, durch die die Juden in Deutschland endgültig rechtlos gemacht wurden, öffentlich protestieren. Aber er gehörte der Synode nicht an, und die Synodalen, die so dachten wie er, konnten sich nicht durchsetzen. Bonhoeffer hat von der Pogromnacht 1938 in Hinterpommern erst einige Tage nach dem 9. November Kenntnis bekommen und damals geschwiegen, weil er auf den ersten Umsturzplan der Gruppe hoffte, zu der er zwei Jahre später selbst gehören wird. Aber in seiner Bibel unterstrich er Psalm 74, Vers 8: »Sie verbrennen alle Häuser Gottes im Lande« und schrieb an den Rand: »9. 11. 1938«.

Als Mitglied der Widerstandsgruppe in der Abwehr hatte er dann aber nicht nur teil an der Aktion des Amtes Canaris – und da besonders seines Schwagers Hans von Dohnanyi –, Juden in die Schweiz zu schleusen, sondern er wurde der Verbindungsmann zwischen dem Ökumenischen Rat der Kirchen und den kleinen Gruppen in Berlin, die sich verzweifelt und unter Lebensgefahr bemühten, etwas für die gefährdeten Juden zu tun. Und dass es schließlich doch noch einen Protest der evangelischen Kirche gegen die Judenverfolgung gegeben hat, als die Bekenntnissynode in Breslau 1943 gegen die Deportationen Stellung bezog, ging nicht zuletzt auf Bonhoeffer zurück, der damals schon inhaftiert war, der aber den entscheidenden Vortrag im vorbereitenden Ausschuss noch hatte halten können. Bonhoeffer hat die beiden konkreten Gebote Gottes, die er erkannt hatte, für die Unterdrückten und ebenso für den Frieden einzutreten, nie aus den Augen verloren. Allerdings war ihm auch klar, dass man in beiden Fällen Helfer brauchte. Das konkrete Gebot richtet sich immer an die Kirche und nicht nur an den einzelnen Christen. Es geht dabei um die entscheidenden Fragen der Zeit. Wer sie als konkretes Gebot erkannt hat, muss die Kirche darauf hinweisen. Zum richtigen Handeln zwingen kann er sie nicht.

Auf die bereits erwähnten Synoden von Barmen und Dahlem im Jahr 1934 müssen wir noch etwas genauer eingehen, weil sie in der Gehorsamstheologie Bonhoeffers eine wichtige Rolle gespielt haben. Die Verurteilung der falschen Lehren der DC und die neu gewählte Leitung der Bekennenden Kirche bedeuteten für Bonhoeffer, dass es in seiner Kirche wieder eine legitime »Gehorsamsstruktur« gab. »Gott gehorsam sein« bedeutet in den meisten Fällen, dass man bestimmten Menschen gegenüber zu einem »relativen Gehorsam« verpflichtet ist. Bonhoeffer hatte bereits in seiner Dissertation geschrieben: »Mein relativer Gehorsam gehört der Kirche. Sie ist im Recht, von mir ein sacrificium intellectus[6] und vielleicht sogar gegebenenfalls auch ein sacrificium conscientiae[7] zu fordern. [...] Erst dort, wo wirklich die absolute Autorität des Wortes Gottes mir gegenübertritt, [...] kann die relative Gebundenheit an die Kirche zerrissen werden.« (1,173)

Die Autorität des Wortes Gottes hatte die scharfe Trennung von der »Reichskirche« notwendig gemacht; aber nach den Synoden von Barmen und Dahlem gab es wieder eine Kirche, deren durch die Synode ordnungsgemäß (»rite«) berufene Leitung jenen »relativen Gehorsam« verlangen konnte, der nur durch die absolute Autorität des Wortes Gottes aufgelöst werden konnte.

Für die Monate vor seiner Rückkehr nach Deutschland hatte Bonhoeffer noch zwei Pläne: Er wollte Indien besuchen, um bei Gandhi Formen des gewaltlosen Widerstands kennenzulernen, also zivilen Ungehorsam als die bessere Form des Gehorsams in einer Zeit der Gewalt. Außerdem dachte er intensiv über einen Zusammenschluss unverheirateter, einsatzbereiter junger Theologen nach und scheint ursprünglich eine Zahl von etwa sechzig jungen Männern für möglich gehalten zu haben. Eine Art Orden sollte den Widerstand der Kirche gegen den Nationalsozialismus tragen, und koste es das Leben. Den Londoner Gemeinden sagt er: »Es ist Entscheidungszeit. [...] Die Kirche darf sich nicht länger Illusionen hingeben. Es geht auch in ihr um das Ganze. Sie muss wissen, mit wem sie zu rechnen

6 Opfer der (eigenen) Erkenntnis, d.h. man verzichtet um der Kirche willen auf Entscheidungen, die sich aus der eigenen Erkenntnis ergeben.

7 Opfer einer Gewissensentscheidung. Man folgt der kirchlichen Entscheidung, obwohl das Gewissen etwas anderes nahelegt.

hat und mit wem nicht. Besser eine kleine, einsatzbereite Truppe als ein großes Heer, das mit Deserteuren durchsetzt ist. [...] Es geht um Glauben und Unglauben, um Gehorsam und Ungehorsam, um Nachfolgen oder Desertieren, um Christus oder die Götzen unseres Lebens.« (13,291)

Gandhi lud ihn mit einem freundlichen Brief zu einem Besuch ein – für so etwas konnte Bischof Bell sorgen –, aber die Freunde daheim wussten die Indienreise zu verhindern. Sie hielten das wohl für eine typische Spinnerei Bonhoeffers und legten den Termin für seinen Arbeitsbeginn in Deutschland so, dass Bonhoeffer Gandhi absagen musste. Es reichte gerade noch zu einem Besuch bei drei anglikanischen Klöstern, von denen er sich Anregungen für das Predigerseminar erhoffte, als dessen Direktor die Bekennende Kirche ihn berufen hatte. Der militante Orden von 60 jungen Pfarrern kam nicht zustande. Er hätte im NS-Staat 1935 wohl auch keine Chance mehr gehabt. Bonhoeffer durfte aber als eigentliche Kraftzelle seines Seminars ein Bruderhaus einrichten, von dem aus sechs junge Pfarrer, die zur Lebensgemeinschaft des Seminars gehörten, Aufträge der BK übernehmen und mit Bonhoeffer jede neue Gruppe von Vikaren prägen konnten. Nur geschah all dies bereits in einer neuen Phase des Kirchenkampfes.

Die Deutschen Christen mit dem »Reichsbischof« an der Spitze hatten sich derartige Blößen gegeben, dass Hitler sie kaltstellte und als Leiter der Kirche einen »Reichskirchenminister«[8] einsetzte. Damit war die evangelische Kirche in Deutschland nicht einmal mehr dem Schein nach frei, sondern völlig dem Staat unterworfen. Wenn man dem Wort Gehorsam bei Bonhoeffer von jetzt an so viel häufiger begegnet, so ist das biblisch begründet: Man soll Gott mehr gehorchen als den Menschen, heißt es in der Apostelgeschichte (Apg. 5,29). Der neue Reichsminister, Hanns Kerrl, der für sein Amt keinerlei Vorkenntnisse mitbrachte, setzte Ausschüsse für die »Kirche der altpreußischen Union« und für deren Provinzen ein, in die er Männer der Bekennenden Kirche, Mitglieder der DC und sogenannte Neutrale – also Pfarrer, die sich weder für die DC

8 Hanns Kerrl (1887–1941) bekam dieses Amt vor allem deshalb, weil er nach der Auflösung Preußens sein Amt als preußischer Justizminister verloren hatte.

noch für die Bekennende Kirche hatten entscheiden können – berufen ließ. Die sollten dann »ordentlich zusammenarbeiten«. Er behielt sich im Übrigen aber vor, alles, was ihm oder seinen Mitarbeitern nicht passte, zu verbieten. Und hinter seinen Verboten standen schon längst Himmler und die SS.

Die BK erklärte, sie könne aus Gründen des Bekenntnisses mit den Ausschüssen des Ministers nicht zusammenarbeiten.[9] Zu den ersten Einrichtungen, die daraufhin verboten wurden, gehörten die Predigerseminare der BK.

Die 22 Vikare, die angereist waren, um sich von Bonhoeffer in einem halbjährigen Kurs für das Pfarramt vorbereiten zu lassen, beteiligten sich damit an etwas, was vom Staat bereits ausdrücklich untersagt worden war. Sie konnten nicht damit rechnen, ein Pfarramt zu bekommen; und weil sie einer unsicheren Zukunft entgegengingen, nannte man sie in der Bekennenden Kirche schon bald die »Illegalen«. Wenn diese Kirche eine Zukunft haben sollte, dann kam es auf die Kandidaten ihrer fünf neuen Predigerseminare entscheidend an.

Es muss eine eindrucksvolle Zusammenkunft gewesen sein, als Bonhoeffer die Vikare, die ihm zugeteilt worden waren, um sich versammelte, ihnen die Lage schilderte und es ihnen freistellte, zu bleiben oder das Seminar wieder zu verlassen.[10] Nicht einer wollte gehen. »Wenn alle untreu werden, so bleiben wir doch treu«[11], so haben Bonhoeffer und seine Schüler es damals empfunden. Ein Teil der Kandidaten war aus dem berühmten Predigerseminar in Wittenberg hinausgeflogen, weil sie sich geweigert hatten, den »Reichsbischof« anzuerkennen. Reichsbischof war der ehemalige Militär-

---

9 Dieser Erklärung schlossen sich aber längst nicht alle kirchlichen Gruppen an. Den Flügel, der die Zusammenarbeit konsequent ablehnte, weil er nur die in Berlin-Dahlem gewählte Leitung anerkannte, nannte man die »Dahlemiten«, und zu ihnen gehörte Bonhoeffer als einer, der – aus Gründen des Gehorsams – jeden Kompromiss mit der anderen Seite ablehnte.

10 Es war noch nicht gelungen, ein Domizil für das Seminar zu finden. Bonhoeffer und seine Schüler begannen ihre Arbeit in einem Ferienheim auf der Halbinsel Zingst.

11 Mit den Worten »Wenn alle untreu werden, so bleib ich dir doch treu« beginnt der Christushymnus des Dichters Novalis. Schon in den Freiheitskriegen wurde das Gedicht »säkularisiert« und landete schließlich nach weiteren Veränderungen in einem SS-Liederbuch.

pfarrer Ludwig Müller geworden, weil Hitler ihn 1933 zu seinem »Vertrauensmann in der evangelischen Kirche« erklärt hatte. Das Seminar in Wittenberg war damals fest in den Händen der DC. Zu der Gruppe, die von dort kam, gehörte Eberhard Bethge, der schon bald Bonhoeffers engster Freund und Mitarbeiter werden sollte. Viele der Kandidaten kannten Bonhoeffer bereits, weil sie 1932 und 1933 seine Vorlesungen in Berlin besucht hatten. Sie schwärmten für den Lehrer, der so anders war, als die Berliner Theologieprofessoren. Bonhoeffer gab seinem neuen Seminar eine ziemlich strenge Ordnung, und einige der Kandidaten begehrten dagegen auf. Er sagte, protestieren dürften sie natürlich; aber dann müssten sie, wie alle anderen, die Ordnung einhalten. »Seine tyrannische Art«, hat er das später genannt. Gehorsam also nicht nur in den großen Fragen; das hätten sie alle für selbstverständlich gehalten, sondern gerade auch in den alltäglichen Dingen. Bonhoeffer wusste, wenn er als Leiter der Gruppe nicht von Anfang an zeigte, dass sie eine Einheit war und darum nach einheitlichen Regeln leben musste, würde er es in Kürze mit erheblichen Disziplinschwierigkeiten und mit Unfrieden unter den Kandidaten zu tun bekommen. Nichts war dabei so wichtig wie das eigene Vorbild. Die Küche bat an einem der ersten Tage um Helfer für den Abwasch, und als sich nicht sofort jemand meldete, sprang Bonhoeffer auf, lief in die Küche und schloss die Tür hinter sich ab. Er war durch keine Bitte zu bewegen, sie zu öffnen, ehe der Abwasch erledigt war. Von da an wurde »in freiwilligem Gehorsam« abgewaschen. Lehren, die so erteilt werden, sitzen ganz anders als jeder Befehl, und Bonhoeffers Vorbild muss auch sonst etwas Überwältigendes gehabt haben. Er wusste das, und es bereitete ihm innere Probleme. Nach seiner Theologie sollten die Vikare sich ja gerade *nicht* nach einem Menschen ausrichten, sondern nach Jesus Christus. (Bethge erzählt, dass Bonhoeffer Depressionen bekommen konnte, wenn er merkte, wie stark seine Persönlichkeit auf die Vikare im Predigerseminar Finkenwalde wirkte.)

Bonhoeffer stellte die gemeinsame Besinnung auf die Bibel in den Mittelpunkt der täglichen Arbeit des Seminars. Da sollten die Vikare entdecken, wem sie und ihr Direktor zu gehorchen hatten. Und um dieses Thema drehte sich auch Bonhoeffers wichtigste Vorlesung und alles, was dann als Anfrage des Seminars oder des Direktors nach draußen ging. Es war die Frage: Was heißt im Deutschland Adolf Hitlers Nachfolge? Wo folgen wir Christus und wo verleugnen wir ihn? Und hier finden wir an zentraler Stelle den bereits zitierten Satz: »Nur der Glaubende ist gehorsam und nur der Gehorsame glaubt.« Für die damaligen Lutheraner war dieser Satz ein ausgesprochenes Ärgernis. Die Bergpredigt, die Bonhoeffer damit auszulegen beginnt, war nach Meinung der meisten damaligen Theologen dazu da, den Glaubenden zu zeigen, dass sie Sünder sind und darum der Gnade Gottes und der Vergebung der Sünden bedürfen. Wer sich darauf verlässt, der – so wurde gelehrt – wird gerecht durch den Glauben; denn um dieses Glaubens willen vergibt Gott ihm alle Sünden. Bonhoeffer nennt das billige Gnade. So werde nämlich nicht der Sünder, sondern die Sünde gerechtfertigt. Nur der Gehorsame glaubt. Gott vergibt dem Sünder, der darauf vertraut, dass er »allein durch den Glauben«, wie es bei Luther heißt, gerechtfertigt wird; aber der begnadigte Sünder darf nicht weiterleben wollen wie bisher, sondern soll tun, was Jesus gebietet.

Wir haben gesehen, dass Bonhoeffer darunter die großen Fragen der Zeit verstand: das Einstehen für die Unterdrückten und das Zeugnis für den Frieden. Aber so etwas lernt man nicht mit Siebenmeilenstiefeln oder unter dem Nürnberger Trichter, sondern zuallererst durch Disziplin und durch kleine Schritte. So, erklärte Bonhoeffer, haben es als Erste die Jünger Jesu gelernt. Jesus hat zu einem Levi, der am Zoll saß, gesagt: »Komm und folge mir nach!« Und Levi fragt sich nicht: Was meint er damit? oder: Wer ist das überhaupt? Er steht auf, lässt alles zurück, was er hat, und wird ein Jünger Jesu, ein Nachfolger. Nachfolge ist teuer und kann für die Nachfolger gefährlich werden, weil auch die Gnade teuer ist. Nachfolge kann das Leben kosten, denn sie ist Nachfolge des gekreuzigten Christus. Dass Bonhoeffer diese letzte Konsequenz immer vor Augen hatte, werden wir gleich sehen; aber zunächst ging es um leichtere Fragen, und schon die konnten hart genug sein.

Die Ausschüsse hatte der Kirchenminister klug besetzt. Er hatte die oberste Leitung einem Ruheständler übergeben, dem ehemaligen westfälischen Generalsuperintendenten Wilhelm Zöllner, einem angesehenen Lutheraner. Und sofort hieß es in den Pfarrkonventen: Wenn der an der Spitze steht, ist doch alles in Ordnung;

dann kann jeder Pfarrer in Frieden seine Arbeit tun und braucht sich um Streitereien an der Spitze nicht zu kümmern Vielleicht hören die jetzt sogar auf. Damals unterstellten sich viele »Bekenntnispfarrer« den Ausschüssen. Bonhoeffer und seine ersten Vikare aber waren sich einig: Wer die DC nicht länger Christen nennen kann, weil sie von Christus zu Hitler abgefallen sind, kann nicht plötzlich wieder mit ihnen zusammenarbeiten, bloß weil ein pensionierter lutherischer Generalsuperintendent nicht begriffen hat, dass das Ungehorsam gegenüber Christus bedeutet. In Barmen hatte die Bekennende Kirche feierlich erklärt, dass sie im Gehorsam gegen Christus die falsche Lehre der DC verwerfe, und in Dahlem hatte sie sich in eben diesem Gehorsam eine eigene Leitung gegeben. Wie hätte sie das jetzt auf Befehl des Staates, dessen Sache das gar nicht war, rückgängig machen dürfen?

»Gott mehr gehorchen als den Menschen« oder auch »Christus nachfolgen« wird immer der Einzelne. Aber in aller Regel erfährt er das, was er zu tun hat, in der Gemeinschaft der Kirche, also in der Gehorsamsstruktur, von der bereits die Rede war. Nur leider sahen Hunderte von Pfarrern in Vorder- und Hinterpommern und Tausende im übrigen Reich das anders. Sie traten zwar nicht aus der Bekennenden Kirche aus, aber sie arbeiteten mit den »Ausschüssen« zusammen; und es dauerte nicht lange, bis die ersten Eltern, Schwiegereltern und Bräute kamen und auf diesen oder jenen Finkenwalder Kandidaten[12] einredeten, wieso er sich nicht den Ausschüssen unterstelle? Dann bekäme er ein Pfarramt und Gehalt. Der Pfarrer zuhause sage auch, dass man das jetzt tun könne. Es ist menschlich verständlich, dass die Front, je länger der Kirchenkampf dauerte, desto mehr zu bröckeln begann. Im Rheinland liefen von 400 Vikaren der Bekennenden Kirche nach und nach 200 zum Konsistorium[13] in Düsseldorf über, zu dem DC-Theologen und Neutrale gehörten. Bonhoeffers kleine Schar, zu der auch alle Ehe-

---

12 In Finkenwalde, einem Gutshaus südlich von Stettin, hatte Bonhoeffers Seminar nach längerer Suche eine Bleibe gefunden. Die Gebäude gibt es nicht mehr, aber die evangelische Kirche in Polen hat an dem Ort eine Gedenkstätte eingerichtet.

13 Konsistorien waren die Verwaltungsbehörden der »altpreußischen« Kirchenprovinzen. Sie gehörten zur »Reichskirche« und die »Ausschüsse« des Reichskirchenministers waren für sie die Kirchenleitung.

maligen gehörten, die sich irgendwo mit Hilfe einer Bekenntnisgemeinde durchschlugen, hielt lange durch; aber schließlich gingen auch hier die ersten zu den Konsistorien.

In den Berichten über die Gespräche mit den »Finkenwaldern«, die sich »legalisieren« lassen und damit die Autorität der Konsistorien anerkennen wollten, spielt das Wort Gehorsam die entscheidende Rolle. Um Gehorsam ging es auch, wenn sich Bonhoeffer nach außen wandte. Es gibt Berichte darüber, wie er mit dem gesamten Seminar angereist kam, wenn in der Bekennenden Kirche Pommerns über das Zusammengehen mit den Ausschüssen diskutiert wurde; und oft waren die Forderungen der »jungen Brüder« wesentlich schärfer formuliert als die ihres Direktors; denn inzwischen hatten die ersten Bonhoefferschüler wegen ihres Gehorsams gegenüber der Bekennenden Kirche im Gefängnis gesessen. Wenn das, was zu ihrer Verhaftung geführt hatte, als »unnötige Provokation« bezeichnet wurde, waren die Kandidaten verbal kaum noch zu bremsen, während ihr Direktor auch dann noch ruhig und kontrolliert blieb.

Es gibt allerdings einen Brief, in dem er seine Schüler nach einer solchen Auseinandersetzung energisch verteidigt und einem Mitglied des pommerschen Bruderrates der Bekennenden Kirche vorwirft, der Heilige Geist bleibe bei ihm »irgendwie neutral«. »Es lauert hinter Ihren Ausführungen ein Begriff des ›Christlichen‹, der nicht von der Wahrheit der Schrift, sondern von unserem Urteil über einen menschlichen Befund gewonnen ist. [...] Die Bekennende Kirche würde die ihr gegebene Verheißung preisgeben, wenn man neben dem Gehorsam gegen die durch den Heiligen Geist gewirkte Wahrheit noch irgend eine andere Größe einführte, um der Kirche neues Leben zu geben.« (14,111 f.) Der Angesprochene, ein Pfarrer Schauer, war Mitglied des Bruderrates der Bekennenden Kirche in Pommern, neigte nun aber den Ausschüssen zu, und Bonhoeffer fragt ihn, ob er an seiner Berufung in den Rat wirklich solche Zweifel haben könne. »In welcher Autorität haben Sie denn bisher gehandelt? Woher konnten Sie denn Gehorsam und Zucht gegenüber den Weisungen des Bruderrates begründen? Was nicht aus der vocatio (der Berufung) geschieht, ist Schwarmgeisterei [...] Das ist der Bruderrat nicht. [...] Ich würde meinen Gehorsam gegen den Bruderrat sofort aufkündigen müssen, wenn er nicht rite vocatus (in gültiger Weise berufen) wäre. Aber das rite ist eben keine rechtliche, sondern eine geistliche Wirklichkeit. Wollen Sie diese Wirklichkeit bezweifeln?« (ebd.) Schauer hat die Bekennende Kirche wenig später verlassen.

In Bonhoeffers Aufsätzen erschien die Gehorsamsfrage scharf zugespitzt unter dem Begriff Entscheidung. So in dem Aufsatz ›Die Bekennende Kirche und die Ökumene‹. Bonhoeffer stellt die befreundeten Kirchen des Auslands vor die Frage, ob sie bereit seien, die Bekennende Kirche als die rechtmäßige evangelische Kirche in Deutschland anzuerkennen und die Vertreter der hitlerhörigen »Reichskirche« als häretisch aus den ökumenischen Gremien auszuschließen. Wie radikal er dachte und dann auch formulieren konnte, zeigt sich in dieser Schrift. Je nachdem, wie die Ökumene sich entscheide, sei »die Einheit dieser ökumenischen Kirche entweder der Gehorsam gegen die Verheißung Jesu Christi, dass eine Herde und ein Hirte sein solle, oder aber sie ist das auf der Lüge des Teufels in Engelsgestalt erbaute Reich des falschen Friedens und der falschen Einheit« (14,676). Für Bonhoeffer war die Entscheidung für die Bekennende Kirche und gegen die Deutschen Christen das konkrete Gebot Gottes für die Ökumene, deren Gremien damals wie heute in Genf saßen. Und weil er damit recht hatte, muss man sagen, dass die Genfer Ökumene damals versagt hat.

Bonhoeffers Kollegen in Genf – er war immer noch einer der internationalen Jugendsekretäre – dachten gar nicht daran, auf so etwas zu antworten, sondern überlegten stattdessen, wie man ihn möglichst geräuschlos durch einen Mann anderer Nationalität ersetzen könnte. In Deutschland blieb Bonhoeffers Schrift unbeachtet. Aber dann ließ er ihr eine zweite Schrift ›Zur Frage nach der Kirchengemeinschaft‹ folgen, in der er darlegte, warum man mit den Ausschüssen nicht zusammenarbeiten dürfe. Da heißt es: »Wer sich wissentlich von der Bekennenden Kirche trennt, trennt sich vom Heil«[14], und dieses Satzes wegen erhob sich ein Sturm der Entrüstung in ganz Deutschland. Selbst treue Anhänger der Beken-

14 Nach dem berühmten Wort von Cyprian von Karthago: Extra ecclesiam nulla salus (außerhalb der Kirche kein Heil), das Bonhoeffer ausdrücklich zitiert.

nenden Kirche, die deren rote Mitgliedskarte besaßen, meinten damals, das hätte er nicht sagen dürfen. Seine Gegner verbreiteten das Gerücht, er habe gesagt: Wer keine rote Karte hat, kommt nicht in den Himmel. Noch lange nach dem Zweiten Weltkrieg gab es ältere Pfarrer, die sich heftig über Bonhoeffers Schrift erregen konnten.

Für Bonhoeffer ging es um schlichte Fragen des Gehorsams. Er selbst dachte für seine Person ungleich radikaler. Für die »Illegalen« und für viele jüngere Theologen bedeutete es damals eine wesentliche Entlastung, dass wegen der Vorbereitung auf den Krieg mehr und mehr Studenten und ehemalige Offiziere zum Wehrdienst eingezogen wurden. Endlich konnten sie dem Staat gegenüber ihre Loyalität beweisen. Bonhoeffer aber sah voraus, dass durch Hitlers Krieg Gottes konkretes Gebot in schauerlicher Weise gebrochen werden würde und dass seine Kirche das ohne jeden Widerstand hinnehmen würde. In seinem Buch ›Nachfolge‹ hat er das nur angedeutet. Ich bin mir aber sicher, dass er sich schon damals durch das, was er drucken ließ, jede Rückzugsmöglichkeit abschneiden wollte. Wenn seine Kirche nicht gegen Hitlers Kriegspläne aufzustehen bereit war, dann würde er ein Zeichen setzen. Seinen Schülern hat er davon nichts gesagt. Er wollte sie nicht auf einen Weg mitnehmen, von dem er wusste, dass er auf dem Schafott enden würde. Die folgende Stelle in der ›Nachfolge‹ aber bezieht sich auf das konkrete Gebot Gottes in dieser Frage: »Christus würdigt das Leben nur weniger seiner Nachfolger der engsten Gemeinschaft seines Leidens, des Martyriums. Hier erweist das Leben des Jüngers die tiefste Gleichheit mit der Todesgestalt Jesu Christi. In der öffentlichen Schmach, im Leiden und im Tode um Christi willen gewinnt Christus sichtbare Gestalt in seiner Gemeinde. Es ist aber von der Taufe bis zum Martyrium dasselbe Leiden, derselbe Tod. Es ist die Neuschöpfung des Ebenbildes Gottes durch den Gekreuzigten. Wer in der Gemeinschaft des Menschgewordenen und Gekreuzigten steht, in wem er Gestalt gewonnen hat, der wird auch dem Verklärten und Auferstandenen gleich werden. »Wir werden das Bild des himmlischen Menschen tragen. 1. Kor. 15,49. […] Wir werden ihm gleich sein, denn wir werden ihn schauen, wie er ist. 1. Joh. 3,2.« (4,301 f.)

Im Februar 1937 legte Zöllner sein Amt als Vorsitzender der Kirchenausschüsse, das er nie hätte annehmen dürfen, nieder, weil ihn die Polizei in Lübeck daran gehindert hatte, mit einer Predigt in einen heftigen Kirchenstreit einzugreifen. Und nun ernannte Kerrl als Leiter der Deutschen Evangelischen Kirche und der »altpreußischen Kirche« den Juristen Friedrich Werner, der als Nationalsozialist seinen ganzen Ehrgeiz darein setzte, der Kirche den Garaus zu machen. Er dachte sich zum Beispiel zu Hitlers 49. Geburtstag aus, alle Pfarrer sollten schwören, »dem Führer des Deutschen Reiches und Volkes treu und gehorsam zu sein«. In der Eidesbelehrung hieß es, dass hier nicht die Forderung aus dem Römerbrief des Apostels Paulus (Röm. 13) gemeint sei, dass der Christ der Obrigkeit untertan sein solle, sondern dass es bei diesem Eid »um eine innerste Verbundenheit mit dem Dritten Reich« gehe »und mit dem Mann, der diese Gemeinschaft geschaffen hat und verkörpert«. Werner ließ mitteilen, wer nicht schwöre, werde ohne Gehalt entlassen. Bonhoeffer und seine Schüler sind damals von Pfarrkonvent zu Pfarrkonvent gefahren, um die Pfarrer zu beschwören, diesen Eid nicht abzulegen, weil er die Absage an Christus bedeute; aber sie wurden nicht gehört. Bonhoeffer schrieb, als die Bekenntnissynode nach lähmenden Debatten ihren Pfarrern die Eidesleistung freigestellt hatte, an den Bruderrat: »Es bedeutet für einen Bekenntnispastor einen schweren Entschluss, der Entscheidung einer altpreußischen Synode widersprechen zu müssen.« Und dann zeigt er höflich, aber völlig unbeugsam, dass die Synode hier nicht dem Worte Gottes gemäß entschieden habe. Wer wissen will, wie radikal er dachte, der lese diesen Brief. (15, 50–57) Es ist ein Beispiel dafür, dass auch Bekenntnissynoden eben nur relativen Gehorsam beanspruchen können.

Als die meisten Pfarrer geschworen hatten, erklärte Martin Bormann, der Reichsleiter der NSDAP, dem Eid komme keinerlei Bedeutung zu, weil er vom Staat gar nicht verlangt worden sei. Es war ein Tiefpunkt in der Geschichte der Bekennenden Kirche, der die Gewissen noch lange belastet hat.

Wie Bonhoeffer den Rigorismus, von dem man in seiner zweiten Phase zweifellos sprechen kann, abgelegt hat und stattdessen eine Freiheits-Theologie entwickeln konnte, gehört zu den spannendsten Fragen für jeden Bonhoefferbiografen. Auch hier gilt wieder, dass Erkenntnisse nicht von der Existenz gelöst werden können, in der sie gewonnen worden sind. Bonhoeffers Predigerseminar in Finkenwalde südlich von Stettin war 1937 von der Gestapo aufgelöst und das Haus versiegelt worden. Bonhoeffer war daraufhin mit seinem Seminar in den Untergrund gegangen. Zwei Superintendenten der Bekennenden Kirche in Hinterpommern brachten die Vikare, die Bonhoeffer ausbilden sollte, pro forma bei Bekenntnispfarrern unter. In Wirklichkeit lebten sie zur Hälfte im großen Pfarrhaus des Kösliner Superintendenten Friedrich Onnasch und zur anderen Hälfte in einem Pfarrhaus bei Schlawe, das bis dahin leer gestanden hatte. Als in dieses Pfarrhaus wieder ein Pfarrerehepaar einzog, fand sich als Ersatz der »Sigurdshof«, ein kleines Haus noch tiefer in den Wäldern Hinterpommerns. Bonhoeffer teilte seine Zeit zwischen den beiden Gruppen und fuhr wöchentlich zwischen Köslin und dem Sigurdshof hin und her. Es war eine anstrengende und für ihn besonders quälende Zeit, weil er kaum noch dazu kam, theologisch zu arbeiten. Er musste zudem täglich damit rechnen, zur Musterung aufgerufen zu werden, und war entschlossen, dabei zu erklären, dass er den Kriegsdienst verweigern werde.

Die Wende kam durch eine Einladung in die USA im Frühjahr 1939. Man weiß, dass es Männer in der Leitung der Bekennenden Kirche gab, die Bonhoeffer damals dringend geraten haben, die Einladung anzunehmen. Bonhoeffers Zeugnis gegen den Krieg sollte die BK nicht in einen weiteren schweren Konflikt mit dem Staat stürzen; und vielleicht hat Bonhoeffer auch selbst gehofft, er werde in den USA vom Krieg überrascht werden und so dem Tod auf dem Schafott entgehen. Aber bereits auf dem Schiff hatte er das Gefühl, er sei dabei, dem Ort zu entfliehen, an den ihn Gott gestellt hatte. In seinem Reisetagebuch heißt es: »Große Programme führen uns immer nur dorthin, wo wir selbst sind; wir sollten uns aber nur dort finden lassen, wo Er ist … Oder bin ich doch dem Ort ausgewichen, an dem Er ist? An dem Er für mich ist?« (15,218) Bonhoeffer hat in Konfliktsituationen – vor allem im Gefängnis – mit Hilfe von Liedstrophen Ruhe gefunden; aber bei der USA-Reise waren es Grabsprüche. Besonders aufschlussreich ist dabei der Grabspruch Kierkegaards:

Noch eine kleine Zeit, dann ist es gewonnen,
dann ist der ganze Streit in Nichts zerronnen.
Dann werd ich mich laben an Lebensbächen
Und ewig, ewiglich mit Jesus sprechen.

In New York hielt Bonhoeffer es unter Qualen einen Monat lang aus. Am 7. Juli 1939 nahm er das Schiff zurück nach England, um dort seine Zwillingsschwester Sabine Leibholz zu sehen, und fuhr dann von London nach Deutschland zurück, wo wenige Wochen später mit dem Überfall auf Polen der Zweite Weltkrieg begann.

Die Frage, warum Bonhoeffer damals nach Deutschland zurückgekehrt ist, beschäftigt bis heute viele Menschen. Er hat nach der Rückkehr an Reinhold Niebuhr, der sich sehr für die Einladung in die USA eingesetzt hatte, geschrieben: »Ich bin jetzt überzeugt, dass mein Kommen nach Amerika ein Fehler war. Diese schwierige Epoche unserer nationalen Geschichte muss ich bei den Christenmenschen Deutschlands durchleben. Ich habe kein Recht an der Wiederherstellung des christlichen Lebens in Deutschland nach dem Kriege mitzuwirken, wenn ich nicht die Prüfungen dieser Zeit mit meinem Volk teile. Meine Brüder in der Bekenntnissynode wünschten, dass ich ging. Vielleicht hatten sie recht, mich dazu zu drängen; aber von mir war es falsch fort zu gehen.«(15,644)

Aber der Grund für seine Rückkehr lag wohl doch tiefer. Bonhoeffer hatte sich gefragt, ob seine Reise in die USA nicht eine Flucht sei. War er dem Ort entflohen, an dem Gott ihn haben wollte? Im Losungsbuch der Brüdergemeine, das er täglich las, hatte am 24. Juni als der für diesen Tag ausgeloste Bibelvers gestanden: »Wer glaubt, der flieht nicht« (Jes. 28,16). Wer, wenn nicht er, würde das Zeichen dafür aufrichten, dass Gott gegen den Krieg Hitlers war? Mag sein, dass das alles nicht so klar und eindeutig bei ihm war; aber dass er solche Gedanken hatte, ist sicher.

In dieser aufs Äußerste angespannten Situation kam es durch das Studium der Bibel zu einer erneuten geistlichen Wende[15] in Bonhoeffers Leben. Er wurde wider Erwarten nicht zur Musterung aufgerufen und schon gar nicht eingezogen, sondern konnte in den Wäldern Hinterpommerns noch nach dem Polenfeldzug im Schutz eines eisigen Winters eine letzte Gruppe von Vikaren ausbilden, bis die Gestapo auch dieses Refugium der Bekennenden Kirche entdeckte und aufhob. Aber hier, im Sigurdshof, hat Bonhoeffer den 119. Psalm studiert, und dieser Psalm veränderte nicht nur seine Theologie, sondern wie der Apostel Paulus das genannt hat, seinen »inwendigen Menschen«. Der »Rigorismus« Bonhoeffers, von dem man im Blick auf seine Entwicklung bis dahin durchaus sprechen kann, wurde durch neue Erkenntnisse überwunden.

Der 119. Psalm, der mit seinen 176 Versen auch auf eifrige Bibelleser lähmend wirken kann, war Bonhoeffers Lieblingspsalm. Für ihn war es der Psalm derer, die sich entschieden haben, den Weg Gottes mitzugehen, weil Gott sich für sie entschieden hat. Das Christenleben besteht nicht aus »immer neuen Anfängen«, sondern ist ein Weg, auf dem der Glaubende vorankommt, weil es Gottes Weg ist. »Darum ›wohl denen, die im Gesetz des Herrn wandeln‹. Sie sind es, [...] die herkommen aus dem vollbrachten Anfang Gottes. Sie sind wie die Sieger nach einer gewonnenen Schlacht. [...] Nun strecken sie sich aus nach einer neuen Zukunft, nun gehen sie von Sieg zu Sieg, nun sind sie auf dem Wege im Licht.« (15,503)

Die quälende Unsicherheit der Tage in New York, als es für ihn nur noch die Jenseitshoffnung zu geben schien, lag hinter ihm; die Erde hatte ihn wieder. Hier zeigt sich, dass die Entscheidung, nach Deutschland zurückzukehren, Bonhoeffer auch in seiner Theologie einen entscheidenden Schritt vorangebracht hat. In der Auslegung zu Vers 19 »Ich bin ein Gast auf Erden« bringt er das zum ersten Mal zur Sprache. Die Auslegung wird zu einem weiteren und besonders wichtigen Schritt auf Bonhoeffers »Reise zur Wirklichkeit«[16]. »Den Weg zu wissen, auf dem rechten Wege zu sein, erleichtert niemals

15 Die erste geistliche Wende war die Wendung zur Bibel und zum Gebet um das Jahr 1932.

16 So hat Karl Friedrich von Weizsäcker 1976 in einem Vortrag zu Bonhoeffers 70. Geburtstag die theologische Entwicklung Bonhoeffers charakterisiert.

Verantwortung und Schuld, sondern erschwert sie. Gottes Kinder stehen nicht unter Sonderrecht, außer dem einen, von Gottes Gnade und Weg zu wissen.« (15,508) »Auch mit meinen frömmsten Entscheidungen und Wegen kann ich zuschanden werden, niemals aber mit Gottes Gebot. Nicht meine Frömmigkeit, sondern Gott allein bewahrt mich vor Beschämung und Schande.« (15,512) »Das Leben ist Gottes Ziel mit uns. Wird es Mittel zum Zweck, dann tritt in das Leben ein Widerspruch, der es zur Qual werden lässt. Dann wird das Ziel, das Gute, jenseits des Lebens gesucht, das nur mit der Lebensverneinung erkauft werden kann. Das ist der Zustand, in dem wir uns vorfinden, bevor wir das Leben in Gott empfangen, und wir sind gelehrt worden, diesen Zustand gut zu nennen. Wir wurden zu Hassern und Verächtern des Lebens und zu Liebhabern und Anbetern der Ideen.« (15,526) [Auch ich muss mich fragen:] »... lebe ich etwa schon so sehr von dem Gerippe meiner eigenen Grundsätze, dass ich es vielleicht gar nicht mehr spüren würde, wenn Gott mir eines Tages sein lebendiges Gebot entzöge? Vielleicht würde ich dann wie bisher meinen Prinzipien getreu handeln, aber Gottes Gebot wäre nicht mehr bei mir.« (15,531)

Das Studium des 119. Psalms hat Bonhoeffer frei gemacht für eine grundlegende Veränderung in seinem Gottesverhältnis und damit auch in seinem Leben. Von jetzt an würde er sich Schritt für Schritt von Gott führen lassen. Bonhoeffer hatte erwartet, dass er durch seine Weigerung, Soldat zu werden, zum Märtyrer werden würde. Hatte er da seinen Prinzipien folgen wollen, nicht aber dem Gebot Gottes? Bonhoeffer war zeit seines Lebens davon überzeugt, dass Gott die Stunde des Todes bestimmt. Im Gefängnis bedeutete das für ihn, dass Hitler ihn gegen den Willen Gottes gar nicht umbringen lassen könnte. Im Sigurdshof hieß es, dass Gott das Martyrium zu diesem Zeitpunkt jedenfalls nicht vorgesehen hatte. Noch ein anderes selbst auferlegtes Gebot verwirft Bonhoeffer. Er hatte als Pfarrer in einer Kampfsituation keine Frau an sich binden wollen. Jetzt fühlt er sich frei dazu, obwohl er sich noch ganz anders gefährden wird als durch seine Arbeit für die Bekennende Kirche.

Als Bonhoeffers Seminar endgültig geschlossen worden war und er bei Anschlussaufträgen der Bekennenden Kirche durch die SS ein reichsweites Redeverbot bekam, forderten sein Schwager Hans von Dohnanyi und Oberst Hans Oster ihn auf, sich der Widerstandsgruppe im Amt Canaris anzuschließen, zu deren Planung es damals noch gehörte, Hitler gefangen zu nehmen und vor Gericht zu stellen, um so zu einem raschen Friedensschluss zu kommen. Man wollte Bonhoeffers Auslandserfahrungen und seine vielfältigen Kontakte für den Widerstand nutzen. Er gehörte zu den wenigen Gegnern des Nationalsozialismus, die belastbare Freundschaften mit Menschen in den gegnerischen Ländern hatten, und das machte ihn für die Widerstandsgruppe interessant. Wie hätte Bonhoeffer in dieser Aufforderung nicht Gottes Gebot für seinen nächsten Schritt sehen sollen? Er erklärte Oster und Dohnanyi gegenüber seine Bereitschaft zur Mitarbeit. Auf Betreiben der Abwehr wurde er für »unabkömmlich« erklärt und damit vom Wehrdienst befreit. Er bekam Aufträge zu Auslandsreisen und konnte zwischendurch an seiner ›Ethik‹ arbeiten, dem Buch, das er seit Jahren hatte schreiben wollen. Während dieser Zeit verlobte sich der nun doppelt gefährdete Dietrich Bonhoeffer mit Maria von Wedemeyer.

Es wurde bereits mehrere Male darauf hingewiesen, dass das Wort »Entscheidung« für Bonhoeffers Denken von seiner ersten Predigt an eine zentrale Bedeutung hatte. Wenn man sich heute die 17 Bände der Werkausgabe vornimmt, entdeckt man, dass Bonhoeffer das Wort von 1940 an kaum noch verwendet. Nicht, dass es für ihn gar keine Bedeutung mehr gehabt hätte; aber die Entscheidung seines Lebens, auf die alles zugelaufen war, war gefallen.

Der dritte Teil dieses Aufsatzes über Bonhoeffers Weg vom Gehorsam zur Freiheit trägt die Überschrift »Die Entdeckung des Spielraums der Freiheit«. Die Formulierung »Spielraum der Freiheit« stammt zwar aus der Zeit, als Bonhoeffer schon mehrere Monate im Militäruntersuchungsgefängnis in Tegel inhaftiert war, aber es geht dabei um Erkenntnisse, die Bonhoeffer bereits während seiner aktiven Zeit im Widerstand gewonnen hatte. Es geht um ein typisches »Sprachspiel«, und die Worthälfte »Spiel« könnte dazu verleiten, den Ausdruck zurückzuweisen, weil es doch im wahrsten Sinne des Wortes um »todernste Fragen« gehe. Nun ist in der Tat der Ausdruck »Spielraum der Freiheit« eher zufällig in Bonhoeffers Theologie hineingekommen; aber unernst ist er nicht als Beschreibung einer Situation, in der Menschen ihr Leben Tag für Tag »aufs Spiel gesetzt« und »unter Einsatz ihres Lebens« gekämpft haben.

Die beiden Freunde Bonhoeffer und Bethge hatten sich an eine Freundschaft gewöhnt, deren Kern ein ununterbrochenes theologisches Gespräch war. Beide entbehrten das, nachdem Bonhoeffer im April 1943 ins Gefängnis gekommen war. Bonhoeffer hat später erklärt, es sei für ihn wie das Ausbleiben des lebensnotwendigen Wassers gewesen. Eberhard Bethge, der inzwischen Renate Schleicher, eine Nichte Bonhoeffers, geheiratet hatte, bekam zunächst nicht einmal die Briefe, die sein Freund an die Eltern und Geschwister schreiben durfte, zu sehen, und sein Schwiegervater, Rüdiger Schleicher, der mit Bonhoeffers ältester Schwester verheiratet war, hatte ihm erklärt, Freundschaft habe eben – im Unterschied zur Verwandtschaft – keine »necessitas« (keine Notwendigkeit). Aber dann konnte der Schwiegervater kurze Zeit später eine Sprecherlaubnis für Bethge beschaffen, und einer der beiden Gefängniswärter, mit denen Bonhoeffer sich angefreundet hatte, schloss die beiden Freunde für weit über eine Stunde ein, während er den Raum von außen bewachte. Es war ein unerwartetes Geschenk. Die Quelle konnte wieder sprudeln. Von der »necessitas«, die die Freundschaft nicht habe, muss bei dem Treffen die Rede gewesen sein; denn Bonhoeffer wurde durch den ungewöhnlichen Ausdruck – wie so oft – zu ganz grundsätzlichen Gedanken angeregt. Necessitas haben die Mandate Gottes. Das »göttliche Mandat« ist ein wichtiger Ausdruck aus Bonhoeffers ›Ethik‹. Mandate hatte er die Bereiche genannt, in der die Christuswirklichkeit auf die Weltwirklichkeit trifft. Und er hatte vier besondere Bereiche so genannt: Ehe und Familie, Arbeit und Beruf, Staat und Politik und die Kirche. Wenn frühere Ethiker hier von »Ordnungen«, von »Stand« oder »Amt« gesprochen hatten, dann waren diese Worte für Bonhoeffer sämtlich unbrauchbar geworden. Also suchte er nach einem Ersatz, der das Gemeinte genauer beschreibt. Mandate waren für ihn »der Ort, an dem sich der Gott Jesu Christi Gehorsam verschafft. Nicht um Ordnungen an sich geht es, sondern um den Glaubensgehorsam in ihnen«. (So hat es der Theologe Jürgen Moltmann zusammengefasst.) Was die beiden Freunde zu dem Wort »necessitas« gesagt hatten, setzte Bonhoeffer in seiner Zelle in theologische Gedanken um. Ein längerer

Passus gibt darüber Aufschluss. Bonhoeffer schrieb seinem Freund, und zwei Vertraute unter den Wärtern schmuggelten die Briefe aus dem Gefängnis und brachten ihm später Bethges Antworten. »Was Du über die Freundschaft sagst, die sich im Unterschied zu Ehe und Verwandtschaft keiner allgemein anerkannten Rechte erfreut und die daher ganz auf dem ihr innewohnenden Gehalt ruht, finde ich sehr gut beobachtet. Es ist ja tatsächlich nicht leicht, die Freundschaft soziologisch einzuordnen. Sie muss wohl als Unterbegriff des Kultur- und Bildungsbegriffs verstanden werden, während Bruderschaft unter den Kirchenbegriff und Kameradschaft unter den Begriff der Arbeit und des Politischen fällt. Ehe, Arbeit, Staat und Kirche haben ihr konkretes, göttliches Mandat, wie aber steht es mit Kultur und Bildung? Ich glaube nicht, dass man sie einfach dem Arbeitsbegriff unterordnen kann. [...] Sie gehören nicht in den Bereich des Gehorsams, sondern in den Spielraum der Freiheit, der alle drei Bereiche der göttlichen Mandate umgibt. Wer von diesem Spielraum der Freiheit nichts weiß, kann ein guter Vater, Bürger und Arbeiter, wohl auch ein Christ sein, aber ob er ein voller Mensch ist (und insofern auch ein Christ im vollen Umfang des Begriffes), ist mir fraglich.« (8,290 f.)

Was aber bedeutet »Freiheit« für Bonhoeffer? Seine Eltern und Geschwister haben in den Briefen, die sie über das Militärgericht an den inhaftierten Sohn und Bruder schicken durften, das Wort oft verwendet, und immer in der einen Bedeutung: Hoffentlich wirst du bald aus dem Gefängnis entlassen und bekommst deine Freiheit wieder. Natürlich gibt es diese Vorstellung von Freiheit auch bei Bonhoeffer selbst. In den Gebeten für Gefangene, die er für den Gefängnispfarrer Harald Poelchau geschrieben und die der unter den Gefangenen verteilt hat, heißt es an einer Stelle ganz schlicht: »Herr, erbarme dich, schenk mir die Freiheit wieder« (8,206); aber für sich selbst schreibt Bonhoeffer auf einem Zettel: »Von der Freiheit im Gefängnis«(8,62). Darüber will er etwas schreiben, und davon muss noch die Rede sein.

Zunächst ist Bonhoeffers Gedanke hervorzuheben, dass der Spielraum der Freiheit alle Mandate umgibt und also auch das Mandat von Staat und Politik. Der Freiheitsgedanke umschließt jetzt für Bonhoeffer jeden Bereich, in dem von Gehorsam die Rede ist. Er spricht vom »Spielraum der Freiheit« zwar erst im Gefängnis; aber er hat diesen Freiraum bereits wahrgenommen und genutzt, als er zwischen den Auslandsreisen für das Amt Canaris an seiner ›Ethik‹ arbeitete. Und wieder war es die neue Existenz, der er bahnbrechende neue Erkenntnisse verdankte. Er hatte sich für die Mitarbeit im militärischen Widerstand entschieden und war dabei geblieben, auch als klar wurde, dass Hitler emordet werden musste, ehe ein Umsturz gelingen konnte. Jahrelang hatte Bonhoeffer notwendige Entscheidungen – bis hin zu der quälendsten von allen, ob er in New York bleiben oder zurückkehren sollte – wieder und wieder auf den Prüfstand gestellt, diese letzte nicht mehr.

Im Tegeler Gefängnis wird er nach dem 20. Juli 1944 notieren: »Es ist der Vorzug und das Wesen der Starken, dass sie die großen Entscheidungsfragen stellen und zu ihnen klar Stellung nehmen können. Die Schwachen müssen sich immer zwischen Alternativen entscheiden, die nicht die ihren sind.« (8,551) Hier macht sich Bonhoeffer rückblickend noch einmal klar, dass er zusammen mit Offizieren und Beamten geplant hatte, das Staatsoberhaupt zu ermorden, und wieso er als Pfarrer dabei nicht nur mitgemacht, sondern Männern wie Hans Oster und Hans von Dohnanyi dabei zu einem befreiten Gewissen verholfen hatte. Angesichts der zahllosen Opfer staatlicher Willkür hatten alle Gewissensbedenken gegen ein Attentat schweigen müssen. Hier durfte nichts mehr auf den Prüfstand kommen; hier konnte man dem Gebot »Du sollst nicht töten« (das eigentlich mit »Du sollst nicht morden« übersetzt werden muss) nur noch gerecht werden, indem man es übertrat. Es ging wirklich nur noch die frei verantwortete Tat. In Bonhoeffers ›Ethik‹ heißt es: »Hier hat Goethes Wort seinen Platz, dass der Handelnde immer gewissenlos ist.« (6,258) Gemeint ist damit: Wer sich von Skrupeln zum Grübeln verführen lässt, verpasst den Augenblick, in dem er handeln müsste.

Nun ist aber doch zu fragen: Wie konnte ein Theologe und Pfarrer der Bekennenden Kirche so reden? In Diskussionen ist mir viele Male entgegengehalten worden, dass Bonhoeffer sich auf keinen Fall an den Vorbereitungen eines Attentats hätte beteiligen dürfen. In Rezensionen meiner Bonhoeffer-Biografie stehen Sätze wie: »Er wäre freilich noch größer, wenn er sich daran nicht beteiligt hätte.«

Und Bonhoeffers eigene Kirche hat sich nach 1945 mit dem Widerstand und der Beteiligung Bonhoeffers daran schwergetan. Mit einem »Warum denn nicht?« sollte auch heute niemand darüber hinweggehen. Bonhoeffer hat sich gefragt, ob er danach weiter Pfarrer sein könnte. In dem Essay ›Nach zehn Jahren‹ sagt er, das derjenige, der das Recht auf Freiheit für sich in Anspruch nimmt, dabei in heillose Verwirrung geraten kann. »Wer es unternimmt, in eigenster Freiheit in der Welt seinen Mann zu stehen, wer die notwendige Tat höher schätzt als die Unbeflecktheit des eigenen Gewissens und Rufes [...], der hüte sich davor, dass ihn seine Freiheit nicht zu Fall bringe. Er wird in das Schlimme willigen, um das Schlimmere zu verhüten, und er wird dabei nicht mehr zu erkennen vermögen, dass gerade das Schlimmere, das er vermeiden will, das Bessere sein könnte. Hier liegt der Urstoff von Tragödien.« (8,22)

Bonhoeffer hat die Frage, wie er die Beteiligung an einem Umsturz und das damit verbundene Attentat vor seinem Gewissen verantworten könnte, sehr genau durchdacht. Er beschreibt geradezu den »Spielraum der Freiheit«, wenn es in der ›Ethik‹ heißt: »Ohne Rückendeckung durch Menschen, Umstände oder Prinzipien, aber unter Berücksichtigung aller gegebenen menschlichen, allgemeinen, prinzipiellen Verhältnisse, handelt der Verantwortliche in der Freiheit des eigenen Selbst. Die Tatsache, dass nichts für ihn eintreten, ihn entlasten kann als seine Tat und er selbst, ist der Beweis für seine Freiheit. Er selbst muss beobachten, urteilen, abwägen, sich entschließen, handeln. Er selbst muss die Motive, die Aussichten, den Wert und den Sinn seines Handelns prüfen.« (6,283 f.) »Das Handeln des Verantwortlichen geschieht in der allein und gänzlich befreienden Bindung an Gott und den Nächsten.« (6,284)

Die außerordentliche Notwendigkeit, über die Bonhoeffer und seine Mitstreiter nachzudenken hatten, galt der Frage, wie dem Morden der deutschen Einsatzgruppen hinter der Ostfront Einhalt geboten werden und das verbrecherische System Hitlers beendet werden könnte. Das war der Appell an die Freiheit der Verantwortlichen. »In einer solchen Situation gibt es kein Gesetz, hinter dem der Verantwortliche [...] Deckung suchen könnte. Es gibt daher auch kein Gesetz, das den Verantwortlichen angesichts solcher Notwendigkeit zu dieser oder jener Entscheidung zu zwingen vermöchte. Es gibt vielmehr angesichts dieser Situation nur den völligen Verzicht auf jedes Gesetz, verbunden mit dem Wissen darum, hier im freien Wagnis entscheiden zu müssen, verbunden auch mit dem offenen Eingeständnis, […] dass hier Not das Gebot bricht, verbunden also mit der gerade in dieser Durchbrechung anerkannten Gültigkeit des Gesetzes, und es gibt dann schließlich in diesem Verzicht auf jedes Gesetz, und so ganz allein, das Ausliefern der eigenen getroffenen Entscheidung und Tat an die göttliche Lenkung der Geschichte.« (6,274)

Setzt sich Bonhoeffer hier am Ende mit großen Worten über die Frage, ob das Gewissen bei so etwas mitmachen darf, einfach hinweg? Dass es nicht ratsam ist, die Instanz des Gewissens auszuschalten, haben die christlichen Ethiker aller Jahrhunderte gesagt. Und eine Verantwortung, die den Menschen dazu zwingen würde, das zu tun, gibt es nicht. Das sah auch Bonhoeffer so, und er hat darum die Rolle des Gewissens genauer untersucht. Der Mensch will im Einklang mit sich selbst leben und handeln, und das Gewissen sagt ihm dabei, was gut und was böse ist. Kommt der Ruf des Gewissens aus der gefährdeten Einheit des Menschen mit sich selbst, dann muss gefragt werden, worauf sich diese Einheit gründet. »Der Gewissensruf im natürlichen Menschen ist der Versuch des Ich, sich in seinem Wissen um Gut und Böse vor Gott, vor den Menschen und vor sich selbst zu rechtfertigen und in dieser Selbstrechtfertigung bestehen zu können.« (6,277)

Bonhoeffer hat für sich selbst die Weltwirklichkeit immer von der Christuswirklichkeit her bestimmt; und was das für ihn hieß, kann man an keiner Frage besser studieren, als an dem Umgang mit dem Gebot »Du sollst nicht morden«. Bonhoeffer sieht den Grund der Freiheit, um die es ihm geht, in Jesus Christus. Und gerade hier kann Bonhoeffer zeigen, was ein zur Verantwortung befreites Gewissen ist: »Die große Veränderung tritt […] in dem Augenblick ein, in dem die Einheit der menschlichen Existenz nicht mehr in ihrer Autonomie besteht, sondern – durch das Wunder des Glaubens – jenseits des eigenen Ich und seines Gesetzes, in Jesus Christus gefunden wird. Formal hat diese Veränderung des Einheitspunktes [ihre] Analogie durchaus im säkularen Bereich. Wenn der

Nationalsozialist sagt: mein Gewissen ist Adolf Hitler[17], so wird damit der Versuch gemacht, die Einheit des Ich jenseits seiner selbst zu begründen. Es hat dies dann die Preisgabe der Autonomie zugunsten einer bedingungslosen Heteronomie zur Folge, was wiederum nur dann möglich ist, wenn der andere Mensch, in dem ich die Einheit meines Lebens suche, in die Funktion meines Erlösers tritt. Das wäre dann die prägnanteste Parallele und damit der prägnanteste Widerspruch zur christlichen Wahrheit.« (6, 278)

In der Nachfolge Jesu erkennt der Christ, was die Gebote Gottes von ihm fordern. »Jesus steht vor Gott als der Gehorsame und als der Freie. Als der Gehorsame tut er den Willen des Vaters in blinder Befolgung des ihm befohlenen Gesetzes. Als der Freie bejaht er den Willen aus eigenster Erkenntnis, mit offenen Augen und freudigem Herzen, schafft er ihn gleichsam aus sich selbst heraus aufs Neue. Gehorsam ohne Freiheit ist Sklaverei, Freiheit ohne Gehorsam ist Willkür.« (6,288) Wir können uns das Gewicht, das etwa die Speisegebote oder das Sabbatgebot für Jesus als frommen Juden hatten, kaum noch vorstellen. Nicht zuletzt deshalb habe ich aus der biblischen Geschichte zitiert, die Lina Scholl, als sie den Tod ihrer Kinder Hans und Sophie erwarten musste, ihrer Familie vorgelesen hat (siehe S. 51). Die Erzählung von der jüdischen Mutter, die mit ihren sieben Söhnen lieber das Martyrium erduldet, als eines der Gesetze Gottes zu brechen, zeigt wie sehr das Gesetz das Lebenszentrum des jüdischen Volkes vor und während der Lebenszeit Jesu gewesen ist. Jesus wird es also ganz so empfunden haben. Aber dann erweist er sich dem Gesetz gegenüber als frei, wenn er zum Beispiel am Sabbat, an dem fast jedes Tun verboten ist, Kranke heilt.

In Bonhoeffers ›Ethik‹ heißt es: »Der Gehorsam bindet die Freiheit, die Freiheit adelt den Gehorsam. Der Gehorsam bindet das Geschöpf an den Schöpfer, die Freiheit stellt das Geschöpf in seiner Ebenbildlichkeit dem Schöpfer gegenüber. [...] Gehorsam folgt blind, Freiheit hat offene Augen. Im Gehorsam befolgt der Mensch den Dekalog [die 10 Gebote] Gottes, in der Freiheit schafft der Mensch neue Dekaloge (Luther).« (6, 288) Nach Bonhoeffer hat Je-

17 Das ist kein von Bonhoeffer erfundenes Beispiel. Der Vf. erinnert sich, solche Äußerungen während des Zweiten Weltkrieges mehrfach gehört zu haben.

sus diese Freiheit nicht als Gottessohn, sondern als Mensch, und jeder, der Jesus nachfolgt, darf und soll sie in Anspruch nehmen. Er unterstreicht das noch, indem er einen Text aus dem Lukasevangelium zitiert, der nur in einer der alten Handschriften überliefert ist: Jesus sieht einen Menschen, der das Sabbatgebot übertritt und sagt: »Selig bist du, wenn du weißt, was du tust; wenn du es aber nicht weißt, so bist du verflucht und ein Übertreter des Gesetzes.« (6,288)

Wem das alles zu theoretisch, vielleicht auch zu überschwänglich ist, dem erklärt Bonhoeffer anschaulich, wodurch er sich und die Mitverschwörer gerechtfertigt sieht: »Wer in Verantwortung Schuld auf sich nimmt – und kein Verantwortlicher kann dem entgehen –, der rechnet sich selbst und keinem anderen diese Schuld zu und steht für sie ein [...] Vor den anderen Menschen rechtfertigt den Mann der freien Verantwortung die Not, vor sich selbst spricht ihn sein Gewissen frei, aber vor Gott hofft er allein auf Gnade.« (6,283)

Den Ausdruck »Spielraum der Freiheit« hat Bonhoeffer, wie gesagt, erst im Gefängnis geprägt; aber schon vorher hatte er notiert, dass es eine »Freiheit im Gefängnis« gibt; und die hat er sich weitgehend selbst verschaffen können. Als Jugendlicher hatte er sich für Friedrich Schiller begeistert und kannte natürlich dessen Wort: »Der Mensch ist frei geschaffen, ist frei, und würd' er in Ketten geboren.« Da geht es um die »innere Freiheit«, die jeder Mensch bei sich entdecken und entwickeln kann. Auch Gefängnis und »Ketten« können ihn daran nicht hindern. Bonhoeffer hat aus seiner Gefängniszelle eine Art »Mönchszelle« machen können, also einen Raum, in dem er leben konnte, als hätte er ihn frei gewählt. Dort las er die Bibel und die »Losungen« und dort schrieb er seine Briefe und arbeitete als Theologe. Wenn er mit anderen zusammen war, wie später häufig als Helfer auf der Krankenstation in Tegel, war er ganz bewusst nur »Gefangener unter Gefangenen«. Anfangs war er von einigen Rüpeln unter den Wärtern schlecht behandelt worden, aber da wusste er sich rasch Respekt zu verschaffen; und als sich die Nachricht verbreitete, dass er der Neffe des Stadtkommandanten Paul von Hase sei, entschuldigten sich die Rüpel, sie hätten das nicht gewusst. Das fand er kriecherisch. Wie schrecklich Gefängnisse in der NS-Zeit sein konnten, hat Bonhoeffer erst erlebt, nachdem er am 8. Oktober 1944 in das Kellergefängnis der SS in der Prinz-Albrecht-Straße in Berlin eingeliefert worden war. Aber Fabian von Schlabrendorff, der Mann einer Cousine von Maria von Wedemeyer, der dort einsaß, hat berichtet, Bonhoeffer habe selbst dort seine Wärter »kaptiviert« (für sich eingenommen). Hinter dieser gewinnenden Art, mit der er selbst SS-Schergen beeindruckte, steckt ein Geheimnis. Bonhoeffer hat in Tegel erfahren, dass selbst ein Gefängnis mit seinen Schrecken zu der »von Gott geliebten und von Christus erlösten Welt« gehört. Daher stammte seine »innere Freiheit«, die über die von Schiller beschworene weit hinausging. Bonhoeffer hat beschrieben, dass er sich zu den »Religionslosen«, denen er begegnete, weitaus mehr hingezogen fühlte als zu den »Religiösen«. Nicht etwa, weil er »missionarische Absichten« gehabt hätte; über Gott redete er nur, wenn er nach seinem Glauben gefragt wurde (vgl. 8,407). Er hat sich auch nicht in eine künstliche »Gelassenheit« hineinzusteigern versucht. Das Gebet um Freiheit, das er den anderen Gefangenen nahegelegt hatte, war ihm auch selbst wichtig (vgl. 8,192). Den Gedanken, dass er Weihnachten 1943 im Gefängnis erleben wird, findet er zwar schrecklich; aber er wird es »wie ein Frontweihnachten hinnehmen«. Die Soldaten könnten schließlich auch nicht nach Hause. »Ich will später nicht beschämt, sondern mit einem gewissen Stolz an diese Zeit zurückdenken.« (8,240)

Er hatte seine Freunde draußen gedrängt, sie sollten dafür sorgen, dass es rasch zu einem Prozess käme, und war ärgerlich, weil das immer wieder hinausgeschoben wurde. Die Freunde und deren kundige Berater rechneten aber damit, dass Dohnanyi und er zwar freigesprochen werden könnten, dass die SS sie dann aber in ein KZ verschleppen würde. Da wäre es besser, auf den bevorstehenden Umsturzversuch zu warten. Als man das Bonhoeffer zu verstehen gegeben hatte, was ja nur in Andeutungen geschehen konnte, entschloss er sich zu einer grundlegend neuen theologischen Arbeit; und die hat er auch dann ganz ruhig weitergeführt, als mit dem 20. Juli 1944 alle Hoffnungen auf einen Umsturz gescheitert waren und Bonhoeffer statt mit der Freiheit mit dem Tod rechnen musste.

Am Tag nach dem Attentat schreibt er an Eberhard Bethge, er denke »dankbar an Vergangenes und Gegenwärtiges«. Dankbar war er für den Weg, den er geführt worden war. Dass er die Rückkehr aus den USA nie bereut hat und auch jetzt nicht bereut, weiß der

Freund. Und Bonhoeffer ist dankbar dafür, dass das Attentat stattgefunden hat, auch wenn es gescheitert ist. Es wird helfen, Deutschland in die Gemeinschaft der anderen Völker zurück zu führen. Schon in seinem Rückblick ›Nach zehn Jahren‹ hatte Bonhoeffer geschrieben: »Nicht äußere Umstände, sondern wir selbst werden es sein, die unseren Tod zu dem machen, was er sein kann, zum Tod in freier Einwilligung.« (8,37) Darauf bereitet er sich jetzt vor, auch wenn er weiter ganz ruhig theologisch arbeitet, wie die Briefe an Bethge zeigen. Am 3. August notiert er auf einem Zettel: »Letzter Ernst ist nie ohne eine Dosis Humor.« Und daneben steht ein weiterer Satz, der uns noch beschäftigen muss: »Auf dem Weg zur Freiheit ist der Tod das höchste Fest.«

Bonhoeffers »neue Theologie« hier darzustellen, würde den Rahmen dieses Aufsatzes sprengen, obwohl es verlockend wäre; denn die Stichworte vom Christsein »in einer mündig gewordenen Welt«, vom »religionslosen Christentum« und einer »Kirche für andere« verraten ja auch etwas darüber, warum gerade Menschen, die mit der Religion nichts mehr anfangen konnten, diesen Pfarrer so anziehend fanden.

Die Überlegung, was Bonhoeffer unter »Freiheit im Gefängnis« verstanden hat, darf nicht abgeschlossen werden, ohne dass ein Gedicht zur Sprache gekommen ist, das Bonhoeffer im August 1944 an Eberhard Bethge geschickt hat. Mit dem Gedicht »Stationen auf dem Wege zur Freiheit« kommen wir gleichsam an den Anfang dieses Bonhoeffer-Aufsatzes zurück, denn hier begegnen uns die Begriffe »Zucht« und »Freiheit« in unmittelbarer Nachbarschaft (8,570).

Zucht

Ziehst du aus, die Freiheit zu suchen, so lerne vor allem
Zucht der Sinne und deiner Seele, dass die Begierden
und deine Glieder dich nicht bald hierhin, bald dorthin führen.
Keusch sei dein Geist und dein Leib, gänzlich dir selbst unterworfen
und gehorsam, das Ziel zu suchen, das ihm gesetzt ist.
Niemand erfährt das Geheimnis der Freiheit, es sei denn durch Zucht.

Tat

Nicht das Beliebige, sondern das Rechte tun und wagen.
Nicht im Möglichen schweben, das Wirkliche tapfer ergreifen.
Nicht in der Flucht der Gedanken, allein in der Tat ist die Freiheit.
Tritt aus ängstlichem Zögern heraus in den Sturm des Geschehens
nur von Gottes Gebot und deinem Glauben getragen
und die Freiheit wird deinen Geist jauchzend empfangen.

Leiden

Wunderbare Verwandlung. Die starken, tätigen Hände
sind dir gebunden. Ohnmächtig einsam siehst du das Ende
deiner Tat. Doch atmest du auf und legst das Rechte
still und getrost in stärkere Hand und gibst dich zufrieden.
Nur einen Augenblick berührtest du selig die Freiheit,
dann übergabst du sie Gott, damit er sie herrlich vollende.

Tod

Komm nun, höchstes Fest auf dem Wege zur Freiheit,
Tod, leg nieder beschwerliche Ketten und Mauern
unsres vergänglichen Leibes und unsrer verblendeten Seele,
dass wir endlich erblicken, was hier uns zu sehen missgönnt ist.
Freiheit, dich suchten wir lange in Zucht und Tat und in Leiden.
Sterbend erkennen wir nun im Angesicht Gottes dich selbst.

Der Tod, der in der Bibel »der letzte Feind« genannt wird, als »höchstes Fest«? Mit diesem Vers haben die meisten Menschen, mit denen ich darüber gesprochen habe, erhebliche Schwierigkeiten. Aber wenn man weiß, dass Bonhoeffer in Tegel bei Paul Gerhardt in die Schule gegangen ist, liegt es nahe, an dessen Choräle zu denken, an deren Ende es fast immer um die Beziehung des Glaubenden zu Christus und den Tod als das Tor zur Vereinigung mit ihm und damit zur ewigen Freude geht. In einem Choral heißt es: »Es wird einmal der Tod herspringen / und aus der Qual uns sämtlich bringen. / Gib dich zufrieden. / Er wird uns bringen zu den Scharen / der Erwählten und Getreuen, / die hier mit Frieden abgefahren, / sich auch nun im Frieden freuen, / da sie den Grund, der nicht kann brechen, / den ewgen Mund selbst hören sprechen: / ›Gib dich zufrieden!‹«

Gleichwohl bleibt der Ausdruck »höchstes Fest« für den Tod und nicht etwa für das, was danach kommt, ungewöhnlich. Es klingt nicht nach Gelassenheit, sondern geradezu nach Vorfreude. Ich denke, man muss, um das zu verstehen, bis ins Jahr 1937 und zu dem Buch ›Nachfolge‹ zurückgehen, in dem Bonhoeffer über das Martyrium sagt: »Christus würdigt das Leben nur weniger seiner Nachfolger der engsten Gemeinschaft seines Leidens, des Martyriums. Hier erweist das Leben des Jüngers die tiefste Gleichheit mit der Todesgestalt Jesu Christi. [...] Wer in der Gemeinschaft des Menschgewordenen und Gekreuzigten steht, in wem er Gestalt gewonnen hat, der wird auch dem Verklärten und Auferstandenen gleich werden.« Er wird es durch das Martyrium.

Hängt Bonhoeffers heitere Gelassenheit, von der Fabian von Schlabrendorff aus dem Kellergefängnis der SS in der Prinz-Albrecht-Straße und der Engländer Payne Best aus Buchenwald und Schönberg so anschaulich berichtet haben, damit zusammen, dass er seinen Tod wie ein Fest erwarten konnte? Danach gedrängt hat er sich nicht. Er hat bis zuletzt gehofft freizukommen; aber er war sich dessen völlig gewiss: Nicht meine Verfolger haben Macht über mich, sondern allein Gott entscheidet über die Stunde meines Todes, und er allein kann und wird jedem, der an ihn glaubt, ewige Freiheit schenken.

Die Frage nach dem letzten Weg Bonhoeffers

Die SS hat versucht, alles, was an den Tod der von ihr Ermordeten erinnern könnte, auszulöschen. So ist zum Beispiel alles, was die Gefangenen noch bei sich hatten, verbrannt worden. Wenn es nach ihren Plänen gegangen wäre, hätte man nicht einmal das Todesdatum und den Todesort in Erfahrung bringen können. Aber auch so ist die Frage, was Bonhoeffer vom 8. Oktober 1944 bis zu seinem Tod am 9. April 1945 erlebt hat, nur schwer zu klären. Fabian von Schlabrendorff gehörte zu den wenigen Widerständlern, die Bonhoeffer während dieser Zeit erlebt hatten und nicht umgekommen waren. Er hatte Bonhoeffer nicht nur im Kellergefängnis unter dem Sicherheitshauptamt der SS in Berlin gesehen und gesprochen, sondern er wusste auch, weil er das Kriegsende im KZ Flossenbürg überlebt hatte, dass Bonhoeffer dort umgebracht worden war. Josef Müller war mit Bonhoeffer von Berlin nach Buchenwald transportiert worden. Er hatte Flossenbürg ebenfalls überlebt. Aber alle Männer, die es nach Kriegsende noch gab, hatten Mühe, in ein normales Leben zurückzufinden und konnten über das Schicksal anderer höchstens kurze Nachrichten übermitteln.

Am 8. Oktober 1944 war Dietrich Bonhoeffer in das Kellergefängnis unter dem Reichssicherheitshauptamt der SS in der Prinz-Albrecht-Straße überführt worden. Sein Leben bis dahin liegt »wie ein offenes Buch« vor uns, genauer gesagt: wie die 17 umfangreichen Bände der Werkausgabe, in der alle Briefe von ihm und an ihn, die man finden konnte, gesammelt worden sind, dazu die von ihm verfassten Bücher und Aufsätze, seine Manuskripte und eine Fülle weiteren Materials. Aus der Zeit vom 8. Oktober 1944 bis zu seinem Tod am 9. April 1945 in Flossenbürg gibt es nur noch drei Briefe Bonhoeffers, die er um den Jahreswechsel hat schreiben dürfen. Sie wurden Maria von Wedemeyer ausgehändigt, darunter derjenige mit dem berühmt gewordenen Gedicht »Von guten Mächten«.

Bonhoeffer hat während der Zeit im Gestapokeller und danach aber mit vielen Menschen gesprochen: mit den Männern, die ihn verhört, aber nach allem, was wir wissen, nicht gefoltert haben, mit Fabian von Schlabrendorff und Josef Müller, also Weggefährten, die später darüber berichtet haben und sogar mit dem schwerkranken Hans von Dohnanyi, der das in einem Kassiber seiner Frau noch mitteilen konnte. Später, als das Kellergefängnis nach einem schweren Luftangriff der Alliierten geräumt und Bonhoeffer mit anderen Gefangenen nach Buchenwald verlegt worden war, gab es dort einen regen Austausch mit Mitgefangenen, der fortgesetzt werden konnte, als die Gruppe wegen des Vordringens der Amerikaner nach Schönberg in der Oberpfalz gebracht wurde. Auf dem Transport wurde in Regensburg übernachtet, wo man auf eine große Gruppe von »Sippenhäftlingen« traf. Nur Josef Müller und einen weiteren Gefangenen hatte man kurz hinter Weiden aus dem Kastenwagen geholt und nach Flossenbürg gebracht.

Wir wissen, dass Bonhoeffer während dieser ganzen Zeit an einem Manuskript gearbeitet hat, in dem er seine neuen theologischen Gedanken darstellen wollte, aber das ist verloren gegangen. Die erwähnten drei Briefe sind sein letztes Lebenszeichen geblieben, und wir sind, was die letzten Stationen seines Weges anbelangt, auf die Berichte anderer Menschen angewiesen.

Bonhoeffers Eltern haben nach der Eroberung Berlins durch die Rote Armee zuerst noch gehofft, dass wenigstens ihr Sohn Dietrich überlebt hätte; denn dass ihr Sohn Klaus und ihr Schwiegersohn Rüdiger Schleicher in der Nähe des Lehrter Gefängnisses mit vielen anderen Gefangenen ermordet worden waren, hatten sie durch den einzigen Überlebenden dieser Massenerschießung erfahren. Auch über den Tod ihres Schwiegersohnes Hans von Dohnanyi gab es keinen Zweifel. Auf Umwegen gelangte dann die Nachricht nach Berlin, dass auch ihr Sohn Dietrich umgekommen war. Aber es dauerte lange, bis man Genaueres darüber erfuhr. Als Erster hat Eberhard Bethge alle Nachrichten, deren er habhaft werden konnte, gesammelt. Josef Müller und Fabian von Schlabrendorff konnten ihm, wie bereits erwähnt, einiges mitteilen. Die Regensburger Sippenhäftlinge, darunter vor allem Frau Goerdeler, hatten mit Bonhoeffer noch sprechen können und berichteten darüber. Aber ein zusammenhängendes Bild bekam man erst durch das Buch des Engländers Payne Best ›The Venlo Incident‹, das 1950 erschien. Sehr viel später haben Hermann Pünder und Josef Müller Memoiren geschrieben, in denen Bonhoeffer erwähnt wird.

In diesen Darstellungen zeigt sich, dass »der junge Pastor« unter viel älteren und vor allem viel bekannteren Personen in Buchenwald und auf dem Weitertransport nach Schönberg und bis nach Flossenbürg allenfalls eine Nebenrolle gespielt hat. Nur Menschen, die ihn bereits kannten und die, die genauer hinschauten, haben geahnt, dass es sich um einen besonderen Mithäftling handeln könnte.

Für die erste Gruppe steht Bonhoeffers Freund Josef Müller, der »Ochsensepp«, ein Spitzname, den die Klassenkameraden Müller gegeben hatten, als sie den Sohn eines Kleinbauern aus der Oberpfalz mit dem Ochsengespann seines armen, aber kinderreichen Vaters angetroffen hatten. Josef Müller hat während der Widerstandszeit eine wichtige Rolle in Bonhoeffers Leben gespielt, weil er zu der Münchner Gruppe der Abwehr gehörte. In seinen 1975 erschienenen Memoiren ›Bis zur letzten Konsequenz. Ein Leben für

Frieden und Freiheit‹ hat Müller, der Gründer der CSU und »Ziehvater« von Franz Josef Strauß, Bonhoeffer ein kleines Denkmal gesetzt.

Zur zweiten Gruppe gehört die Kabarettistin und spätere Ordensschwester Isa Vermehren, die 2009 im Alter von 91 Jahren in St. Augustin bei Bonn gestorben ist. Sie war damals 27 Jahre alt und gehörte zu der großen Gruppe der Sippenhäftlinge, denen Bonhoeffer während des kurzen Aufenthaltes der Buchenwald-Gruppe in Regensburg begegnet ist. Ihr Buch ›Reise durch den letzten Akt‹ ist bereits 1946 erschienen und enthält die früheste Bemerkung über Bonhoeffer aus dem Kreis der Häftlinge, die ihn in den letzten Wochen seines Lebens getroffen haben. Isa Vermehren hatte beobachtet, wie Bonhoeffer mit Angehörigen von Opfern der SS sprach, nennt dafür ein kurzes Beispiel und sagt: »Ich weiß, dass Pastor Bonhoeffer einen würdigeren Nachruf verdient als diese kurze Bemerkung, und hoffe, dass ihn ein Berufenerer schreiben wird.«

Zu den prominenten Gefangenen, die erst nachträglich erkannt haben, dass Bonhoeffer ihr Interesse verdienen könnte, gehört der ehemalige Staatssekretär unter Heinrich Brüning, Hermann Pünder. In seinen Lebenserinnerungen ›Von Preußen nach Europa‹ spricht er von dem »jugendlichen Pastor Bonhoeffer«. Bonhoeffer war 38 Jahre alt, Pünder 56. Die interessanteste Mitteilung Pünders ist, dass er Bonhoeffer in Schönberg um eine Andacht und damit um den letzten Gottesdienst im Leben dieses evangelischen Pfarrers gebeten hat. Pünders Erinnerungen sind ein faszinierendes Buch, wenn man sich für die Zeit vor 1933 oder für die Zeit nach 1945 interessiert. Die Jahre der Hitlerdiktatur behandelt er nur kurz, und seine Schilderung der Haft wirkt so, als hätte er die Erinnerung daran am liebsten verdrängt.

Dass die Familie Bonhoeffer und die Nachwelt von dem dunklen Kellergefängnis in Buchenwald ganz unerwartet doch noch etwas erfahren haben, ist dem Engländer Sigismund Payne Best zu verdanken, der wie bereits erwähnt 1950 das Buch ›The Venlo Incident‹ veröffentlichte. Er war Captain des britischen Secret Service, lebte als Geschäftsmann in Holland und wurde 1939 völkerrechtswidrig von der SS aus Venlo nach Deutschland entführt. Sein Buch wurde in der englischsprachigen Welt ein Bestseller mit immer neuen

Auflagen. Leider ist es nie auf Deutsch erschienen. Hier ist Payne Best nur bekannt geworden als der Mann, der die berühmten Abschiedsworte Bonhoeffers überliefert hat: »Dies ist das Ende; für mich der Beginn des Lebens.« (»This ist the end, for me the beginning of life.«) Die SS hat Payne Best jahrelang bevorzugt behandelt und ihm sogar seine gesamte persönliche Habe ins KZ Sachsenhausen gebracht. Er sollte als angeblicher Anstifter des Attentats von Georg Elser am 8. November 1939 im Münchner Bürgerbräukeller nach dem »Endsieg« vor Gericht gestellt werden und musste dafür fit bleiben. Er kam einige Tage nach Bonhoeffer mit großem Gepäck im Kellergefängnis einer Buchenwalder SS-Kaserne an. Durch ihn wissen wir, wie bunt zusammengewürfelt die Schar war, mit der Bonhoeffer die zwei letzten Monate seines Lebens verbracht hat. Da waren der ehemalige Gesandte Ernst Heberlein und seine irisch-spanische Frau, die die SS in Spanien nachts überfallen und zunächst nach Sachsenhausen geschafft hatte, aber auch Wassilij Kokorin, ein Neffe des sowjetischen Außenministers Molotow. Da war der Militärgouverneur von Belgien und Nordfrankreich, General Alexander von Falkenhausen neben einer dubiosen Spionin, »Fräulein Heidl«; daneben aber auch der SS-Arzt Sigmund Rascher, der Menschenversuche im KZ Dachau durchgeführt hat. Er ist später durch einen Genickschuss liquidiert worden, aber nicht seiner Verbrechen wegen, sondern weil seine Frau und er angenommene Kinder als eigene ausgegeben hatten, und das war in Himmlers Augen ein todeswürdiges Vergehen gegen die »Rassereinheit« der SS. Durch Payne Best wissen wir, dass General Friedrich von Rabenau Bonhoeffers Zellengenosse in Buchenwald gewesen ist, und von einem anderen englischen Offizier, Hugh Falconer, dass es in allen doppelt belegten Zellen immer wieder heftigen Streit gegeben hat, in Rabenaus und Bonhoeffers Zelle aber nie. Die beiden haben sich über theologische Fragen unterhalten, wie der Zellennachbar Hermann Pünder zu berichten wusste, und sie haben Schach gespielt und an Manuskripten gearbeitet, die sie bei sich hatten.

Es gab fast täglich Fliegeralarm. Die Aufseher ließen dann die Gefangenen im Keller eingeschlossen zurück und flohen in den nahen Wald, weil neben dem Gefängnistrakt Munition gelagert war.

Die Mithäftlinge in Buchenwald waren die seltsamste Gruppe

von Menschen, auf die Bonhoeffer je gestoßen ist. Die Beschreibung wirkt wie die Vorlage für ein Theaterstück oder einen Film; aber wie dieser Aufenthalt auf Bonhoeffer gewirkt hat, wissen wir nicht und werden es nie wissen. Aber auf Payne Best, den »Chronisten« dieser Zeit, hat Bonhoeffer einen tiefen Eindruck gemacht. Zuerst schildert auch er einfach einen freundlichen jungen Mann: »Er war ganz Bescheidenheit und Liebenswürdigkeit. Immer verbreitete er um sich eine Atmosphäre von Fröhlichkeit, von Freude an den kleinen Ereignissen des Lebens. [...] Mit einem treuen Hundeblick in den Augen zeigte er seine Freude, wenn er sah, dass man ihn mochte.« Grotesker geht's eigentlich nicht. Allerdings scheinen Tiervergleiche bei Payne Best nichts Abfälliges zu haben. Vom Ehepaar Heberlein sagt er: »Die Stute war das bei weitem bessere Pferd.« Ernst Heberlein hat später auf die Frage, wie er das fände, lachend geantwortet, es sei jedenfalls zutreffend beobachtet. Schon in Payne Bests Buch steigt Bonhoeffer dann in der Achtung des Engländers von Erwähnung zu Erwähnung; und in einem Brief an Gerhard Leibholz, den Mann von Bonhoeffers Zwillingsschwester, spricht er ihn sechs Jahre später endgültig heilig. Es hat 55 Jahre gedauert, bis das ein deutscher Bischof getan hat.

Den folgenden Briefwechsel habe ich 2008 im Imperial War Museum in London entdeckt, wo Payne Bests Nachlass aufbewahrt wird. Die Briefe werden hier zum ersten Mal in Deutschland publiziert.[18]

26. Februar 1951

Sehr geehrter Captain Best,
ich habe gerade Ihr außerordentlich beeindruckendes Buch ›The Venlo Incident‹ gelesen, und es hat mich sehr bewegt. Ich entnehme ihm, das Sie Kontakt mit dem Zwillingsbruder meiner Frau, Pastor Dietrich Bonhoeffer, hatten und ihn offensichtlich geschätzt haben. Sollte es irgendetwas geben, was Sie über ihn über das in Ihrem Buch Gesagte hinaus sagen könnten, dann seien Sie doch so freundlich und lassen es mich wissen. [...] Denn ich sammle alles Mate-

18 Die Übersetzungen stammen vom Verf. Die Originaltexte finden sich im Anhang der englischen Ausgabe meiner Bonhoeffer-Biografie.

rial über ihn, dessen ich habhaft werden kann, für eine Biographie, die hoffentlich bald über ihn geschrieben wird. Bisher ist nur sein Buch ›Nachfolge‹ in England unter dem Titel ›The Cost of Discipleship‹ erschienen. Im Anhang findet sich ein Nachruf, den ich verfasst habe. Aber den habe ich vor drei Jahren geschrieben und ich hoffe, dass ich in dieser Hinsicht noch mehr werde tun können. [...]

Ich danke Ihnen schon jetzt für alle Hilfe, die Sie mir möglicherweise noch geben können.

Ihr ergebener Gerhard Leibholz

2. März 1951

Lieber Professor Leibholz,
ich habe mich ganz außerordentlich über Ihren Brief heute morgen gefreut. (Der Verlag behandelt die Weiterleitung von Briefen etwas nachlässig.) Gefreut haben mich nicht nur die freundlichen Worte über mein Buch, sondern vor allem freut es mich, mit einem engen Verwandten von Dietrich Bonhoeffer in Kontakt zu kommen. Sie haben völlig recht, wenn sie sagen, dass ich ihn geschätzt habe, obwohl meine Gefühle für ihn viel stärker waren, als das, was diese Worte zum Ausdruck bringen. Er war – ohne Ausnahme – der feinste und liebenswerteste Mensch, den ich je getroffen habe. Ich fürchte allerdings, dass ich dem, was ich in meinem Buch geschrieben habe, nur sehr wenig hinzufügen kann.

Sie müssen sich klarmachen, dass unsere Treffen in dem Gang des Gefängnisses in Buchenwald immer flüchtig waren und jederzeit unterbrochen werden konnten. Da General von Rabenau mit mir im gleichen Gefangenentransport von Berlin gekommen war, war ich für ihn kein Fremder.

Ich denke, dass es einen Tag nach unserer Ankunft war, als wir uns auf der Toilette trafen und er mich Bonhoeffer vorstellte mit den Worten: ›Ich bin sicher, dass Sie meinen Freund hier mögen werden, er ist der Sohn des berühmten Neurologen Professor Bonhoeffer.‹ Dann flüsterte er mir ins Ohr: ›Er ist durch den Volksgerichtshof zum Tode verurteilt; aber er hat die Hoffnung nicht aufgegeben.‹ Von sich erzählte er mir, er habe ein Buch über General von Seekt geschrieben und sei als kommandierender General in den Ruhestand versetzt worden. Seither habe er als Philologe und als Theologe den Doktorgrad erworben. Er fuhr dann fort, er habe letzthin viel Gewicht verloren und fürchte, eines Tages seine Hose zu verlieren. Bonhoeffer sagte bei dieser Gelegenheit nicht viel, aber wir hatten ein langes Gespräch, als wir uns am nächsten oder übernächsten Tag wiedersahen. Mir fiel auf, dass er ein Paar Gefängnisschuhe, Holzklotschen, trug; und als er mir sagte, dass er keine anderen mehr habe, gab ich ihm ein Paar schwarzweiße Golfschuhe von mir, die ihm vorzüglich passten und über die er sich sehr freute. Von Rabenau sprach von Schach und sagte, wie sehr er wünschte, sie könnten sich damit die öde Zeit vertreiben. Da ich ein kleines Reiseschach bei mir hatte, lieh ich ihnen das und dazu noch einige Bücher. [...]

Alle Leute [aus unserer Gruppe] waren seit längerer Zeit in Gefangenschaft und ohne Nachrichten von der Außenwelt. Sie waren ziemlich mit den Nerven herunter. Sehen Sie: Ich war schon seit Jahren ein Gefangener und an dieses Leben bereits so gewöhnt, dass ich eine Art Vater dieser Herde wurde, bis dahin, dass ich darauf achtete, dass sie alle ordentlich angezogen waren. Bonhoeffer fuhr zu seiner Exekution in einem Pullover von mir und meinen Schuhen, Gehre in meinem Mantel und von Rabenau mit einer Hose von mir. [...]

Aber ich bin abgeirrt von dem, was ich eigentlich schreiben wollte. Der Arrestbau II in Buchenwald war ein schauderhafter Ort, und persönlich habe ich nicht erwartet, lebend von dort fortzukommen. Aber ich hatte so lange unter solchen Bedingungen gelebt, dass ich den Punkt erreicht hatte, an dem mir so oder so alles egal war. Bei meinen Kameraden [in Buchenwald] war das anders, mit der Ausnahme von [General von]Falkenhausen und Bonhoeffer; ach, jetzt habe ich vergessen, auch Frau Heberlein zu nennen, die immer furchtlos war und leicht erregbar und schwarzseherisch. Falkenhausen war ganz der chinesische Philosoph und Margot Heberlein eine sehr tapfere Frau; aber Bonhoeffer war anders: völlig ruhig und normal, als wäre er vollkommen entspannt. Es ist komisch, aber wenn ich an ihn denke, kommt es mir immer so vor, als sähe ich ihn mit einem Heiligenschein um seinen Kopf – seine Seele leuchtete in der dunklen Verzweiflung unseres Gefängnisses.

Ich denke, dass ich, während wir in Buchenwald waren, nicht

mehr als dreimal mit ihm gesprochen habe, aber als wir von dort abfuhren, saß er eine Weile neben mir im Gefangenentransporter. Dort erzählte er mir, wie glücklich ihn das Gefängnis gemacht habe. Er habe immer gefürchtet, er sei nicht stark genug, eine derartige Prüfung zu bestehen, aber jetzt wisse er, dass es nichts in diesem Leben gebe, vor dem man sich je zu fürchten brauche. Er stimmte auch völlig mit mir darin überein, dass unsere Wärter mehr Mitleid verdienten als wir und dass es absurd sei, sie für ihre Taten verantwortlich zu machen. [...] Ich kann mich nicht mehr erinnern, ob ich noch weitere zusammenhängende Gespräche mit Bonhoeffer hatte oder an sonst etwas, was mich mit ihm verbindet, außer seiner außerordentlich bewegenden Predigt am Ostersonntag, nach der man ihn aus unserer Mitte wegholte nach Flossenbürg.

Ihr ergebener S. Payne Best

In seinem Buch schildert Payne Best seinen englischen Lesern einen gänzlich unbekannten 39-jährigen Pfarrer. Hier lag überhaupt kein Grund vor, etwas zu fälschen oder auch nur zu »schönen«. Zudem gab es eine Reihe von Menschen, die mit ihm zusammen gerettet worden waren und ihm Fehler hätten ankreiden können. Wenn man das alles bedenkt, wird man sagen können, dass Payne Best Bonhoeffer auch im achten Kapitel von ›The Venlo Incident‹ einen zwar nicht breiten, aber nach und nach immer gewichtigeren Platz eingeräumt hat.

In seinem Brief überlegt er, ob er dem Mann von Bonhoeffers Zwillingsschwester etwas darüber Hinausgehendes berichten kann; und er überlegt, während er schreibt. Er sagt, es sei wenig, aber dann wird es doch eine ganze Menge. Für mich klingt dieser Brief spontaner als manches in Payne Bests Buch. »He was a saintly man«, (er hatte etwas von einem Heiligen) heißt es dort; denn Bonhoeffer hatte einen Tabakrest in seiner Jacke gefunden und – ausgerechnet im Teergestank des Kastenwagens! – mit anderen Rauchern geteilt. Und so ist die durch die Worte »it is funny« (es ist komisch) abgeschwächte Rede vom »Heiligenschein« nicht etwa für Sabine Leibholz erfunden worden. »Durchgeistigt« und glücklich darüber, dass er die Prüfungen seines Lebens bestanden hatte und gewiss sein konnte, er werde sie bis zum Letzten bestehen, war

Bonhoeffer schon, als er das Gedicht »Stationen auf dem Wege zur Freiheit« schrieb; und selbst ein so ausgesprochenes »Weltkind« wie Payne Best hatte offensichtlich keine Schwierigkeiten damit, ihm das abzunehmen.

Eine ausführlichere Version des Kapitels über
Dietrich Bonhoeffer finden Sie unter http://www.dtv.de/buecher/
vom_gehorsam_zur_freiheit_34810.html
oder hier:

Wie wird man zum Vorbild?

Heranwachsende haben zu allen Zeiten Vorbilder gesucht und tun es bis heute. Es ist einer der ersten Schritte, der sie vom Elternhaus unabhängiger machen soll. Bonhoeffer hat darüber den einzigen Rundfunkvortrag seines Lebens gehalten – zwei Tage nach Hitlers »Machtergreifung«. Der Titel war bereits Wochen vorher vereinbart worden. Er lautete: »Der Führer und der Einzelne«. In dem Vortrag steht der damals prophetische Satz: »Der Mensch und besonders der Jugendliche wird so lange das Bedürfnis haben, einem Führer Autorität über sich zu geben, als er sich selbst nicht reif, stark, verantwortlich genug fühlt, den in diese Autorität verlegten Anspruch selbst zu verwirklichen. Der Führer wird sich dieser klaren Begrenzung seiner Autorität verantwortlich bewußt sein müssen. [...] Läßt er sich von dem Geführten dazu hinreißen, dessen Idol darstellen zu wollen – und der Geführte wird das immer von ihm erhoffen – dann gleitet das Bild des Führers über in das des Verführers.« (12,257) Wenn wie in diesem Buch die Rede davon ist, dass »Zukunft Herkunft braucht«, geht es aber um einen anderen Begriff von menschlichen Vorbildern. Da gilt es nach Menschen der Vergangenheit zu fragen, an deren Vorbild sich große Gruppen, wenn nicht ein ganzes Volk ausrichten können. Die von Jugendlichen erwählten Vorbilder können ihre Bewunderer später enttäuschen. So ist es denen ergangen, für die Hitler das große Vorbild war. Vorbilder aus der Vergangenheit können allenfalls dann noch enttäuschen, wenn unbekannte Dokumente ans Licht kommen und zeigen, dass es auch wenig Vorbildliches in ihrem Leben gegeben hat.

Wenn Deutschland – wenigstens in seiner westlichen Hälfte – den 20. Juli 1944 als ein entscheidendes Datum seiner Geschichte anerkannt und der jeweils kommenden Generation gezeigt hätte, wie hier Menschen aus den aufgelösten Parteien und Gewerkschaften, aus den beiden Kirchen und aus allen Schichten der Bevölkerung an einem Versuch der Selbstreinigung beteiligt waren, hätte man die Vergangenheit nicht zu verdrängen brauchen, sondern hätte eine Möglichkeit zur Identifikation mit ihr gehabt und wäre, um den berühmten Buchtitel von Alexander Mitscherlich ›Die Unfähigkeit zu trauern‹ zu variieren, »fähig geworden zu trauern«. Stattdessen hielt man es mit einem anderen berühmt-berüchtigten Ausspruch: »Ein Volk, das derartige wirtschaftliche Leistungen vollbracht hat wie das unsere, braucht sich nicht immer wieder auf seine Vergangenheit anreden zu lassen.«

Die Menschen, die in diesem Buch vorgestellt werden, sind in der Öffentlichkeit bis auf drei, nämlich Sophie Scholl, Dietrich Bonhoeffer und den immer noch zu wenig bekannten Helmuth James von Moltke, so gut wie vergessen, und dieses Schicksal hat keiner von ihnen verdient. Im Gegenteil: Man sollte ihnen weitere Vorbilder an die Seite stellen können. Hier fehlt zum Beispiel ein Kapitel über Peter von Yorck von Wartenburg, der nach allem, was wir über ihn wissen, ein evangelischer Christ gewesen ist, für den der Glaube die wichtigste Kraftquelle war. Als engster Freund von Helmuth James von Moltke war er für den »Kreisauer Kreis« nicht weniger wichtig als Moltke. Aber seine Frau Marion hatte die Briefe und die anderen Unterlagen, die das hätten belegen können, ihrer Hausgehilfin anvertraut, weil sie bei sich Haussuchungen befürchtete; und die Hausgehilfin hat, als sie nach dem 20. Juli 1944 von der Verhaftung des Grafen Yorck erfuhr, sofort alles verbrannt.

Das mag damals mit vielen Briefen geschehen sein, die uns heute brennend interessieren würden. Aber die Existenz und damit die Lektüre solcher Briefe wäre nicht mehr als der erste Schritt auf dem Weg, auf dem ein Widerständler von damals zum Vorbild für heute werden könnte. Es muss ein Interesse der Öffentlichkeit dazu kommen. Wieder kann man das am Schicksal Bonhoeffers besser als an jeder anderen Lebensgeschichte darstellen.

Dass es über Bonhoeffer Unterlagen in solcher Fülle gibt, ist alles andere als selbstverständlich. Eberhard Bethge war nicht nur Bonhoeffers engster Freund, sondern er war auch in den Widerstand tiefer verwickelt, als man lange gewusst hat. Er hat selbst engen Freunden jahrelang nichts davon erzählt. Bekannt war, dass er die meisten der von zwei Gefängniswärtern Bonhoeffers (siehe Seite 178) geschmuggelten Briefe als Soldat in Italien bekommen hat.

Den Mut dieser beiden Wärter, die damit ihr Leben riskiert haben, kann man nur bewundern. Einer der beiden hat sogar mit Bonhoeffer aus dem Gefängnis fliehen wollen, um ihn zu retten. Für diese Flucht war schon alles vorbereitet, als Klaus Bonhoeffer verhaftet wurde. Dietrich Bonhoeffer hat daraufhin auf die Flucht aus Tegel verzichtet. Die beiden Helfer sind beim Untergang des Dritten Reiches umgekommen. Eberhard Bethge, der in Italien Schreiber seiner Kompanie war, hatte dem Chef morgens die Post vorzulegen. Am 28. Oktober 1944 öffnete er ein Telegramm, das seine Verhaftung und eine Überführung nach Berlin unter scharfer Bewachung anordnete. Er hat damals zuerst die Briefe Bonhoeffers, die er noch bei sich hatte, verbrannt und erst dann seinem Chef das Telegramm vorgelegt. Die beiden Bewacher, zwei freundliche Unteroffiziere, konnte er in Berlin zu einem guten Abendessen bei seiner Schwiegermutter überreden, ehe sie ihn am nächsten Morgen abholten und im Lehrter Gefängnis ablieferten, das die SS zum Teil übernommen hatte, weil das Kellergefängnis in der Prinz-Albrecht-Straße schon lange nicht mehr ausreichte.

Bethge ist hauptsächlich über seinen Schwiegervater Rüdiger Schleicher verhört worden. Sein Prozess vor dem Volksgerichtshof wurde für Mitte Mai angeordnet; aber da hatte Deutschland bereits kapituliert. Auf Bethges enge Verbindung zu Dietrich Bonhoeffer sind die SS-Leute, die ihn verhört haben, nicht eingegangen, obwohl sie davon gewusst haben. Das hat ihm wohl das Leben gerettet. Er wäre dann aber beinahe auf dem Nachhauseweg umgekommen. Als er nach der Eroberung Berlins durch die Rote Armee das Gefängnis verlassen konnte, drohte ein russischer Soldat, ihn zu erschießen; aber ein russischer Jude, dem er mehrfach geholfen hatte und mit dem zusammen er das Gefängnis verlassen hatte, konnte dem Soldaten erklären, dass sie Gefangene der SS gewesen seien. Bethge kam nach einem langen Fußmarsch durch das zerstörte Berlin zu Hause in der Marienburger Allee an, und damit begann für ihn ein völlig anderes Leben.

Er hat nach und nach die unter Dachziegeln versteckten und in Blechbehältern im Garten vergrabenen Manuskripte seines Freundes eingesammelt, musste sich aber lange um sehr viel elementarere Dinge kümmern, um ein erträgliches Leben für die Eltern Bonhoeffer, für seine Schwiegermutter und die zwei Töchter, die noch bei ihr lebten, und seine kleine Familie zu ermöglichen. Die beiden Häuser in der Marienburger Allee hatten Bombenschäden abbekommen und der handwerklich sehr geschickte Eberhard Bethge musste versuchen, sie notdürftig wetterfest zu machen.

Sobald man in der zerstörten Stadt an einen Wiederaufbau des kirchlichen Lebens denken konnte, machte Otto Dibelius als neu gewählter Bischof Eberhard Bethge zu seinem Assistenten. Während dieser Zeit konnte Bethge die vielen Fragmente von Bonhoeffers ›Ethik‹ nur schrittweise in mühsamer Arbeit entziffern. Bonhoeffers Handschrift ist bei Texten, die er für sich selbst geschrieben hat, fast unleserlich. Als das geschafft war, gab Bethge den Einzelteilen eine Ordnung, und das Buch konnte 1949 erscheinen. Das Echo war enttäuschend. Dass Bonhoeffer zu den Männern gehört hatte, die das Attentat auf Hitler vorbereitet hatten, verstanden selbst viele seiner Mitstreiter in der Bekennenden Kirche nicht. Jedenfalls wurde über Bonhoeffers ›Ethik‹ kaum diskutiert. Die Stimmung ihm gegenüber änderte sich erst, als 1951 der kleine Band der Briefe aus dem Tegeler Gefängnis mit dem Titel ›Widerstand und Ergebung‹ erschienen war. Dass Bethge der Freund war, an den die Briefe gerichtet waren, konnte man dem Buch damals nicht entnehmen. Erst viele Jahre später kam heraus, in welchem Maße Bethge als Briefpartner Bonhoeffer angeregt hatte.

Das Buch wurde ein Welterfolg, und auf einmal war Bonhoeffers Name in aller Munde, wobei die älteren Theologen, wie zum Beispiel Karl Barth oder Kirchenmänner wie Bischof Dibelius, mit der »neuen Theologie« Bonhoeffers und seinen Gedanken über die »mündig gewordene Welt«, ein »religionsloses Christentum« und eine Kirche, die nur als »Kirche für andere« Kirche bleibt, wenig anfangen konnten. Es waren damals vor allem Theologiestudenten, jüngere Pfarrer und engagierte Laien, die sich für das kleine Buch begeisterten. Und dann hat ein zweites noch kleineres Buch über zeitgemäßen Glauben: ›Honest to God‹ von dem anglikanischen Bischof John Robinson, Bonhoeffer in der angelsächsischen Welt zum Durchbruch verholfen. Das Buch war voller Bonhoefferzitate und plötzlich wollten überall in der Welt Menschen das Original kennenlernen. Das Interesse an Bonhoeffer ist also langsam in verschiedenen Schüben gewachsen, aber ein Vorbild war er damit längst noch nicht. Er ist, im Gegenteil, noch bis in die späten 60er-Jahre als »Verräter« bezeichnet worden. Das kommt vereinzelt auch heute noch vor; allerdings zieht sich derjenige, der diese Meinung heute vertritt, großen Unwillen zu. Das Gedicht »Von guten Mächten« hat als Kirchenlied zu Bonhoeffers Popularität wesentlich beigetragen. Wenn aber Eberhard Bethge nicht überlebt und das Werk seines Freundes nicht nach und nach hätte entziffern und herausgeben können, wäre Bonhoeffer nicht der, der er im Bewusstsein nicht nur der Kirchen heute ist.

Wie wird ein Widerständler von damals zum Vorbild für die Nachwelt?

Auch wenn die in diesem Buch beschriebenen Menschen Vorbilder für ein ganzes Volk sein könnten und sollten, sind es doch Einzelne oder Gruppen, die allein dazu in der Lage wären, sie zu Vorbildern zu machen; denn zu diesem Vorgang gehören immer zwei: Das Vorbild selbst und der Mensch oder die Gruppe, die eine Frau oder einen Mann der Vergangenheit zu ihrem Vorbild macht. Dazu muss man die Vorbilder als Menschen »in den Blick bekommen«. Bei Sophie Scholl gelingt das vielen, auch gerade jüngeren Menschen, weil Inge Aicher-Scholl über Jahre alles gesammelt hat, was sie über die »Weiße Rose« finden konnte. Ihre Aufsätze und Bücher haben die Erinnerung an ihre Geschwister wachgehalten, mit den von ihr gesammelten Unterlagen können heutige Forscher arbeiten; und so konnte auch der Film über Sophie Scholls Prozess gedreht werden, der Sophie als Vorbild zeigt. So klug und vor allem so tapfer sein möchten gerade viele junge Menschen.

Bei Helmuth James von Moltke waren es zuerst die Briefe, die er an seine Frau geschrieben hat, durch die er für viele Leser als politisch denkender und handelnder Mensch bekannt wurde. Aber erst nach Freya von Moltkes Tod im Jahre 2010 ist der Band mit den letzten Briefen der beiden unter dem Titel ›Abschiedsbriefe Gefängnis Tegel‹ veröffentlicht worden. Durch den leuchtenden Glauben, der hier zum Ausdruck kommt, sollte Moltke eigentlich zum Vorbild für die evangelische Kirche werden; aber davon ist bisher wenig zu spüren. Adam von Trott, Harald Poelchau und Bischof Bell sind dagegen immer noch nahezu unbekannt, obwohl man sich alle drei zum Vorbild nehmen könnte. So stellt sich die Frage, was zu tun wäre, um sie bekannter zu machen.

Was geschieht, wenn wir einen Menschen zu unserem Vorbild machen, kann man einmal mehr am Beispiel Bonhoeffers erklären. Schon in seiner 1930 veröffentlichten Dissertation spricht er darüber, was das Vorbild Christi, was die Kirche und was die Tradition bedeuten. Und dann formuliert er nach einem Wort Luthers: »Nicht nur Christus ist dem Menschen donum als exemplum (als Beispiel gegeben), sondern ein Mensch ist es dem anderen ebenso.« (1,170) In der Periode seiner »Gehorsamstheologie« schreibt er: »Jesus ruft nicht als Lehrer und Vorbild, sondern in seiner unbegründbaren Autorität in die Nachfolge.« (4,45) »Aber weil wir sein Bild in uns tragen, darum allein kann Christus das ›Vorbild‹ sein, dem wir folgen. Dann tun wir, was er getan hat, lieben, wie er geliebt hat, vergeben, wie er vergeben hat, und sind gesinnt wie er.« Überall gibt Bonhoeffer dazu Bibelstellen an (4,303).

Jahre später in Tegel, also »im Spielraum der Freiheit«, kann er rein menschlich reden, da ist es für ihn »ein Glück und Vorbild sondergleichen«, wie seine Verlobte »das alles durchsteht«. Gemeint ist damit sicher auch die Tatsache, dass die beiden noch nie ein Gespräch unter vier Augen hatten führen können und wohl noch länger getrennt sein würden (8,90). In dieser Phase spricht er auch davon, was für ein Vorbild ein Vater für seinen Sohn sein kann (8,257). Und schließlich heißt es: »Die Kirche der Zukunft wird die Bedeutung des menschlichen Vorbildes, das in der Menschheit Jesu seinen Ursprung hat und bei Paulus so wichtig ist, nicht unterschätzen dürfen. Nicht durch Begriffe, sondern durch Vorbild bekommt ihr Wort Nachdruck und Kraft.« (8,560)

Wichtig scheint mir daran Zweierlei: Erstens geht es wirklich um ein Bild, das sich derjenige, der eine andere oder einen anderen zum Vorbild wählt, vor Augen stellt. Bonhoeffer sieht Maria von Wedemeyer vor sich, wie sie die Tatsache, dass ihr Verlobter im Gefängnis ist, nicht nur erträgt, sondern wie sie durch ihre Art seinen Eltern, bei denen sie damals zu Besuch war, hilft. Wer heute Sophie Scholl zum Vorbild nimmt, versucht, so gut es geht, sich in diese junge Frau hineinzuversetzen. Die Frage: Könnte ich tun, was sie getan hat, rückt dann viel näher und kann Veränderungen bewirken. Wer sich in Moltke hineinversetzt, wird von ihm lernen, nach einer Politik zu fragen, die wirklich zukunftsfähig ist. Wie Bonhoeffer hätte er sagen können: »Die letzte verantwortliche Frage ist nicht, wie ich mich heroisch aus der Affäre ziehe, sondern wie eine kommende Generation weiterleben soll.« (8,25) Wir könnten mit Harald Poelchau fragen, wer die Menschen sind, die vor allen anderen heute unsere Hilfe brauchen. Und am Vorbild des englischen Bischofs George Bell kann man lernen, wie wichtig es schon immer war, grenzübergreifend zu denken. Nationale Grenzen sollten weder die Grenzen unseres geistigen Horizonts sein, noch die unseres Verantwortungsbewusstseins. Das sieht man auch bei Adam von Trott.

Ich denke, es ist am Beispiel Bonhoeffers deutlich geworden, in was für einer Existenz er und alle Angehörigen des Widerstands ihre Erkenntnisse gewonnen haben. Sie standen vor der Frage: Wofür sollten wir bereit sein zu sterben? In einer Existenz wie unserer heute, lautet die entscheidende Frage, die diese Vorbilder uns stellen, völlig anders, nämlich: Wofür lebt ihr? Davon darf niemand absehen, der danach fragt, was die Zeugnisse aus dem Widerstand für uns heute bedeuten. Um so leben, handeln und sterben zu können wie Sophie Scholl, Bonhoeffer, Moltke, Adam von Trott und so viele andere Menschen im Widerstand, braucht man Eigenschaften, die auch ihnen nicht in die Wiege gelegt worden sind, sondern die man im Elternhaus und bei der Berufsausbildung entwickeln muss: intellektuelle Neugierde, ein unbestechliches Gefühl für Recht und Unrecht sowie Mut zu Entscheidungen, die unbequem sind oder gar gefährlich werden können. Darin, wie sie das gelernt haben, sind sie Vorbilder, und das sollte den christlichen Widerstand, von dem hier vor allem die Rede war, auch für Menschen interessant machen, die heute von der Kirche nichts mehr erwarten. Allerdings muss man dann dazu bereit sein, sich – intellektuell neugierig – nicht nur auf das Leben und Handeln, sondern auch auf den Glauben dieser Menschen einzulassen. Bonhoeffer hat immer darauf bestanden, dass die kirchliche Botschaft konkret die Wirklichkeit der Welt treffen muss. Zeitlose Wahrheiten hielt er für nutzlos, denn

»was immer wahr ist, ist gerade heute nicht wahr«. Die in diesem Band beschriebenen Menschen haben sich der Wirklichkeit ihrer Zeit ausgesetzt, sie haben das Böse in ihr erkannt und bekämpft. Darin besteht ihr bleibendes Vorbild in einer Zeit, die nicht mehr die unsere ist, aber aus der wir Deutschen herkommen. Wir haben – vor allem im Blick auf Europa – heute ganz andere Fragen, aber wer würde behaupten, dass die nichts mit Gut und Böse und mit Recht und Unrecht zu tun hätten? Ohne eine verpflichtende Gemeinschaft aller Europäer wird es zu großen Krisen kommen und das zeichnet sich bereits ab. Ich denke, wir haben aus der dunkelsten Epoche unserer Geschichte Vorbilder, die uns zwar keine Antworten auf heutige Fragen geben, wohl aber zeigen, mit welcher inneren Haltung auch schwere Krisen bestanden werden können.

Literaturhinweise

Bethge, Eberhard, *Dietrich Bonhoeffer. Theologe, Christ, Zeitgenosse*, 9. Aufl. Gütersloh 2005

Beuys, Barbara, *Sophie Scholl. Biographie*, 3. Aufl. München 2010

Bonhoeffer, Dietrich, *Werke*, 17 Bde. Gütersloh 1986–1999

Brakelmann, Günter, *Helmuth James von Moltke 1907–1945*, München 2007

Ders., *Der Kreisauer Kreis. Chronologie, Kurzbiographien und Texte aus dem Widerstand*, Münster 2003

Ders. (Hg.), *Helmuth James von Moltke: Im Land der Gottlosen. Tagebuch und Briefe aus der Haft 1944/45*, München 2009

Chandler, Andrew, *Patronage des Widerstands. Bischof Bell und das »andere Deutschland« während des Zweiten Weltkrieges*, in: Joachim Garstecki (Hg.), *Die Ökumene und der Widerstand gegen Diktaturen. Nationalsozialismus und Kommunismus als Herausforderung an die Kirchen*, Stuttgart 2007

Ders. (Hg.), *The Church and Humanity*, Farnham, GB 2012

Geyken, Frauke, *Freya von Moltke. Ein Jahrhundertleben 1911–2010*, München 2011

Hartnagel, Thomas (Hg.), *Sophie Scholl, Fritz Hartnagel: Damit wir uns nicht verlieren. Briefwechsel 1937–1943*, Frankfurt a. M. 2008

Jasper, Ronald C. D., *George Bell, Bishop of Chichester*, Oxford 1967

Jens, Inge (Hg.), *Hans Scholl, Sophie Scholl. Briefe und Aufzeichnungen*, Frankfurt a. M. 1984

Krusenstjern, Benigna von, *»daß es Sinn hat zu sterben – gelebt zu haben«. Adam von Trott zu Solz 1909–1944*, Göttingen 2009

Leibholz-Bonhoeffer, Sabine, *vergangen – erlebt – überwunden. Schicksale der Familie Bonhoeffer*, Gütersloh 1976

Moltke, Freya von, *Briefe an Harald und Dorothee Poelchau*, in: *Der Aquädukt 1763–1988. Ein Almanach aus dem Verlag C. H. Beck*, München 1988

Dies., *Erinnerungen an Kreisau 1930–1945*, München 1997

Dies. / Balfour, Michael / Frisby, *Julian, Helmuth James von Moltke. Anwalt der Zukunft*, Berlin 1984

Moltke, Helmuth Caspar von / Moltke, Ulrike (Hg.), *Helmuth James und Freya von Moltke: Abschiedsbriefe Gefängnis Tegel 1939–1945*, München 2011

Müller, Joseph, *Bis zur letzten Konsequenz. Ein Leben für Frieden und Freiheit*, München 1975

Poelchau, Harald, *Die letzten Stunden. Erinnerungen eines Gefängnispfarrers aufgezeichnet von Graf Alexander von Stenbock-Fermor (1949)*, Berlin 1987

Ders., *Die Ordnung der Bedrängten. Autobiographisches und Zeitgeschichtliches seit den zwanziger Jahren (1963)*, Berlin 2004

Payne Best, Sigismund, *The Venlo Incident*, London 1950
Pünder, Hermann, *Von Preußen nach Europa. Erinnerungen*, Stuttgart 1968
Ruhm von Oppen, Beate (Hg.), *Helmuth James von Moltke: Briefe an Freya 1939–1945*, München 1988
Roon, Ger van (Hg.), *Helmuth James Graf von Moltke. Völkerrecht im Dienste der Menschen. Dokumente*, Berlin 1986
Ders., *Neuordnung im Widerstand. Der Kreisauer Kreis innerhalb der deutschen Widerstandsbewegung*, München 1967
Schlabrendorff, Fabian von, *Offiziere gegen Hitler (1946)*, erw. Ausgabe Berlin 1984
Schlingensiepen, Ferdinand, *Dietrich Bonhoeffer 1906–1945*, 4. Aufl. München 2006 (Tb-Ausgabe München 2010)
Sykes, Christopher, *Adam von Trott. Eine deutsche Tragödie*, Köln 1969
Schuppener, Henriette, *»Nichts war umsonst« – Harald Poelchau und der deutsche Widerstand*, Berlin u. a. 2006
Trott zu Solz, Clarita von, *Adam von Trott zu Solz. Eine Lebensbeschreibung*, Berlin 2009
Vermehren, Isa, *Reise durch den letzten Akt*, Reinbek 2005
Wuermeling, Henric L., *Doppelspiel. Adam von Trott zu Solz im Widerstand gegen Hitler*, München 2004

Bildnachweis

Sophie Scholl: ullstein bild, Berlin
Adam von Trott zu Solz: bpk, Bildagentur für Kunst, Kultur und Geschichte, Berlin
Freya von Moltke: Familienbesitz der Familie von Moltke
Helmuth James von Moltke: bpk, Berlin
Harald Poelchau: SZ Photo / Heinz Hering
George Bell: bpk, Berlin
Dietrich Bonhoeffer: bpk / Rotraud Forberg